北京市农村经济发展报告

2019

张光连　主编

中国农业出版社

北　京

图书在版编目（CIP）数据

北京市农村经济发展报告 . 2019 / 张光连主编 . ——
北京：中国农业出版社，2020.12
ISBN 978 - 7 - 109 - 27511 - 9

Ⅰ. ①北… Ⅱ. ①张… Ⅲ. ①农村经济发展－研究报
告－北京－2013 Ⅳ. ①F327.1

中国版本图书馆 CIP 数据核字（2020）第 204596 号

北京市农村经济发展报告 2019
BEIJING SHI NONGCUN JINGJI FAZHAN BAOGAO 2019

中国农业出版社出版
地址：北京市朝阳区麦子店街 18 号楼
邮编：100125
责任编辑：姚　红
版式设计：杜　然　责任校对：周丽芳
印刷：中农印务有限公司
版次：2020 年 12 月第 1 版
印次：2020 年 12 月北京第 1 次印刷
发行：新华书店北京发行所
开本：787mm×1092mm　1/16
印张：16
字数：360 千字
定价：55.00 元

编 委 会

前　言

　　2019 年是新中国成立 70 周年，是决胜全面建成小康社会的关键之年。在中共北京市委、市政府的坚强领导下，北京郊区广大干部群众以习近平新时代中国特色社会主义思想为指导，全面贯彻党的十九大和十九届二中、三中、四中全会精神，深入贯彻习近平总书记对北京重要讲话精神，深入实施乡村振兴战略，对标全面建成小康社会目标，全面梳理和推进"三农"领域必须完成的 20 余项硬任务，持续发力，农业农村保持向上奋斗的良好态势，为首都经济社会持续健康发展、成功举办新中国成立 70 周年庆祝活动提供了有力保障，为北京市全面建成小康社会奠定了坚实基础。

　　2019 年，北京郊区"三农"工作取得很大成绩，主要体现在以下几个方面：农村人居环境整治面上全部推开，无一例外都动了起来，无害化卫生厕所、垃圾处理等完成了既定任务，全市近九成的村通过第三方评估验收，基本保持了干净整洁。低收入农户增收保持较快增长，2019 年低收入农户人均可支配收入达到 15 057 元，同比增长 20.2%。农业"调转节"的预期任务率先完成，农村产业发展更加规范绿色，"大棚房"问题基本完成整改任务，非洲猪瘟疫情实现不蔓延不扩散目标，农业用水调减到 4 亿立方米以内，农产品"三品一标"认证覆盖率达到八成以上，合格率保持全国前列。"不忘初心、牢记使命"主题教育深入开展，以党组织为核心的农村基层组织建设不断加强，农村改革持续深化，农村社会保持和谐稳定。

　　特别是面对经济下行压力增加、中美贸易摩擦加剧等错综复杂的形势，北京郊区持续改善城乡环境，以党建引领推进社会治理现代化，扎实做好精准帮扶工作。深入实施美丽乡村建设三年行动计划，两年累计完成 2 200 多个村庄规划，启动"百村示范、千村整治"工程，完成 300 个村污水治理、839 座农村公厕改造任务，户厕无害化率达到 97.6%，农村人居环境明显改善。坚持民有所呼、我有所应，深化党建引领"街乡吹哨、部门报到"改革，大力推行接诉即办，市、区、街道乡镇三级联动，强化"部门＋行业"考评导向，畅通服务群众的"最后一公里"。全年共受理群众诉求类来电约 252 万件，解决率由 53.1％提高到 75％，满意率由 64.6％提高到 87.3％。聚焦"两不愁三保障"突出问题，更加注重扶贫工作的精准性，扎实做好东西部扶贫协作和对口支援任务，投入财政资金 57.3 亿元，实施 1 839 个脱贫攻坚项目，预计助力 50.6 万人脱贫。平原区与生态涵养区结对协作顺利推进，低收入农户收入增速明显快于全市居民。

2020 年上半年，北京市农村经济研究中心为了更好地履行职责、服务"三农"，通过总结经验、改进工作，调动各方积极因素，编制了 2019 年度《北京市农村经济发展报告》，并公开出版发行。

报告包括四个方面内容：农村综合经济、城乡融合发展和美丽乡村建设、农业农村信息化发展、休闲农业与农业绿色发展。报告内容基本涵盖了北京郊区经济社会发展的主要方面，以综述、调研报告、典型分析、重大活动记述和重要文献集萃等形式，凭借翔实的数据、专业的视角、科学的方法，把京郊"三农"领域的新动态、新成果、新问题、新思想展现在广大读者面前。

因编撰水平所限，书中难免有不足或有待商榷之处，欢迎广大读者批评指正。

编 者

2020 年 9 月

目　录

休闲农业与农业绿色发展

农村综合经济

北京市农村经济发展报告 2019

2019年北京市农业农村经济运行分析

2019年，在中共北京市委、市政府的坚强领导下，北京市农业农村相关部门坚持以习近平新时代中国特色社会主义思想为指导，以落实乡村振兴战略为总抓手，立足"四个中心"首都城市战略定位，结合"大城市小农村、大京郊小城区"市情，积极面对经济下行压力增加、中美贸易摩擦加剧等错综复杂的发展形势，认真贯彻市委、市政府各项决策部署。积极落实新版城市发展总规，全力防控草地贪夜蛾和非洲猪瘟，专项清理整治大棚房，精准帮扶低收入农户，突出抓好乡村产业提升和农村人居环境整治，统筹推进农村改革和乡村治理，农业农村经济发展总体平稳、结构优化、质量提升，为国民经济延续稳中有进的发展态势提供了重要支撑。

一、2019年北京市农业农村经济情况

（一）农业供给侧结构性改革不断深化，传统农业产业主动调减，都市型现代农业快速发展

1. 农林牧渔业总产值继续呈现"三降一升"态势

2019年北京市农林牧渔业总产值281.7亿元，同比下降5.1%。其中，种植业、牧业、渔业产值同比分别下降10.8%、31.5%、14.1%。2019年完成新一轮百万亩造林工程25.8万亩，林业实现产值115.6亿元，同比增长21.6%，延续大幅增长态势。第一产业增加值同比下降4.2%，扣除价格因素实际下降2.5%。一产增加值占GDP的比例由上年的0.39%下降到0.32%（表1）。

表1　2019年北京市农林牧渔业总产值

单位：亿元,%

指标名称	按现价计算			按可比价计算	
	本年	上年同期	增减	本期	增减
农林牧渔业总产值	281.7	296.8	−5.1	272.9	−5.0
其中：农业	102.3	114.7	−10.8	102.2	−10.9
林业	115.6	95.1	21.6	115.6	47.2
牧业	49.3	72.0	−31.5	40.9	−43.0
渔业	5.3	6.1	−14.1	5.3	−8.4
农林牧渔服务业	9.2	8.8	4.5	8.9	15.8
第一产业增加值	113.7	118.7	−4.2	111.4	−2.5

数据来源：北京市统计局、国家统计局北京调查总队。

粮食播种面积和总产量继续调减，粮食单产略有提升。2019年继续积极推进平原造

林、山区造林等绿化工程，稳步调减一批耗水型大田作物的种植面积。2019 年全年粮食作物播种面积 69.8 万亩，同比调减 16.4%。其中，夏粮播种面积为 12.3 万亩，调减 19.1%，种植作物主要是冬小麦；秋粮播种面积为 57.5 万亩，调减 15.8%，种植作物主要是玉米。全年粮食总产量 28.8 万吨，比上年减少 5.4 万吨，同比下降 15.8%；平均单产为 412.2 千克/亩，比上年增加 3.1 千克，增幅 0.8%（表 2）。

表 2　2019 年北京市粮食作物生产情况

	播种面积		亩产		总产量	
	总量（万亩）	同比（%）	总量（千克）	同比（%）	总量（万吨）	同比（%）
粮食作物	69.8	−16.4	412.2	0.8	28.8	−15.8
夏粮	12.3	−19.1	361.8	2.9	4.5	−15.1
其中：冬小麦	12.0	−17.8	366.2	2.3	4.4	−15.4
秋粮	57.5	−15.8	423.0	0.3	24.3	−15.6
其中：玉米	50.5	−16.0	452.1	0.2	22.8	−15.9

注：15 亩＝1 公顷。

数据来源：北京市统计局、国家统计局北京调查总队。

蔬菜播种面积和产量继续调减，蔬菜单产稳步提升。据市农业农村局初步统计，2019 年全市蔬菜播种面积 48.8 万亩，同比下降 9%。其中，露地蔬菜播种面积 16.7 万亩，同比下降 4.4%；设施蔬菜播种面积 32.1 万亩，同比下降 11.3%。大棚房整治对设施蔬菜播种面积下降有一定影响。全年蔬菜上市总量 184.7 万吨，同比减少 6.3%。其中，露地蔬菜上市量为 53.2 万吨，同比减少 9.2%；设施蔬菜上市量 131.5 万吨，同比减少 5.1%。蔬菜单产 3 787.9 千克/亩，同比增长 3%。2019 年蔬菜地头收购全年平均价格 2.39 元/千克，较上年下降 0.21 元/千克，降幅 8.1%。

畜禽养殖规模和产量同步缩减。受非洲猪瘟疫情、禁限养政策、环境整治等多重因素影响，北京市畜禽生产规模和产量持续缩减，猪、牛、羊养殖规模萎缩明显。2019 年末存栏生猪 13.2 万头、家禽 974.8 万只、牛 8.1 万头、羊 16.9 万只，同比分别下降 71.0%、1.6%、23.3%和 30.4%。全年生猪出栏 28.4 万头、肉类总产量 5.1 万吨、禽蛋产量 9.6 万吨、牛奶产量 26.4 万吨，同比下降分别为 83.3%、70.6%、14.5%和 15.0%（表 3）。

表 3　2019 年北京市主要畜禽生产情况

	存栏量			出栏量			肉产量		
	单位	总量	同比（%）	单位	总量	同比（%）	单位	总量	同比（%）
生猪	万头	13.2	−71.0	万头	28.4	−83.3	万吨	2.3	−83.1
牛	万头	8.1	−23.3	万头	4.2	−21.1	万吨	0.7	−20.8
羊	万只	16.9	−30.4	万只	22.6	−36.5	万吨	0.4	−35.9
家禽	万只	974.8	−1.6	万只	1 113.1	−31.1	万吨	1.7	−27.5

数据来源：北京市统计局、国家统计局北京调查总队。

渔业养殖面积调减，淡水养殖产量降幅明显。根据水域治理、城市副中心建设、大兴机场建设等要求，渔业养殖面积继续调减，淡水养殖产量下降。2019年渔业养殖面积3.3万亩，同比减少15.4%。渔业总产量3万吨，与上年持平。其中，淡水养殖产量21 079吨，淡水捕捞产量2 450吨，远洋捕捞产量6 661吨。淡水养殖产量同比下降18.8%，淡水捕捞和远洋捕捞产量同比增长3.8%、290.4%。

2. 农产品生产者价格同比上涨9.9%

其中，种植业产品生产者价格指数为98.6，同比下降1.4%；畜牧业产品生产者价格指数为123.3，同比增长23.3%。在主要产品门类中，生猪价格指数狂涨，全年同比上涨49.8%，第四季度涨幅更是高达104.2%。其他产品价格基本平稳。其中，谷物、水果及坚果、渔业产品价格指数小幅下降，分别下降1%、2.2%、0.4%；活鸡、牛奶和禽蛋价格均小幅上涨，分别上涨1.7%、3.8%和2.3%。

3. 农业科技创新持续推进，农业生产实现高质量发展

结合首都科技创新中心战略定位，积极推进北京·京瓦科技创新中心建设，加大农业科技创新力度，加速农业科技成果转化，加强农业技术推广应用。一是积极发展现代种业。积极打造种业之都，培育形成具有自主知识产权的优良品种，"京科968"玉米、"京麦"杂交小麦、"京研"大白菜、"京红""京粉"高产蛋种鸡、奶牛冻精、鲟鱼种苗等品种市场占有率稳居全国领先地位。2019年全市种业收入达15.1亿元，同比增长21.3%。其中，牧业种业收入13.3亿元，占全市种业收入比重为88.1%，同比增长22.3%。二是加速农业科研成果转化。加强农业科技创新团队建设，发挥北京农业科研院所和科技人才优势，开展从育种到餐桌全链条的研发与成果转化。2019年全年共研发与筛选新品种219个、新产品172项、新技术218项，实现经济效益6.02亿元。三是加强农业技术示范推广。示范推广粪污资源化利用、减肥减药、抗生素替代、高产高效等农业生产新技术，示范点实现粪污处理成本降至3.0元/吨，农药用量减少30%，蛋鸡产蛋期死淘率降低2.5%，西红柿产量提高27.42%。四是推进信息化技术应用。实施京郊数字菜田建设，市农业农村局编制《2019年北京市数字菜田建设实施方案》，大兴、顺义等9个区以政府购买服务、政企合作等方式，实施基于互联网技术的"数字菜田"服务，通过实施智慧化生产环境监控、智慧农事履历标准化、精细化投入品管理、推进设备自动化控制管理等服务方式，实现菜田信息化应用的有效覆盖。强化物联网应用服务能力，以北京现代农业物联网应用服务平台为依托，为全市640家农场基地、2万亩农业设施提供"农业物联网＋农场服务＋渠道对接"信息服务，促进物联网技术在农业园区（企业）应用推广。初步建成生猪全产业链大数据平台。

4. 农业生产生态安全和农产品质量安全水平稳步提高，农业生产实现绿色发展

一是农业生产生态安全稳步提高。推广应用节水、节肥、减药、废弃物回收处理等农业生产技术，积极推广耕地休耕轮作试点。集成示范推广16项农艺节水技术，累计推广面积116.2万亩次，实现总节水3 780.3万立方米。测土配方施肥技术覆盖率达到98%，肥料利用率提高40.2%。化肥农药同比减少约11%，农药利用率提高到44.2%，病虫害专业化统防统治覆盖率提高到49.2%，农膜回收率达82%。大兴区被评为国家农业绿色发展先行区，房山区通过国家现代农业产业园验收。二是农产品质量安全稳中向好。农业农村部例行监测结果显示，2019 年北京市蔬菜、畜禽、水产品合格率分别为 99%、99.3%、97.5%，合格率水平处于全国前列。"三品一标"认证覆盖率达到 86.9%，较上年增加 13.1%。全年共为新中国成立 70 周年庆祝活动、全国"两会"、"一带一路"高峰论坛等 7 项重大活动提供累计 240 天的服务保障，供应农产品 115 万千克。

5. 新产业、新业态、新销售模式不断涌现，一二三产实现融合发展

一是农村金融逐步兴起。政策性农业保险工作扎实推进，2019 年政策性农业保险累计实现保费收入 5.12 亿元，总保险金额 116.77 亿元，参保农户达到 7.11 万户次，简单赔付支出 4.84 亿元。金融机构支持农业农村发展力度加大，与邮政储蓄银行、恒丰银行等金融机构深度对接，2019 年仅邮储银行就向家庭农场、农民专业合作社累计发放 5.36 亿元贷款。二是会展农业效益明显。第七届北京农业嘉年华累计接待游客超过 100 万人次，带动周边产业发展实现总收入达 2 亿元。北京世园会开园期间，共接待各类入园参观人数 934 万人次。农交会北京展团总体贸易额达 3.6 亿元，第二届农民丰收节期间各类活动为农民累计创收逾千万元。三是农村电商全面发展。通过天猫、淘宝、京东、微信、盒马生鲜等电商平台进行特色农产品的推广及品牌打造，通过苏宁小店、唯美 e 购超市、中国邮政等线上线下渠道平台，逐步打开本地农产品销路，解决农产品"销售难"问题。四是区域特色农产品逐步形成。截至目前已有崔村镇八家村（崔村红苹果）、平谷区峪口镇西营村（甜那溪有机大桃）等 80 个村镇被农业农村部认定为"一村一品"示范村镇。平谷大桃、北寨红杏、张家湾葡萄、茅山后佛见喜梨、妙峰山玫瑰被收录进《2019 年乡村特色产品和能工巧匠目录》。五是休闲旅游产业发展良好。2019 年，北京市结合国家全域旅游示范区建设，提出"十百千万"畅游行动计划。在整体经济下行的形势下，全市乡村旅游实现增长，乡村旅游接待 1 920.1 万人次，实现收入 14.4 亿元，同比增长 5.4%，人均消费 75.1 元，同比增长 9.5%。随着大棚房整治工作推进，全市休闲观光园总收入有所下降，保留的观光园提档升级，人均消费持续走高。2019 年观光园实现收入 23.2 亿元，同比下降 12.7%；平均每个农业观光园实现收入 244.9 万元，同比增长 3.8%；全市游客人均消费 150.9 元，同比增长 5.7%。

（二）农村人居环境整治全面推进，低端落后产能不断疏解

1. 农村人居环境逐渐改善

2019 年，北京市全面实施"百村示范、千村整治"工程，确定了 152 个乡村振兴示范村创建村庄和"千村整治"村庄名单。扎实开展"清脏、治乱、增绿、控污"，清理农村生活垃圾 190 余万吨，拆除私搭乱建 1 000 余万平方米，清理乱堆乱放乱贴乱挂 100 余万处，完成 839 座公厕、13.5 万个户厕改造，300 个村的生活污水治理，142 处非正规垃圾堆放点整治，128 个村庄的煤改清洁能源改造，基本实现农村环境"干净整洁有序"。累计完成村庄规划编制成果 2 255 个。推进山区农民搬迁工程和生态沟域建设。通过美丽乡村建设，过去脏、乱、差的农村成为了生态宜居的美丽家园，为乡村产业发展，提升农村居民幸福感、安全感、获得感奠定了坚实基础。

2. 非首都功能加快疏解，镇村企业经济总量下滑

2019 年，全市按照首都城市功能定位要求，大力疏解非首都功能，坚决淘汰落后产能，加速退出一般制造业企业，京郊镇村企业经济总量继续呈现负增长态势。据市经信局统计，全年镇村企业累计完成营业收入 3 810.4 亿元，同比下降 14.9%，其中工业营业收入 2 047 亿元，同比下降 23.5%。受生产经营成本增长、市场环境不佳等因素影响，镇村企业经济效益总体呈现下滑趋势。全年全市镇村企业累计实现利润总额 162 亿元，同比下降 24.7%，镇村企业利润率为 4.3%，比上年降低 0.5 个百分点。受中美贸易摩擦加剧等国内外经济环境及各种不利因素影响，京郊镇村企业出口产品交货值和产品出口率分别下降 24.7%、0.2%。

3. 农村集体经济资产增速放缓，收入下降幅度扩大但小于镇村企业

2019 年，北京市继续加大集体经济组织扶持力度，在深化集体经济产权制度改革，开展"一村一策"试点扶持，推进集体建设用地交易入市，加快集体经济产业转型升级，推进农村集体产权交易建设等方面做了大量工作。由于受到总体经济下行压力、清产核资产权权属调整、清理低端落后产能后新产业尚未落地等因素影响，农村集体经济发展形势表现为：资产总量涨幅下降，集体经济收入降幅加大，集体经济整体效益略好于镇村企业。2019 年，全市集体资产总额 8 349.3 亿元，同比增加 548.2 亿元，增长 7%，涨幅较上年下降 6.4%。其中，乡级集体资产 3 198.5 亿元，同比增长 8%，所占比重为 38.3%；村级集体资产 5 150.8 亿元，同比增长 6.5%，所占比重为 61.7%。农村集体经济总收入 673.8 亿元，同比减少 44.7 亿元，降幅 6.2%，降幅较上年扩大 5.5%，比镇村企业降幅小 8.7%。2019 年收不抵支村 1 982 个，占全市总村数的 50.3%（表 4）。

表 4　2019 年分区集体经济资产总额和总收入情况

单位：亿元，%

地区	集体经济资产总额		集体经济总收入	
	金额	增长率	金额	增长率
合计	8 349.3	7.0	673.8	−6.2
朝阳区	1 896.9	9.9	132.4	−10.9
丰台区	1 645.3	3.7	143.9	12.8
石景山区	153.7	7.5	13.9	3.8
海淀区	1 848.2	4.4	126.6	9.2
门头沟区	147.2	15.3	12.3	23.3
房山区	688.9	70.4	62.5	−3.6
通州区	515.5	−22.1	26.2	−55.8
顺义区	295.4	6.7	40.3	−36.7
昌平区	283.4	−0.7	23.9	−2.6
大兴区	551.2	17.6	38.0	26.2
平谷区	89.5	6.5	34.6	−11.6

（续）

地区	集体经济资产总额		集体经济总收入	
	金额	增长率	金额	增长率
怀柔区	59.6	−40.4	6.9	6.6
密云区	46.4	−3.2	2.5	−29.0
延庆区	128.1	8.8	9.8	−14.3

数据来源：北京农村管理信息化综合应用平台。

（三）农村居民收入稳步增长，低收入农户增收提速明显

1. 农村居民收入增速快于城镇居民，快于经济增长

2019 年，农村居民人均可支配收入 28 928 元，同比增长 9.2%，低于上年同期 0.1 个百分点，分别超出全市居民人均可支配收入增幅、城镇居民可支配收入增幅 0.5 个百分点、0.6 个百分点。扣除物价因素，农村居民人均可支配收入实际增长 6.7%，与经济增长持平，快于全市 GDP 增幅 0.6 个百分点。从收入构成看，农村居民四项收入全面增长。工资性收入稳步增长，占农村居民人均可支配收入的 73.9%，经营、财产、转移三项净收入保持快速增长。为提高农村地区劳动力就业率，北京市提供城市公共服务类岗位 3 000 个，每人每月给予 2 500 元的公共服务岗位补贴，给予用人单位每人 1 500 元的一次性培训补贴。城乡居民收入比由 2018 年的 2.567：1 缩小至 2.553：1。

2. 低收入农户收入增速快于城镇居民和农村居民，实现"两个快于"

2019 年，"六个一批"帮扶措施深入推进，全年共安排产业帮扶项目 192 个，就业帮扶 641 人，纳入社会救助范围 2 981 人，参加医疗保险 796 人，按月领取城乡居民养老保障待遇 1 058 人，确定危房改造 2 548 户，社会帮扶金额超 2 亿元。2019 年低收入农户人均可支配收入 15 057 元，超出低收入标准线 3 897 元，低收入农户收入同比增长 20.2%，增幅较城镇居民和农村居民分别高出 11.6%、11%。从收入构成看，低收入农户四项收入全面增长，其中工资性收入、财产净收入和转移净收入都实现了两位数以上的增长。转移净收入和工资性收入增长是低收入农户收入增加的两项主要原因，贡献率分别为 68.5%、24.0%。

二、2020 年农业农村经济形势与建议

2020 年是"十三五"规划和脱贫攻坚收官之年，受新冠疫情影响，农业农村建设与发展的任务更重、要求更高。农业农村经济既面临难得的机遇，也存在困难和挑战。机遇方面，乡村振兴战略全面实施，美丽乡村建设三年行动计划要全面完成，低收入农户要全面脱低，百万亩造林工程持续推进，农村"三块地"改革不断深入，生猪产能恢复、大棚房规范管理、发展乡村民宿等政策性文件相继出台。挑战方面，新型冠状病毒感染的肺炎疫情暴发，中美贸易摩擦依然存在，国内外经济下行压力加大，财政预算支出大幅缩减，

非洲猪瘟和草地贪夜蛾防控压力依然较大,农业生产空间逐年缩小,农业生产者信心不足,农民收入增速放缓,城乡居民收入差距较大。2020 年我们要继续紧密团结在以习近平同志为核心的党中央周围,强化"四个意识",树立"四个自信",做到"两个维护",坚持不忘初心、牢记使命,不折不扣地贯彻落实乡村振兴战略,在"三农"工作上出实招、见实效,为打赢脱贫攻坚战、全面建成小康社会贡献"三农"力量。

(一)深入推进农业供给侧结构性改革,全面提高农业发展质量效益

走质量兴农、绿色兴农、科技兴农之路,全面提高地均产出率、劳均产出率、资源循环利用率。加强新冠疫情、非洲猪瘟、草地贪夜蛾等疫病防控,积极应对新冠疫情对农业农村经济的影响,规范引导设施农业和生猪产业恢复产能,大力发展特色农业和林下经济,打造首都特色农产品品牌,推动"互联网+农产品"出村进城,切实稳住蔬菜生产,压实"菜篮子"区长负责制。推进北京农产品绿色优质安全示范区建设和国家农产品质量安全市创建,提高"三品一标"认证覆盖率,强化基本农田保护和高标准农田建设,持续推进高效节水灌溉工程建设,继续推动化肥农药减量使用。发展现代高效设施农业、现代畜牧业和现代种业,扎实推进北京·京瓦农业科技创新中心建设,加快农业科技成果的研发与转化应用,向科技要产出要效益,实现与外埠农产品错位竞争、差异化发展。构建城乡融合发展体制机制和政策体系,提高"三农"政策的系统性、整体性、协同性、稳定性。

(二)扎实推进农村人居环境整治,全面深化农村改革

高水平完成美丽乡村建设三年行动计划,扎实推进"百村示范、千村整治"工程,加快补上农村基础设施短板,落细落实长效管护机制,推动农村人居环境持续保持"干净整洁有序",152 个乡村振兴示范村建设取得显著成效,形成可复制可推广的乡村发展建设路径和长效机制,打造一批集中连线、点线面相结合的美丽乡村风景线。依托美丽乡村建设,大力发展休闲农业和乡村旅游,积极打造精品民宿。继续深化农村土地制度改革,出台市级农村宅基地及房屋建设管理指导意见,规范闲置农宅利用,做好农村承包地确权登记颁证,做好"大棚房"长效监管,推进集体经营性建设用地入市。继续深化集体产权制度改革,规范集体经济运营管理,推动 70 个集体经济薄弱村试点工作,积极培育新型农业经营主体,发展集体经济主导产业,探索集体经济发展路径。

(三)积极探索农民增收长效机制,全面完成低收入农户"脱低"任务

充分发挥新型经营主体在带动农民抱团闯市场、促进农民增收方面的积极作用。积极引导农村剩余劳动力向城市转移,持续提供城市公共服务类就业岗位。规范集体经济组织收益分配机制,增加成员财产性分红。积极培养新型职业农民,吸引各类人才到农村创新创业,培养一批爱农业、懂科技、会管理的新时代农民企业家。以更加有力的举措、更加精细的工作,确保现行标准下的低收入农户家庭人均可支配收入超过标准线,低收入村全部消除。重点围绕未过线的、过线后可能返低的、处于标准线边缘的三类群体,抓实"六

个一批"帮扶措施，确保现行标准下的低收入农户家庭人均可支配收入超过标准线，低收入村全部消除，做好考核验收，确保帮扶成果经得起检验。探索建立解决相对贫困的长效机制，增强低收入村、低收入农户自我发展能力。

（执笔人：李理、石慧、朱长江，单位：北京市农业农村局）

2019 年北京郊区区域经济发展综述

2019 年是新中国成立 70 周年，是决胜全面建成小康社会的关键之年。一年来，北京郊区在习近平新时代中国特色社会主义思想的指导下，全面贯彻党的十九大和十九届二中、三中、四中全会精神，立足"一核两翼"和京津冀协同发展大局，紧紧围绕新中国成立 70 周年服务保障，主动服务首都"四个中心"功能建设，着力提高"四个服务"水平，认真抓好"三件大事"，坚决打好"三大攻坚战"，统筹举办第二届"一带一路"国际合作高峰论坛、北京世园会、亚洲文明对话大会等重大国事活动。据初步核算，14 个郊区生产总值同比平均增长 6.26%，增速高于全市 0.14 个百分点。14 个地区居民人均可支配收入 5.3 万元，同比平均增长 8.67%，低于全市增速 0.03 个百分点。

一、2019 年京郊区域经济发展情况

（一）城市功能拓展区

朝阳区在市委、市政府和区委的坚强领导下，在区人大、区政协的监督支持下，以新中国成立 70 周年庆祝活动服务保障为工作主线，以文化、国际化、大尺度绿化为主攻方向，加快推进区域高质量发展，各项事业取得了新进展、新成效。据初步核算，全年实现地区生产总值突破 6 500 亿元，增长 6.1%；一般公共预算收入完成 536.4 亿元，增长 0.5%。

海淀区在市委、市政府和区委的坚强领导下，在区人大、区政协的监督支持下，坚持稳中求进工作总基调，把新中国成立 70 周年庆祝活动服务保障作为重大政治任务和全区工作的重中之重，深化落实"两新两高"区域发展战略，较好地完成了区十六届人大五次会议确定的目标任务。据初步核算，全年实现地区生产总值 6 479.5 亿元，增长 7.7%。预计单位地区生产总值能耗、水耗均下降 5%。

丰台区在市委、市政府和区委的坚强领导下，在区人大和区政协的监督支持下，坚持稳中求进工作总基调，坚持新发展理念，紧紧围绕新中国成立 70 周年庆祝活动主线，按照"丰台区要上台阶""未来风光看丰台""妙笔生花看丰台"的要求，完成区十六届人大六次会议确定的目标任务。据初步核算，全年实现地区生产总值 1 829.6 亿元，增长 6.3%；一般公共预算收入 127.7 亿元，增长 5%；社会消费品零售额增长 4.5%；居民人

均可支配收入增长 8.4%;万元地区生产总值能耗下降 3.5%;PM2.5 平均浓度 42 微克/立方米,创监测以来最好水平。

石景山区在市委、市政府的坚强领导下,在区委的直接领导下,在区人大、区政协的监督支持下,紧紧抓住"两大机遇",牢牢把握"三区定位",扎实做好稳增长、促改革、调结构、惠民生、防风险、保稳定各项工作,完成了年度各项任务。据初步核算,全年实现地区生产总值完成 806.4 亿元,同比增长 6.9%;一般公共预算收入完成 63.4 亿元,同比增长 2.1%;全年实现社会消费品零售总额 327.2 亿元,比上年增长 4.7%;居民人均可支配收入 76 990 元,同比增长 8.1%。

(二)城市发展新区

通州区立足"一核两翼"和京津冀协同发展大局,紧紧围绕副中心控规落实和新中国成立 70 周年服务保障,开拓进取、奋勇拼搏,圆满完成区六届人大五次会议确定的各项目标任务,经济社会实现平稳较快发展。据初步核算,全年实现地区生产总值同比增长 6.6%;建筑安装投资同比增长 10.6%;一般公共预算收入完成 88.7 亿元,同比增长 6.8%;居民人均可支配收入实现 44 190 元,同比增长 9%;新增就业 1.9 万人,城镇登记失业率控制在 2.8%以内。

大兴区面对艰巨繁重的改革发展稳定任务,区政府全面执行市委、市政府决策部署,在区委的正确领导下,在区人大依法监督和区政协民主监督下,紧紧团结和依靠全区人民,锐意进取、奋发图强,经济平稳健康发展,社会保持和谐稳定。据初步核算,全年实现地区生产总值同比增长 6.5%;一般公共预算收入实现 102.5 亿元,首破百亿元大关,同比增长 11%;建筑安装工程投资完成 436 亿元;社会消费品零售额完成 465.3 亿元,同比增长 6.3%;城镇居民人均可支配收入同比增长 9%。万元 GDP 能耗、水耗等节能减排指标均达到市级要求。

顺义区坚持把新中国成立 70 周年庆祝活动作为统领各项工作的纲,主动服务首都"四个中心"功能建设,着力提高"四个服务"水平,认真抓好"三件大事",坚决打好"三大攻坚战",加快提升顺义新城综合承载力,全区经济社会继续保持良好发展态势。据初步核算,全年实现地区生产总值同比增长 6%;完成一般公共预算收入 165.7 亿元,同比增长 4%;居民人均可支配收入同比增长 9.2%;固定资产投资(不含农户)比上年增长 2.2%;完成社会消费品零售总额 506.1 亿元,同比增长 5.7%;城镇登记失业率 1.4%。

昌平区深入贯彻"巩固、增强、提升、畅通"八字方针,认真做好"六稳"工作,主要经济指标保持在合理区间,发展质量效益进一步提高。据初步核算,全年实现地区生产总值完成 1 071.8 亿元,增长 6.6%。一般公共预算收入完成 105.6 亿元,同比增收 10.6 亿元,增长 11.1%。居民人均可支配收入 49 669 元,比上年同期增长 9.4%。城镇新增就业 3.5 万人,农村劳动力转移就业 1 800 人。实体经济蓄势回升,规模以上工业总产值增长 6.9%,其中高技术制造业产值增长 12.7%。居民人均消费支出 35 178 元,同比增长 8.3%。单位地区生产总值能耗、水耗分别下降 3%、4.5%。

房山区以新中国成立70周年庆祝活动服务保障工作为统领，围绕加强"四个中心"功能建设，提高"四个服务"水平，抓好"三件大事"，打好"三大攻坚战"，按照"六为"工作思路，统筹推进改革发展稳定和改善民生各项工作，保持经济社会持续健康发展，较好完成区八届人大五次会议确定的目标任务。据初步核算，全年固定资产投资增长15%；一般公共预算收入完成70.1亿元，增长8.4%；社会消费品零售总额完成268亿元，增长6%；城镇登记失业率为3.04%；全区居民人均可支配收入增长8.7%。

（三）生态涵养区

门头沟区按照"绿色发展、生态富民、弘扬文化、文明首善、团结稳定"的区域发展总原则，以新中国成立70周年庆祝活动为纲，稳增促调、转型升级，加快构建"三精"格局，经济社会实现平稳健康发展。据初步核算，全年实现地区生产总值249.3亿元，同比增长6%；一般公共预算收入33.6亿元，同比增长6.6%；社会消费品零售额75.3亿元，同比增长5.9%；居民人均可支配收入53 743元，同比增长9%以上。

平谷区贯彻党的十九大和十九届二中、三中、四中全会精神，围绕区五届五次人代会各项决议要求，坚持"生态立区、绿色发展"，坚持"问题导向、系统治理"，统筹推动"落规划、优生态、调结构、聚要素、惠民生、促协同"等各项工作，经济社会发展总体保持稳中向好。据初步核算，全年实现地区生产总值293.5亿元，同比增长4.7%；社会消费品零售总额120.6亿元，同比增长6.2%；全区居民人均可支配收入38 949元，同比增长8.2%。预计实现地方一般公共预算收入24.2亿元。

怀柔区全面落实市委、市政府和区委决策部署，坚持稳中求进工作总基调，坚持以供给侧结构性改革为主线，把新中国成立70周年庆祝活动筹备及服务保障工作作为重大政治任务和全区工作的重中之重，圆满完成第二届"一带一路"国际合作高峰论坛等重大活动服务保障任务，保持经济社会平稳健康发展，较好完成年度各项任务。据初步核算，全年实现地区生产总值399.9亿元，增长5.9%；完成地方一般公共预算收入43.1亿元，增长6.5%；实现社会消费品零售额133.6亿元，增长5.8%；建筑安装投资增长23.5%；全区居民人均可支配收入40 067元，增长8.9%；万元地区生产总值能耗下降率4.93%。

密云区在服务保障新中国成立70周年大庆活动的带动下，干部群众敬业奉献、干事创业的热情更加高涨，经济社会保持了稳中有进的态势。据初步核算，全年实现地区生产总值340.9亿元，同比增长6.3%；一般公共预算收入37.5亿元，增长3.2%；实现社会消费品零售额159.9亿元，增长8%；全区居民人均可支配收入38 004元，增长8.7%；万元地区生产总值能耗下降2.5%。

延庆区2019年坚持稳中求进工作总基调，紧紧围绕加强首都"四个中心"功能建设、提高"四个服务"水平，抓好"三件大事"，打好"三大攻坚战"，全力服务保障新中国成立70周年系列庆祝活动，全面推进"两山"理论实践创新基地建设，聚焦聚力冬奥会世园会筹办举办，坚持办大事、促发展、惠民生，保持经济持续健康发展和社会长期和谐稳定。据初步核算，全年实现地区生产总值195亿元，同比增长7.1%；建筑安装投资同比增长 16.3%；一般公共预算收入完成 21.4 亿元，同比增长 11.9%；全区居民人均可支配收入预计完成 36 842 元，同比增长 7.7%。

二、2019 年推动京郊区域经济发展的经验做法与突出问题

(一) 城市功能拓展区

各区在 2019 年坚持稳中求进，积极应对错综复杂的外部发展环境和经济下行压力，全面做好"六稳"工作，经济高质量发展取得新成效。

朝阳区推动区域经济发展的经验做法：一是稳增长力度加大。面对复杂严峻的经济形势和持续下行的经济压力，克服了批发零售业财政收入下降超过 20% 等因素带来的不利影响。全区共引进各类首店 150 余家，全市首批"夜京城"地标、商圈半数以上在朝阳，积极扩大有效投资，预计建筑安装投资达到 450 亿元左右。全面落实国家减税降费政策，预计全年减轻企业和社会税费负担 400 亿元左右。二是国际化提升实现多点突破。开展新一轮服务业扩大开放试点工作，推出 12 项开放新举措，实现 39 个重点项目落地。CBD国际化提升三年行动计划 105 项任务全面启动，36 项任务取得明显进展，招商服务大厅启用，核心区中信大厦等 5 个项目建成，4 个项目正在招商。国际电子总部三期、E5 三期项目竣工，阿里巴巴北京总部园区正式开工，亚投行总部大楼、城奥大厦正式竣工。

朝阳区推动区域经济发展面临的问题：一是保持经济稳定增长面临较大压力。世界经济格局正在深刻调整，朝阳区经济因外向型程度高，下行压力持续加大。二是减量发展任务依然艰巨。疏解整治进入"啃硬骨头"的关键阶段，农村地区拆迁腾退、产业升级的路径创新还需加快。

海淀区推动区域经济发展的经验做法：一是加大投资补短板、优供给力度。扎实推进基础设施、民生改善、高精尖产业等领域重点工程，预计建安投资 310 亿元，增长 3.6%左右。出台提升消费能级提高生活品质三年行动计划，促进消费提质增效，预计市场总消费 7 686 亿元，增长 10.5% 左右，总量居全市首位。二是加强高精尖产业组织，优化产业结构。主导产业"压舱石"作用显著，产业融合发展、迭代升级，信息、科研、金融、教育等主要行业增加值占比七成以上，经济增长贡献超过八成。三是持续优化营商环境。深化"放管服"改革，建设工程施工许可审批时限压缩 64%，申报材料数量压缩 70%。在全市率先开展不动产交易、企业开办等领域的区块链技术应用场景建设，取得明显成效。企业登记注册全流程优化升级，企业开办全程网上 1 天办，全程服务"零见面"。

海淀区推动区域经济发展面临的问题：一是外部环境错综复杂，经济下行压力加大，新的经济增长点需要加快培育。二是科技创新能级还不高，全球领先原创成果还不多，创新发展能力有待提升。

丰台区推动区域经济发展的经验做法：一是创新驱动步伐加快。积极培育新动能，储备高精尖产业项目 150 多个，纳入市级高精尖项目库 13 个，科创板首批上市企业数量并列全市第一。成立丰台区发展投资有限公司，设立总规模 50 亿元的丰台新动能基金和 40亿元的丰首产业基金。国家高新技术企业保有量达 1 550 家，技术合同交易额首次突破

1 000 亿元。丽泽金融商务区发展势头强劲。启动南区 D 片区一体化综合开发试点。丽泽 SOHO、青海金融大厦等 7 个项目投入使用，累计释放产业空间 89 万平方米。二是消费潜力加速释放。促进"互联网＋商务"深度融合，预计网上零售额增长 20％左右。推出节庆与季节系列主题旅游宣传活动，实现旅游综合收入 336.5 亿元，增长 8.3％。营商环境持续优化。深化"一门一窗一次"改革，区级专业大厅数量由 22 个减少至 12 个，区级政务服务中心办理事项由 125 项增加至 1 331 项，"一门""一窗"办理率分别达到 81.7％、81％，实现 600 个高频事项"最多跑一次"。严格落实减税降费政策，全年为企业和个人减少税费 75.7 亿元。

丰台区推动区域经济发展面临的问题：一是发展质量效益有待提升，行业领军企业不够多，精准服务企业的机制还需进一步完善。二是基础设施和公共服务水平与人民群众的期望有差距。

石景山区推动区域经济发展的经验做法：一是高精尖产业发展态势良好。加快构建"1＋3＋1"高精尖产业体系，高精尖产业实现收入 1 800 亿元，同比增长 15％。现代金融业快速发展，全年收入增速超过 20％，占高精尖产业收入近一半，产业主导地位进一步巩固。科技服务业稳步推进，设立每年 5 000 万元"科技创新"专项资金。数字创意产业优势明显，动漫游戏、媒体融合等优势产业高质量发展，成功举办国际文创娱乐产业峰会。二是重点功能区建设加速推进。北京银行保险产业园市政道路、地下综合管廊等基础设施完工，中央绿地公园、金融交流文化中心、星级酒店等高端商务配套设施投入使用，举办中国银行保险业国际高峰论坛等大型活动 10 余场，入驻金融机构 30 余家。三是营商环境持续优化。送出服务包 170 个，解决企业实际问题 335 个。

石景山区推动区域经济发展面临的问题：区域经济发展的质量和效益还不高，高精尖产业有而不强、有而不优，高质量发展缺乏强有力的支撑，稳增长面临较大压力。

（二）城市发展新区

城市发展新区真抓实干推动高质量发展，多措并举增进民生福祉；厘清产业发展思路，全面整理空间资源；聚焦高端产业业态，加快项目对接引进；创新管理服务机制，营商环境持续优化；坚持服务大局、集中力量牢牢扭住"疏整促"牛鼻子，推动高质量发展的有利因素正在不断汇聚。

通州区推动区域经济发展的经验做法：一是厘清产业发展思路，全面整理空间资源。整合产业空间资源，城区内储备 1 225 公顷建设用地，腾退集体土地按照"拆五还一"原则可还建产业用地 509 公顷，梳理可利用楼宇空间 256 万平方米、园区厂房 68 万平方米。二是聚焦高端产业业态，加快项目对接引进。与朝阳、西城、海淀开展"三区三园"结对发展，加快中心城央企二三级总部、市属国企和重点区域功能外溢承接。对接"高精尖"产业项目 238 个，70 个重点项目实现签约。三是创新管理服务机制，营商环境持续优化。集成完善市区两级招商引资政策措施，形成"前奖励＋后补贴＋服务绿色通道"的全方位扶持机制。

通州区推动区域经济发展面临的问题：经济基础相对薄弱，构建"高精尖"产业体系还有不少难点，特别是重大项目落地环节还不够通畅；在激活农村经济、改善农村群众生产生活条件方面仍有不足。

大兴区推动区域经济发展的经验做法：国际机场正式投运，高精尖集聚效应持续增强。积极投身服务保障北京大兴国际机场建设，圆满完成"6·30"建成和"9·25"投运任务。实施项目经理人负责制，屠呦呦团队研究中心等10个项目实现开工，天科合达、智飞睿竹等166个产业项目落地，星昊药业等9个项目竣工，同仁堂大兴生产基地等14个项目投产，极智嘉、深度智耀等20个硬科技企业入区发展。建设五加和基因平台等3个医药生产外包平台，累计打造孵化器及众创空间53家，企业研发中心达到124家，国家及中关村高新技术企业同比增长15.3%和16.1%。全区产业引导基金总规模增至107亿元，投资支持23家企业发展，热景生物实现首批登陆"科创板"。累计完成15宗土地入市，总交易额210亿元，联营公司集体资产增收超100亿元，集体经济组织人均增收近4 000元。

大兴区推动区域经济发展面临的问题：经济社会发展还存在许多不平衡不充分的矛盾和问题，区域创新活力有待提升，对科技创新引领区的支撑不足。

顺义区推动区域经济发展的经验做法：全力确保经济运行稳中有进，加快促进产业转型升级。第三产业增加值占GDP比重预计达到65%以上。金融业增加值比重预计保持在10%以上，全区第三大支柱产业基础更加夯实，规模以上工业总产值降幅预计收窄至9%。预计全年进出口额完成1 050亿元，实际利用外资9.2亿美元。国家级高新技术企业预计超过900家。京交会实现签约额106亿美元。编制完成智能制造三年行动计划，新引进3 000万元以上项目263个，57个高精尖项目加快落地建设。新一轮服务业扩大开放52项试点任务完成49项，实现7项全国首创。新引进墨盛资产等优质金融企业30家，金融机构达到342家。天竺综保区保税进、出口整体通关时间较上年分别压缩67%、79%，进出口规模同比增长30%。减税降费80.3亿元。

顺义区推动区域经济发展面临的问题：经济结构调整任务依然艰巨，传统增长动能逐步减弱，新的高精尖产业尚未形成有效支撑。

昌平区推动区域经济发展的经验做法：经济运行实现稳中向好，产业转型升级扎实推进。建立高精尖产业项目库，全年入库项目105个，诺华创新药销售公司、国网智芯半导体公司等17个项目实现投产，中国电子智能制造中心、瑞康医药北京总部等项目签约落户。三一集团、北汽福田、乐普医疗、万泰生物等众多在昌企业启动扩产升级，国电投氢燃料电池、国网特高压芯片、爱博诺德非球面人工晶体、德大生物抗癌新药等大批科技成果进入产业化阶段，佰仁医疗成功登陆科创板。与高瓴资本签约共建国际标准的研究型医院，国内首家面向社会提供新药研发服务的冷冻电镜实验中心投入试运行。北京脑科学与类脑研究中心一期建成投用，全区国家高新技术企业超过1 900家，技术合同成交额、商标总量分别增长14.5%、26%。全年新设企业9 550家，企业活跃度居全市前列。京东7FRESH回龙观旗舰店、好未来"龙观荟"教育综合体、路劲商业广场等一批高品质商业项目开业运营。

昌平区推动区域经济发展面临的问题：经济运行稳中有变，科技创新支撑产业发展驱动力不够，创新链与产业链、价值链尚未融会贯通，综合实力和产业竞争力依然不强。

房山区推动区域经济发展的经验做法：创新引领体系更加清晰，金融产业发展势头强劲。完成良乡大学城控制性详细规划编制，打造智汇8号等新型研发中心载体，分子智能材料技术中心等一批研发机构落户。海创人才国际创新中心正式启动，26家众创空间入驻双创企业6000家，实现税收9.6亿元，52家规模以上文创企业实现收入80亿元。北京基金小镇高分通过国家级基金业服务标准化试点评估，石墨烯创投基金正式发布。北京基金小镇入驻机构1208家，资产管理规模1.76万亿元，实现税收3.46亿元，同比增长84.2%。北京互联网金融安全示范产业园引入企业505家，实现税收5.08亿元，同比增长17.2%。文旅融合发展持续深化，消费结构不断升级。中国房山世界地质公园正式通过再评估。制定促进乡村旅游提质升级奖励办法，黄山店村入选全国乡村旅游重点村，黑龙关村列入中国传统村落名录，莲花庵村被评为中国美丽休闲乡村。

房山区推动区域经济发展面临的问题：地区生产总值增速放缓，园区产业用地效益不高，农村集体经济不强，一些重点项目推进速度慢。

（三）生态涵养区

全面贯彻生态涵养区生态保护和绿色发展实施意见，统筹实施"两山三库五河"生态保护，系统推进"一城两带多园"绿色发展。狠抓污染治理、环境保护、生态涵养、生态修复，生态文明建设成效明显。依托生态优势，着力抓好重点功能区建设、产业结构升级、营商环境优化等工作，在经济下行压力加大的背景下，探索出一条特色产业发展之路。

门头沟区推动区域经济发展的经验做法：文旅体验产业驱动力持续增强，科创智能产业集聚能力不断提升。大力培育发展精品民宿，发布《精品民宿发展服务手册》，设立乡村振兴绿色产业发展专项资金，成功推出精品民宿品牌"门头沟小院"、绿色产品品牌"灵山绿产"。依托故宫博物院资源，与金隅集团加强合作，打造琉璃文化创意产业园区。产业结构持续优化，完成全区战略和产业发展专项规划编制，推动京西产业转型升级示范区（国家级）建设。正式启用"中关村（京西）人工智能科技园·智能文创园"。完成工业研发用地（安普公司）属地政府优先回购全部股权和社会投资"简易低风险"建设项目（利德衡）两个全市首例全流程案例。高精尖产业结构加速构建，以精雕科技、夏禾科技为代表的智能制造板块初步形成。

门头沟区推动区域经济发展面临的问题：转型发展任务依然艰巨。新产业新动能尚在培育，高精尖企业还未形成持续集聚效应，地区营商环境总体竞争力不高，经济总量和发展质量还需进一步提升，产业结构有待进一步优化，受减量发展及减税降费等因素影响，财政收支平衡压力较大。

平谷区推动区域经济发展的经验做法：抓经济，强产业，绿色发展动能不断增强。落实"三区一口岸"功能定位，深入实施创新驱动发展战略，坚定不移推动高质量发展，重点产业企业加快培育，发展要素不断集聚。圆满完成国庆礼桃供应保障，建立国桃生产技术标准；平谷大桃成为全市唯一在十七届中国国际农交会上参展的名特优新农产品。高技术制造业较快发展，预计实现产值22.7亿元，同比增长10%。重点服务业支柱作用突出，同比增长 5%。"互联网＋"快速发展，电商交易额同比增长 32.9%，其中"互联网＋大桃"销售额 3 亿元。成功举办北京·平谷产业发展推介会，全面推介 27 类 52 个重点项目，实现"带图、带地、带链、带政策"招商。组团参加第二届中国进口商品博览会，达成意向采购金额 1 934.6 万美元。

平谷区推动区域经济发展面临的问题：一是产业转型升级与高质量发展的实现路径问题。传统产业亟待转型，新兴产业尚未形成规模，园区集聚效应不强。二是政府债务收紧与绩效考核提升的双重约束问题。作为生态涵养区，经济基础比较薄弱，发展的需求很多，在现有债务约束条件下，政府可用财力相对有限。

怀柔区推动区域经济发展的经验做法：科学城建设全面提质增速，区域经济转型升级步伐加快。5 个大科学装置全部开工，5 个交叉研究平台进入设备安装调试阶段，11 个科教基础设施和第二批 5 个交叉研究平台启动建设。国际学术交流合作不断加强，怀柔科学城国际化水平和国际影响力持续提升。"100·365"科学行动全面实施，形成"怀柔就是科学城，科学城就是怀柔"的生动实践。圆满完成第二届"一带一路"国际合作高峰论坛服务保障任务。全力推动国际会都扩容提升，全年承办各类会议会展 2 680 场次，接待 42 万人次。文化科技融合产业进一步发展，全年新注册企业 100 余家，文化产业相关收入超过 100 亿元。产业升级态势显现。全区高新技术企业保有量达到 373 家，全年完成技工贸总收入 670 亿元，实现利润 32.5 亿元。新增中国华建投资等金融企业 13 家，实现金融业收入 35.5 亿元，增长 6%。

怀柔区推动区域经济发展面临的问题：经济下行压力加大，财政收支平衡难度进一步增加；农村集体经济增长和农民增收乏力，实施乡村振兴还需进一步加力。

密云区推动区域经济发展的经验做法：着力抓好重点功能区建设、产业结构升级，经济保持平稳发展。中关村密云园产业聚集效应显现。园区总收入和营业收入超额完成年度任务，同比分别增长 8% 和 10%。生物医药产业发展迅速，财政贡献占比达到 30%，康辰药业主板上市后年纳税近 2 亿元，北陆药业获评"中国创业板上市公司价值五十强"。产业融合发展不断深入。北京密云国家农业科技园区通过科技部验收，累计培育农业高新技术企业 15 家、国家级星创天地 7 家。"互联网＋农业"快速发展，年销售额千万元以上电商企业达到 12 家。旅游重大项目龙头作用持续发挥，古北水镇年接待游客 234.76 万人次，实现综合收入 9.46 亿元。巨各庄镇"酒乡之路"获评全市首条"美丽乡村风景线"，入选农业农村部"夏纳凉"美丽乡村精品线路。企业对本区营商环境满意度全市第一，全年新增企业 7 110 户。全面推进生态保护，荣获"国家生态文明建设示范区"称号。

密云区推动区域经济发展面临的问题：经济总量不足、质量不高，"高精尖"产业项目较少，实体企业数量较少、规模偏小，抗风险能力不强；农民增收特别是库北地区农民增收压力较大，生态优势转化为发展优势的办法不多。

延庆区推动区域经济发展的经验做法：世园会取得圆满成功，会期 162 天平稳运行，吸引 934 万中外宾客入园。赛会拉动作用明显，近三年固定资产投资累计 545 亿元，年均增长 52.1%。"美丽延庆　冰雪夏都"城市品牌影响力借力赛会持续扩大，国内国际认知度大幅提升。建成北方地区首个民宿集群"合宿·延庆姚官岭"，累计打造"山楂小院"

等 75 个精品民宿品牌，全区旅游综合收入预计 102.4 亿元，接待游客预计 2 497.1 万人次。高精尖产业发展态势良好，新引进企业 751 家，聚集现代园艺企业 87 家、体育科技企业 74 家、无人机企业 16 家、新能源和能源互联网企业 75 家。2019 年 1—11 月，完成规模以上高新企业总收入 124.1 亿元，同比增长 29.1%；完成工业总产值 72.3 亿元，同比增长 52.3%。

延庆区推动区域经济发展面临的问题：推动高质量绿色发展、创新发展的改革力度不够，转型升级缓慢。文旅产业融合发展有待深入，用好用足"冬奥""世园""长城"三张名片举措不多；用好赛会机遇带动地区高质量绿色发展的具体路径还需深入研究；绿色高精尖产业基础仍然薄弱。

三、2020 年郊区经济发展的形势与建议

（一）城市功能拓展区

朝阳区 2020 年经济社会发展主要预期目标是：地区生产总值增长 6% 左右，居民人均可支配收入增长 6% 以上，城镇登记失业率控制在 1.5% 以内，一般公共预算收入增长 0.5% 左右。为实现上述目标，必须坚定发展信心，积极应对风险挑战；必须强化治理效能，加强系统治理、依法治理、综合治理、源头治理；必须突出质量提升，对标国际一流，对接群众需求，深耕细作，精雕细琢。

海淀区 2020 年经济社会发展主要预期目标是：地区生产总值增长 6.8% 左右，区级一般公共预算收入与 2019 年持平略增，居民人均可支配收入与经济发展保持同步，高新技术企业总收入增长 10% 以上。为做好 2020 年工作，区委十二届十二次全会提出了"5 个牢牢把握"的工作要求，明确了 9 个方面的重点任务。

丰台区 2020 年经济社会发展的主要预期目标是：地区生产总值增长 6% 左右，一般公共预算收入增长 4%，社会消费品零售额增长 4.5% 左右，城镇登记失业率控制在 3% 以内，居民人均可支配收入增长与经济增长基本同步，完成市级下达的万元地区生产总值能耗、水耗任务，空气质量持续改善。市委、市政府高度重视丰台区发展，在"丰台区要上台阶"的基础上，又相继提出"未来风光看丰台""妙笔生花看丰台"的更高要求。

石景山区 2020 年经济社会发展的主要预期目标是：地区生产总值增长 6.5% 左右，一般公共预算收入增长 2% 左右，固定资产投资增长 5.2% 左右，市场总消费增长 5.4% 左右，居民人均可支配收入增长与经济增长基本同步。一方面，经济下行压力加大，转型升级步伐亟须加快。另一方面，我国经济转入高质量发展新阶段，石景山区作为中心城区，要充分借助冬奥契机，加快打造新时代首都城市复兴新地标，启动重大项目、汇聚高端要素、推动经济高质量发展。

（二）城市发展新区

通州区 2020 年经济社会发展的主要目标是：实现地区生产总值增长 6.5% 左右，一般公共预算收入增长 3.5% 左右，建安投资增长 7% 左右，社会消费品零售总额增长 6%

左右，居民人均可支配收入增长 8％左右。通州区要更加突出高质量发展这个根本要求，高起点谋划"十四五"规划，高标准推进控规实施，推动城市副中心建设迈上新台阶、实现新跨越。

大兴区 2020 年全区经济社会发展主要预期目标为：地区生产总值比上年增长 6.5％左右，一般公共预算收入比上年增长 7％，社会消费品零售额比上年增长 6％左右，城镇居民人均可支配收入比上年增长 8％左右，万元 GDP 能耗、用水总量和用水效率指标达到市级要求。2020 年要聚焦"新国门·新大兴"建设，坚持稳中求进工作总基调，围绕"七有""五性"加快补齐民生短板，统筹推进经济社会高质量发展，确保全面建成小康社会和"十三五"规划圆满收官。

顺义区 2020 年经济社会发展的主要预期目标是：地区生产总值增长 6％左右，一般公共预算收入增长 3％左右，固定资产投资完成 465 亿元，社会消费品零售总额增长 5.5％左右，规模以上工业总产值增长 3％，全区居民人均可支配收入增长 7.5％，城镇登记失业率控制在 2％以内。中心城区更多优质资源加快向新城疏解，北京创新产业集群示范区（顺义）、国家级临空经济示范区建设将促进产业加速转型升级，北京国际合作产业园（中德园区）等重点园区引领作用要不断增强，争取自贸区开放政策试点实施，进一步推动港城融合发展。

昌平区 2020 年经济社会发展的主要预期目标是：地区生产总值增长 6.5％左右，一般公共预算收入增长 7％左右，全区居民人均可支配收入增长与经济增长同步，城镇登记失业率控制在 3％以内，污染防治、节能降耗达到北京市要求。昌平区既要保持战略定力，因势而谋、应势而动、顺势而为，稳住经济社会持续健康发展的基本面；更要坚定必胜信心，变中求新、新中求进、进中突破，在减量中推动高质量发展，在创新中助力高质量发展，一天更比一天好。

房山区 2020 年经济社会发展的主要预期目标是：固定资产投资完成 500 亿元左右；一般公共预算收入增长 7％左右，社会消费品零售总额增长 6％左右，全区居民人均可支配收入增长 8％以上，城镇登记失业率控制在 3.3％以内，PM2.5 年均浓度达到市级要求水平。房山区要把握好当前发展的重要战略机遇期，站在服务首都发展大局的高度，以决战决胜的精神状态，持之以恒抓重点、补短板、强弱项，态度要坚决，贯彻要彻底，效果要明显，全力以赴把房山建设好、发展好、管理好。

（三）生态涵养区

门头沟区 2020 年经济社会发展的主要预期目标是：地区生产总值增长 6％左右，一般公共预算收入完成数与 2019 年持平，社会消费品零售额增长 6％左右，居民收入增长与经济增长保持同步，城镇登记失业率控制在 4.5％以内。综合当前形势，要全力打造"绿水青山门头沟"城市品牌，以发展思想转变引领发展方式转变，通过建设"绿水青山的生态之城""宜居宜业的幸福之城""底蕴深厚的魅力之城""向善尊贤的人文之城""有序包容的和谐之城"，打通"绿水青山"向"金山银山"的转化通道，最终实现绿色发展、生态富民。

平谷区 2020 年经济社会发展主要预期目标是：地区生产总值增长 5％左右，地方一般公共预算收入增长 4.2%，建安资产投资增长 3.3%，社会消费品零售总额增长 5% 左右，全区居民人均可支配收入增长 7%。对照落实北京市生态涵养区考核任务，平谷区一是牢牢把握全面建成小康社会的重大政治任务，突出民生保障；二是牢牢把握"十三五"收官和分区规划开局的重大目标任务，突出产业发展；三是牢牢把握国家治理体系和治理能力现代化总要求，突出社会治理。

怀柔区 2020 年经济社会发展的主要预期目标是：地区生产总值增长 6% 左右，完成一般公共预算收入 43 亿元，与上年持平；完成建安投资 85 亿元，社会消费品零售额增长 5.5%，全体居民人均可支配收入与经济增长基本同步，万元 GDP 能耗、水耗分别下降 1% 和 3%，PM2.5 年均浓度完成市级任务，生态环境进一步改善。做好政府各项工作意义重大，要牢牢把握怀柔科学城建设这条主线，在"统领"和"融合"上持续发力。要牢牢把握全面建成小康社会的奋斗目标，切实增强人民群众获得感、幸福感、安全感。要牢牢把握怀柔分区规划目标，全面对照各领域节点任务，高水平编制"十四五"规划，推动区域高质量发展取得新成效。

密云区 2020 年经济社会发展的主要预期目标是：地区生产总值约 350 亿元，同比增长 6% 左右；一般公共预算收入 38.5 亿元，增长 3%；全社会固定资产投资 146 亿元，增长 8%；社会消费品零售额 171.2 亿元，增长 8%；全区居民人均可支配收入 40 578 元，增长 7.5% 左右。其中，城镇居民人均可支配收入 50 050 元，增长 7% 左右；农村居民人均可支配收入 28 898 元，增长 8% 左右。万元地区生产总值能耗、水耗下降率完成市级任务。区政府将全面落实"保水、护山、守规、兴城"的工作要求，坚持稳中求进、生态立区、规划引领、绿色发展、民生为本，努力打造践行习近平生态文明思想典范之区。

延庆区 2020 年经济社会发展的主要预期目标是：地区生产总值（按不变价）增长 6% 左右，规模以上工业产值增长 3% 左右。一般公共预算收入同比增长 5% 左右，固定资产投资（不含农户）完成 170 亿元，建安投资完成 120 亿元。市场总消费增长 6.6% 左右，社会商品零售总额增长 5.7% 左右，旅游总收入完成 102 亿元。全区居民人均可支配收入同比增长 6.5% 左右，城镇登记失业人员就业率达到 56%。2020 年要以服务保障高山滑雪世界杯举办和冬奥会筹办为牵引，抓好"三件大事"，打好"三大攻坚战"，全面做好"六稳"工作，全力守护好山好水好生态，加快建设绿色发展聚宝盆，确保全面建成小康社会和"十三五"圆满收官。

（执笔人：马晓立、王彩虹，单位：北京市城乡经济信息中心分析预测处）

分类推进首都乡村产业振兴的思考与建议

产业兴旺是乡村振兴的重点。当前首都乡村振兴普遍缺乏主导产业支撑，各类型村庄产业发展面临不同的发展条件和瓶颈。本报告针对三无村、拆迁村、倒挂村、空心村和传统村五种类型村庄各自的产业振兴存在的问题，围绕完善乡村产业振兴的体制机制、提升基础设施建设和公共服务水平、加快培育新产业新业态和构建乡村产业发展服务体系等四个方面提出初步的分析建议。

一、首都五类村庄产业振兴面临的问题

调查显示，首都乡村产业发展的基础呈现出要素分布不均衡、乡村集体经济存量大增量小等特点。首都五类村庄产业发展面临的关键问题各有侧重，具体如下：

（一）三无村产业发展面临的关键问题是产业转型升级滞后

在北京疏解整治促提升的大背景下，乡村经济处在腾笼换鸟的产业转型期，原有支柱产业退出，传统的村集体经济的主要收入来源割断，新型产业尚在引入和培育阶段。2015年以来，丰台区花乡草桥村在疏解整治促提升工作中，关停转型市场4家，升级改造市场9家，集体经济年收入减少近2 000万元。拆迁腾退后，受产业规划、审批手续、各项流程等因素影响，新项目引入落地至少需要4～5年，产业发展存在滞后性。朝阳区白家楼村集体经济收入主要依赖于8家企业厂房租金收入，为落实"疏整促"专项行动，完成"清脏、治乱、增绿"三项工作，8家企业迁移工作将逐步推进落实，随之村集体经济收入受到严重影响。

（二）拆迁村产业发展面临的关键问题是乡村新增集体资产没有转化为乡村经济发展的资本

乡村新增集体资产主要来源是征地拆迁的补偿款，按照现行管理要求，均由乡镇托管。但为避免投资扩大再生产的市场风险，这部分村集体资产主要通过政府信贷、银行存款等理财方式来保值，没有变成引进新型主导产业的资本，难以实现产业的新发展。据调研，海淀区经营效益好的村集体资产的理财收益率为8%，大多数村集体拆迁征地补偿款的理财收益率在4%左右。

（三）倒挂村产业发展面临的关键问题是产业结构单一，瓦片经济发展路径依赖严重

属于倒挂村的朝阳区崔各庄乡马泉营村、何各庄村，昌平区回龙观镇定福皇庄村，2017年农民人均房屋租赁收入分别达到27 607元、19 118元和11 972元，占农民人均所得的比重分别为55%、48%、51%。

（四）空心村产业发展面临着有资源缺要素的问题

一是空心村有大量资源处于闲置状态。门头沟区雁翅镇田庄村农宅闲置达50%以上，门头沟区雁翅镇淤白村农宅闲置率达21%；房山区长沟镇东良各庄村有闲置农宅34处，闲置农宅占比达15.7%；房山区长沟镇太和庄村有闲置宅院57处，占总宅院的13.4%。

二是大量青壮年劳动力流入城市，村庄老龄化和劳动力空心化严重，土地荒废或低效经营。

（五）传统村产业发展面临的主要问题是经营分散、低端雷同，缺乏核心竞争力和规模效益

近年来，传统村的乡村旅游和农业观光休闲业逐步成为领跑北京都市农业的新兴产业。然而，在传统村，大多数的民俗户仍然是一家一户的分散经营，规模小、档次低、雷同性强，大多数设施简陋、内容不够丰富，生态、文化内涵欠缺，知名度不高，知识性和趣味性不足，对农业的多功能性拓展不足。

二、政策建议

（一）深化农村改革，完善乡村产业振兴的体制机制

乡村产业振兴需要进一步深化农村改革，通过积极推动农村产权制度改革和完善农村承包地"三权分置"，进一步激发农业农村各类经营主体的活力。针对三无村，重点深化农村集体产权制度改革，发展以股份合作制为主要形式的新型集体经济，推动集体资产的所有权与经营权分离，将新型集体经济组织转变为真正的市场经营主体，探索农村集体产权由封闭走向适度开放，有效盘活沉睡资产和不良资产，形成自主发展的制度优势。针对倒挂村，重点给予村集体经济组织一定自主发展空间，推动农村集体经营性建设用地入市，引入符合首都高精尖经济结构的产业项目，同时探索农村集体建设用地建设公租房。针对拆迁村，深化农村集体产权制度改革的重点是切实保护拆迁村民的财产权益，妥善处置集体资产，需要破除农村资源性资产转变为资金性资产后的保值增值瓶颈，特别是探索征地补偿款这一巨大的新增集体资产的保值增值路径，推动集体资产经营与管理，维护拆迁村集体经济组织成员权益。针对空心村，重点是推动农村宅基地的改革，允许闲置农村宅基地入市，允许空心村闲置宅基地自愿有偿退出，探索农村宅基地的"三权分置"制度。针对传统村，要深化农村集体产权制度改革，加强农村集体经济组织建设和民主议事制度建设；推动农村承包地"三权分置"，加强农村土地经营权的制度建设，保护种地人的合法权益，为家庭农场和农民专业合作社的适度规模化经营提供制度保障。

（二）推进城乡融合，提升基础设施建设和公共服务水平

在乡村振兴和美丽乡村建设中，不仅要围绕满足当地村民生活和人居环境改善的基础设施与公共服务提升，而且要关注于满足当地产业长远发展对基础设施和公共服务所提出的更高的需要。针对三无村，要紧密围绕首都"四个中心"城市功能定位，推动三无村基础设施和公共服务与首都建设水平相适应。针对倒挂村，外来人口对村庄基础设施和公共服务水平带来的压力，由政府承接的基础设施和公共服务建设和管理，通过共建共享、合理征收相关消费税等方式推动基础设施和公共服务水平提升，保障外来人口平等享有基础设施和基本公共服务。针对拆迁村，要与当地城市化或小城镇建设相结合，重点提升乡镇

级公共服务供给水平和辐射能力。以乡镇为中心，建设乡村居民生活的微中心，在提升硬件设施水平的同时，引入相应的服务人才，提高乡镇医疗、教育、文化、体育等公共服务的建设力度和服务能力。针对空心村，加大水、电、热等基本生活和生产保障性基础设施的建设，针对空心村中的传统古村落和历史文化名村的基础设施建设，要加快制定《北京市历史文化名城名镇名村保护设施建设规划》《北京市传统村落保护设施建设规划》《北京市历史文化名城名镇名村保护与发展规划》，要处理好市区部门、乡镇与村庄自治的关系，发挥村民主体作用和调动社会参与，实现多主体投入下的乡村自主建设。针对传统村，一要高度重视传统村人口老龄化问题，推行免费教育、免费医疗以及高水平的社会养老等普惠性的公共政策；二要高度重视传统村承接非首都核心功能的作用，以新一轮美丽乡村建设为契机，提高乡村旅游业所必需的道路、洗手间、停车场、地下水处理、垃圾处理、新能源应用等方面基础设施的建设标准和水平；三要充分利用互联网和信息化手段，将共享理念引入乡村公共交通服务，引导社会力量有序参与到乡村居民交通出行服务，推动智慧交通在乡村的应用。

（三）坚持高质量发展，加快培育新产业新业态

乡村产业兴旺离不开一个区域的产业整体升级和发展。推进具有首都特点的乡村产业振兴，需要跳出城与乡的二元思维，摒弃传统乡村产业的概念。乡村产业振兴需要以发展壮大集体经济为根本抓手，全盘统筹、分类推进，紧密围绕落实《北京市"十三五"时期现代产业发展和重点功能区建设规划》（京政发〔2017〕6号），加快培育乡村新产业新业态新增长点。

针对三无村，应主动适应疏解非首都核心功能的新形势，提高承接首都功能的能力。特别是地处中关村、金融街、商务中心区（CBD）、奥林匹克中心区等重点功能区的三无村，要加快引进符合首都功能定位的产业，重点发展金融服务、信息服务、科技服务、流通服务业，推动满足首都政务办公和居民生活需要的高端生活服务业发展。

针对拆迁村，要重点盘活集体资产，结合首都高端产业新区和特色功能区建设，推动新兴产业发展。特别是地处通州高端商务服务区、新首钢高端产业综合服务区、丽泽金融商务区、怀柔文化科技高端产业新区的拆迁村，要在新区建设中充分发挥村集体经济组织的市场主体地位，给予腾笼换鸟的乡村集体经济自主发展权。

针对倒挂村，一要重点扶持村集体经营性建设用地建公租房，变低端瓦片经济为高端地产和物业经济。二要主动承接和引入符合本地功能的新兴产业，地处昌平区、通州区、大兴区等地的倒挂村，应抓住建设总部经济发展新区的机遇，积极承接和集聚国际交往、文化创意、科技创新等高端资源，着力发展生产性服务业、战略性新兴产业、高端制造业和临空经济，进一步提升技术创新和优势产业发展水平。

针对空心村，一要探索农村宅基地利用的路径，盘活闲置资产，推动"互联网＋"新兴业态，进一步推动观光休闲农业和乡村旅游向高品质方向发展，促进一二三产业深度融合。二要充分利用空心村的优质生态资源，大力发展健康养老服务业、旅游产业、体育产业。三要以传统古村落和历史文化名村保护与发展为主线，推动文化产业创新发展，针对北部长城

文化带、东部运河文化带、西部西山文化带，推进区域文化遗产连片、成线保护利用。

针对传统村，强化特色功能区乡村的产业承接功能，重点优化都市型现代农业发展。一是集成首都科技、信息、金融等优势资源，支持高效节水农业、循环农业发展，加快农产品生产、收储、加工、运输、交易、检验检测等环节的信息化改造和标准化应用。二是创新农业生产、组织、营销模式，鼓励自主创新，支持发展"互联网＋农业"，大力引导农产品电子商务发展。三是推进北京国家现代农业科技城建设，推动创建国家种业综合改革创新试验示范区，大力发展籽种农业。四是充分发挥北京农业嘉年华等会展农业的带动作用，培育休闲观光农业旅游综合体，建设一批集聚连片的休闲、观光、文化传承农业示范区。五是强化都市型现代农业的生态服务、休闲度假、科研科普、城市应急保障等综合服务功能。针对地处密云生态商务区、延庆现代园艺产业园、北京高端制造业（房山）基地等地的传统村，应重点引导总部商务、文化休闲、商贸餐饮等产业实现特色集群发展。

（四）完善产业发展环境，构建乡村产业发展服务体系

1. 培育新型经营主体，构建乡村产业发展的人才支撑体系

一是建立专业岗位人员高薪机制，通过提高工资水平、优化住房供给等方式，吸引更多公共服务领域的高素质人才向乡村流动。二是推动高校、国内外智库机构向乡村布局，建立灵活多样的高端创新、创业人才流动和配置机制，引导各学科、多门类高端人才到乡村创业就业。三是培育乡村在地新农人，重点培育青年农民专业合作社和集体经济组织带头人，提升他们的带动能力。统筹北京高校、市农职院、农科院、农广校等科技资源，推进新型职业农民的培训体系建设，针对新型职业农民的需求，开展精准培训，因材施教。四是改革村干部薪酬机制，形成以"市区政府补贴＋乡镇政府绩效＋村级工资"为框架的村干部薪酬机制，稳定"一懂二爱"式的农村干部与专业人才队伍。

2. 创新农村金融服务体系，提高乡村产业发展的资金支撑能力

在农村金融服务的供给侧，要推动金融机构的组织创新，借鉴台湾农业金融体系构建的思路。一是借鉴台湾农村金融体系构架，成立农业金融的"中央银行"部门，指导农村金融体系健康发展。二是大力发展农村信用社，构建独立于一般金融服务体系的农村金融服务体系。三是针对乡村产业发展需要，建立乡村产业振兴发展基金，拓展乡村产业发展的融资渠道。建立和完善农业保险体系，完善投资风险补偿基金体系，完善政府与社会投资机构风险共担机制。在农村金融服务的需求侧，一要引导乡村集体经济组织、农民专业合作社、新农人创业企业等新型市场经营主体建立完善的财务管理制度，提升财务信息的规范度和完备度。二要深化农村承包地的"三权分置"改革，进一步完善农村承包地的物权保护体系，为农业生产经营主体抵押贷款提供制度保障。

（供稿：北京市农村经济研究中心推进具有首都特点的乡村振兴战略研究课题组

课题负责人：曹四发

课题主持人：张英洪

执　笔　人：王丽红）

第 22 届京台科技论坛美丽乡村
论坛活动综述

2019 年 8 月 29 日，第 22 届京台科技论坛美丽乡村论坛在大兴区朝林松源酒店成功举办。本次论坛由北京市农村经济研究中心、北京市城郊经济研究会、台湾农民团体干部联合训练协会、北京市科委农村发展中心主办，北京美丽乡村联合会、北京市星火科技培训中心、北京市农村金融协会、北京市农民专业合作社联合会、北京观光休闲农业行业协会、北京市农产品产销信息协会协办。本届论坛围绕"农民组织与乡村振兴"这一主题，共同探讨在乡村振兴背景下，如何更好地构建农民组织并发挥其作用。北京市台湾事务管理办公室副主任李长远，北京市农业农村局副局长马荣才，北京市农村经济研究中心党组书记、主任张光连，台湾农民团体干部联合训练协会副秘书长陈维民等出席活动。京台两地有关部门负责人、专家、农业企业、农民专业合作社代表 70 余人参加了本次论坛。论坛由北京市农村经济研究中心党组成员、副主任曹四发主持。

一、京台两地农业发展的经验

（一）加强农民培训，提升做作业者技能

人才是发展的动力源泉。大多数农民由于文化程度较低，从事农业生产的方法缺乏科学性。近年来，京台两地注重加强对农民的培训，不断提升从农人员的专业水平。据陈维民介绍，台湾十分注重对乡村带头人的培育，通过开展"农村再生培育计划"，对乡村的一些意见领袖进行培训。经过关怀班、进阶班、再生班三个阶段的磨合，使这些意见领袖达成共识，发展符合当地特色的重点产业，培育在地人才，带动当地产业发展。

除了培育乡村带头人，京台两地都将农民组织化工作的重点放在了对于普通农民的培训上。在科学技术飞速发展的今天，农业早已不再是过去完全"靠天吃饭"。农民对先进种植技术的掌握，对于提高农产品产量来说至关重要。从 2006 年开始，台湾的新农业运动就针对不同农民的不同需求开展了不同的培训，包括"园丁计划""深耕计划"等。除农业主管部门外，台湾农会把每年盈余的 3％拨到农训协会，由农训协会举办全台湾地区农会和渔会成员需要进行的一些培训工作。而在北京的密云区，农民专业合作社服务中心为了给合作社培养一批具有善经营、会管理、留得住、用得上的实用型经营管理人才，采取了专家讲授、学历教育、田间地头授课等多种形式，对农民专业合作社理事长、财务人员、各镇的合作社辅导员、合作社成员进行专题培训。

（二）制定严格标准，保证农产品质量

优质农产品是农民的立身之本。在物质生活极大丰富的今天，保证农产品质量才能保

• 25 •

有市场竞争力，提高市场占有率。台湾斗南镇农会总干事张燕容表示，作为斗南标志性物产之一的越光米，生产过程要求极为严格，斗南农会针对精白度、米粒外观、水分等都有精细的检测。经过一道道关卡生产出来的越光米，在 2019 年举办的比赛中获得两个奖项。斗南农会对于台湾牛的饲养则坚持"三不一没有"的标准，"三不"指不灌水、不添加瘦肉精、不打生长激素，"一没有"指没有疯牛病，以此来保证牛肉的高品质。台湾奇莱阳光茶园的执行长阳函轩介绍，他们的茶园为了保证茶叶质量做出不懈努力。即使面对极高的人工成本，他们仍然尽可能选择手采茶叶，以保证精制高山茶的质量。在肥料施用方面，尽可能选择有机肥并适量使用药物，在保证茶叶不遭受病虫害侵扰的同时实现农药的零残留。

（三）延伸产业链，提高农产品附加值

围绕发展农业产业的经验，与会代表们畅所欲言。张燕容首先介绍了当地发展较好的产业，包括稻米、马铃薯、丝瓜、竹笋、柑橘和牛肉六种。其次，她介绍了斗南镇农会在六级产业中扮演了不可或缺的角色。就稻米产业来说，从稻米生产到精米加工，到后端的运输和销售，再到消费者的体验以及食农教育部分，农会都进行一贯化的作业。张燕容表示，只要消费者能够认同他们的历史和文化背景，农业就能够永续经营。密云区农民专业合作社服务中心主任马士强分享了密云农民专业合作社服务中心在推动产业融合上的经验。服务中心通过发展蜂产业合作社，实现标准化经营，带动全区 1 500 户养蜂户。通过为入社成员提供产前、产中、产后综合服务，提高成员养蜂技术水平。其中，奥金达合作社建立了标准化生产线，并与研究院所合作，将蜂产品的基础性研究、应用型研究与产品开发相结合，形成了蜂蜜、蜂王浆、蜂花粉等产品，被评为"中华人民共和国生态原产地保护产品"。

（四）整合优质资源，推动休闲农业发展

随着人民生活水平的不断提高和私家车的普及，近郊农村逐渐成为城市人周末出行的首选之地。作为一二三产相融合的产物，休闲农业对推动京台两地的农业发展和美丽乡村建设起到了不容忽视的作用。据北京市科委农村发展研究中心主任李志军介绍，台湾的休闲农业在近 40 年内经历了萌芽期、成长期和成熟期，现在已经走上了平稳运行的轨道。而台湾的休闲农业之所以能够发展成功，是因为他们具备优良的自然资源条件，人们拥有一定的休假时间条件，当地也针对发展休闲农业出台了一系列扶持政策。北京市密云区农民专业合作社服务中心在推动休闲农业方面也有亮眼表现。通过组建民俗旅游合作社，助推乡村旅游产业发展。按照"一个民俗村就是一个乡村酒店"的发展理念，从基础设施建设着手，以提升合作社服务民宿户能力为着力点，助推民宿旅游合作社提档升级。

二、京台两地农业发展遇到的困难

（一）人力资源短缺

台湾地区的出生率连续多年一直处于较低水平，由此造成的老龄化问题十分严峻。而

随着城市化进程不断加快，农村青壮年劳动力流失严重，人力资源短缺问题一直制约着京台两地的农业发展和乡村振兴。陈维民表示，当年和他一起考入农学院的同学中，现在只有他一个人还在从事和农业相关的工作。而如今台湾乡村的年轻小伙子，都跑去了能赚更多钱的地方，真正愿意回到农村的年轻人屈指可数。乡村振兴的前提是人才振兴，没有人才一切产业都无从发展，没有人才的农村如同无本之木、无源之水，毫无活力。

（二）同质化现象严重

据发言嘉宾介绍，同质化现象体现在两个方面：一是农产品具有同质性，二是乡村旅游景点具有高度的同质性。由于农民生产具有强滞后性，当一种农产品价格大幅上升的时候，农民就会一窝蜂地生产此种农产品，到了收获的时候，又会因为供过于求导致价格大幅下降，农民损失惨重。第二个同质化问题更为普遍，尽管都市居民对休闲农业有多种多样的需求，但是真正能做到独具特色的休闲农业却凤毛麟角。同质化的休闲农业对消费者缺乏吸引力，打造特色休闲农业依然任重道远。

（三）缺乏配套政策法规

目前，国家在推动农民组织化、发展休闲农业等方面缺乏相关的配套政策、法规，给有关工作的开展带来一定阻碍，农民的利益得不到保障。正如李志军所说，休闲农业就怕今天建明天拆，农民损失惨重。发展休闲农业不是一个部门，更不是农业农村局一家的事情。正因为缺乏相关的政策法规，导致有关部门责任不明确，办事效率低下，工作难以开展。

三、京台两地农业发展的建议

（一）开展农业推广教育，吸引青年人进入农村

"青年一代有理想、有本领、有担当，国家就有前途，民族就有希望。"如何吸引青年人回到农村，或者从事与农业相关的工作？陈维民分享了台湾新农民培育的方法，即在学校端对大学生进行培训。在每个学校里面成立农业推广委员会，由农业推广委员会对大学生进行培训，激发他们对农业农村的兴趣。阳函轩提出，他们的茶园经常举办一些文创市集活动，让人们觉得农业是有趣的。另外，还会举办一些打工换宿的活动，带青年人走进农业。无论是传统的在学校端浸入式培训，还是新颖的体验式活动，都是为了激发年轻人的兴趣。在兴趣的基础上进行农业专业知识培训，才能让青年人真正扎根农村，奉献农业。

（二）培育区域特色产业，推动农村经济发展

优胜劣汰是市场经济的法则，小农户时刻面临着与大市场地位不对等的严峻挑战。只有生产出高质量、有特色的农产品，才能把手里的东西卖出去，卖出好价钱。马士强提出，合作社要帮助小农户紧密团结起来，根据地方特色，培育和发展适合当地生产的农产

品，比如密云甘栗、蜂蜜等，打造"一村一品""一村一特色"。

除了农产品之外，休闲农业也要进行专业化设计，突出主题创意。有关部门需要统筹制定全市的休闲农业创意发展计划，通过顶层设计，加强宏观指导，鼓励各郊区和乡镇制定区域性的现代休闲农业发展规划，避免产生高度同质化的休闲农业模式，造成区域内部的不良竞争。

（三）集腋成裘，充分发挥集体经济组织作用

尽管京台两地集体经济组织的组织形式和运作形式不尽相同，但在推动乡村振兴的过程中都发挥了不容忽视的作用。台湾斗南镇农会推动了当地农户、农村社区、制造加工厂和企业团体在六次产业中的联结，贯穿了生产、加工、运输、销售一直到消费者餐桌的每一个环节。而密云区农民专业合作社服务中心为服务农民专业合作社也做了诸多努力，在推动特色产业发展、解决合作社社员融资难问题、打造密云合作品牌、利用农村电商拓宽农产品销路，以及精准扶贫等方面做出了自己的贡献。

现实表明，充分发挥集体经济组织的作用，有助于提高小农户谈判能力，缓解"小农户"和"大市场"之间的突出矛盾；有助于整合当地优质资源，聚沙成塔，集中力量发展优势产业；有助于推动一二三产融合，延长产业链，提高农产品附加值。集体经济组织应主动在产业发展、集体事务等方面展开探索，努力发挥自身最大价值，为成员谋利益。

（四）政府搭台，营造良好政策环境

北京的休闲农业经历了有数量无质量的时期，现在正处于质量提升期。这一时期的休闲农业，非常需要政府的政策支持。政府应给予适当的扶持，出台相关政策法规和管理办法鼓励、规范其发展，引导其走上正轨。

除此之外，对于合作社等农民组织，也应当尽早通过立法明确其市场主体地位，规范其行为。正如马士强所说，政府搭台，合作社唱戏，让集体经济组织借助政府的东风，实现产销畅通、优质优价，最终达到农业增效、农民增收的目的。

（执笔人：胡欣然，单位：中国人民大学农业与农村发展学院）

城乡融合发展和
美丽乡村建设

2019 年北京市城乡融合发展报告

2019 年，北京市以习近平新时代中国特色社会主义思想为指导，立足"四个中心"战略定位，把握"大城市小农业""大京郊小城区"市情农情，对标对表全面建成小康社会目标，深入推进乡村振兴战略扎实有序实施，"三农"领域形成了稳中求进、创新发展的良好局面，城乡融合发展水平迈出坚实步伐。

一、深入推进美丽乡村建设，农村人居环境有新的提升

（一）扎实推进村庄规划编制

出台市、区、镇、村四级乡村规划编制指导意见、导则，实现各级各类规划统筹管理和系统衔接。构建"三区四类"村庄发展体系，分类编制多规合一的实用性村庄规划，累计完成村庄规划编制成果 2 255 个，约占全市现状村庄数量的 66.7%。中央农村工作领导小组办公室、农业农村部在顺义区召开全国村庄规划现场观摩会。

（二）全面开展农村人居环境整治

围绕"清脏、治乱、增绿、控污"，深入实施村庄清洁行动，3 254 个村庄环境整治通过考核验收，基本达到干净整洁有序的要求，为新中国成立 70 周年庆祝活动营造了良好的农村环境。深入推进"厕所革命"、污水治理、生活垃圾治理，完成公厕达标改造 850 座、户厕改造 13.5 万户，全市无害化卫生户厕覆盖率达到 96.2%；全面完成 300 个村的污水治理任务；97% 村庄的垃圾得到有效处理。深入实施"百村示范、千村整治"工程。确定 152 个村开展"百村示范"创建培育工作。组织开展"百村示范"村支部书记培训班，推进实施"百名规划师、百村示范行"活动，对接 70 余个创建村开展农业技术服务。全市所有建制村实现"村村通公交"。

（三）深入开展农村污染治理和生态环境保护

出台绿控产品和有机肥补贴政策，实施统防统治 60 余万亩次；规模养殖场粪污处理设施配套率达到 100%，粪污综合利用率达到 80% 以上。126 个村庄 3.89 万户完成冬季清洁取暖工作，清洁取暖户数比例达到 82%，全市农村地区实现清洁取暖村庄 3 269 个。实施新一轮城乡水环境治理三年行动，严格落实河长制，全面加强城乡水环境治理。

（四）构建大尺度乡村绿色生态空间

结合新一轮百万亩造林，打造 20 处村民进得去、看得见、留得住的"村头一片林"。在新一轮百万亩造林绿化行动计划中重点安排冬奥会、世园会、雁栖湖会都、大兴国际机

场、城市副中心沿线村庄和通州、延庆两区村庄的造林任务，撑起集中连片、点线面结合的美丽乡村绿化格局。结合"留白增绿"等绿化工程建设，打造 30 个绿化美化亮点村。借力"五边"绿化等项目，完成年度乡村绿化美化 5 050 亩。首都森林城镇、绿色村庄总量达到 976 个。全市 12 个区的 197 个村庄被认定为国家森林乡村。

二、坚持质量兴农、绿色兴农，都市现代农业发展水平有新的提升

（一）持续推动农业调整结构、提质增效

统筹推进"北京农产品绿色优质安全示范区"和"国家农产品质量安全市"整体创建工作。"三品一标"认证覆盖率达到 86.9%，本市自产蔬菜、畜禽、水产品合格率分别为 99%、99.3%、97.5%。设施农业中瓜果类、花卉苗木、园林水果等高效品种亩均产值大幅增长，小麦亩均增产 2%。实现了非洲猪瘟疫情不扩散不蔓延的工作目标，制定实施《北京市生猪产业优化提升发展和保障猪肉市场稳定供应工作方案》，安排 8.5 亿元用于恢复生产和产业升级，年出栏生猪 29 万头，实现止跌回升。推进农业农村大数据平台建设，初步建成生猪全产业链大数据平台。积极争取自然资源部、农业农村部支持，获得了在永久基本农田试点建设高效设施农业的政策突破，推进 2 万亩高标准农田和 8 万亩高效节水工程建设。农业领域留白增绿完成面积 359.96 公顷。大兴区被列入国家农业绿色发展先行区。

（二）加强农业科技创新

推进平谷区国家农业科技创新示范区建设，稳步推进北京·京瓦农业科技创新中心建设。加快发展现代种业，选育与筛选新品种 170 个，研发新产品 143 项，引进与攻关新技术 167 项。全年种业产值 15.1 亿元，同比增长 21.3%。

（三）推动一二三产业融合发展

累计评选"北京农业好品牌"100 个，全国"一村一品"示范村镇累计达到 80 个。制定《北京市关于促进乡村民宿发展的指导意见》，推动促进乡村民宿持续健康发展。推进休闲旅游业提档升级，平均观光园实现收入 244.9 万元，同比增长 3.8%。继续抓好农业龙头企业发展，国家级和市级龙头企业分别达到 43 家、108 家。举办第七届北京农业嘉年华等系列农事节庆活动。高标准完成世园会"百蔬园"建设运行。房山区国家现代农业产业园通过验收。

（四）深入开展"大棚房"问题清理整治

严格按照中央要求做好整治工作，通过多轮全面排查、重点勘查、督查暗访、点位核查等，共清理"大棚房"问题 3 396 个，已基本整改到位。制定《建立完善长效监管机制严防"大棚房"问题反弹的意见》，搭建设施农业台账信息综合管理平台，落实市、区、乡镇、村四级联动闭合检查巡查制度。扎实推进问题整改，守住用地红线。

三、深化农村改革，农村发展活力有新的提升

（一）深化农村"三块地"改革

承包地方面，做好农村承包地确权登记颁证收尾工作，确权村比例达到99%，证书打印比例达到98%。开展承包地确权登记颁证工作"回头看"，对发现的问题制定分类处置计划，积极开展整改。审慎稳妥推进镇域承包地统一流转试点工作，积极探索承包地"三权分置"的有效途径，推动土地经营权向金融机构融资担保、入股从事农业产业化经营。目前，已流转土地占确权总面积的69.7%。集体建设用地方面，积极推进集体经营性建设用地入市、利用集体土地建设租赁住房、乡镇统筹利用等试点，加快推动集体建设用地腾退减量、"腾笼换鸟"。宅基地方面，规范引导闲置农宅盘活利用3 697座，鼓励利用闲置房屋发展健康养老、度假休闲等第三产业；积极推进大兴区国家宅基地改革试点。

（二）深化集体产权制度改革，扶持发展壮大集体经济

印发《关于坚持和加强农村基层党组织领导 扶持壮大村级集体经济的意见》，开展扶持壮大村级集体经济试点工作。深化集体产权制度改革，全市累计完成村级产权制度改革3 922个，占99%；完成乡镇级产权制度改革25个，占13%。有35个村级集体经济组织、8个乡级集体经济组织正在推动改革。全市6 664个乡村集体经济组织换发了农村合作经济组织登记证书。全面完成了全市5 959个清查单位的清产核资工作。积极推进集体产权交易市场建设，出台了《关于加大对本市农村产权流转交易市场扶持力度的若干意见》，截至2019年底，北京市农村产权流转交易市场累计总成交额143.5亿元，成交宗数1 039宗，土地流转面积25万亩。

（三）推进创新创业

研究出台《关于促进返乡下乡人员创新创业的若干措施》，从政策层面为新农人创业提供了支持和保障。举办第5届北京市农村实用人才优秀创业项目评选资助暨第3届农村创业创新创意大赛活动，选出10个农村实用人才优秀创业项目予以资助。开展第五批"北京市有突出贡献的农村实用人才"表彰工作，对10名突出贡献农村实用人才予以表彰和奖励。加强农村人才队伍建设，市区两级共培训超2.3万人次，开展"千名干部科技人才进千村入万户"活动，首批选派796名干部科技人才对接服务。开展农民合作社规范提升行动，持续加大示范社培育创建力度。顺义区、平谷区成为全国农民合作社质量提升整区推进试点。

（四）加强金融支持

截至2019年末，辖内中资银行涉农贷款余额2 482.2亿元，较2018年末增加183.6亿元，增长8%。市农担公司累计担保项目2.5万个，累计实现担保金额288.3亿元。其中，在保项目4 406笔，在保规模30.1亿元。安排7 708万元预算用于贷款贴息。试点推

出犊牛养殖、瓜果及蔬菜育苗两个创新险种。政策性农业保险保费收入 4.9 亿元，保险金额 126.8 亿元，参保农户 7.2 万户次。全市简单赔付支出 4.8 亿元，简单赔付率 98.3%。

四、着力改善农村民生，农民群众获得感有新的提升

（一）千方百计促进农民就业增收

全年实现 6.1 万名农村劳动力转移就业，对有就业意愿的 641 名低收入农户进行精准就业帮扶，实现全部就业。继续组织引导农村地区劳动力到城市公共服务类岗位就业，累计安置 1.6 万人。将低收入农户劳动力纳入就业困难人员范围，提高岗位补贴标准，由每人每年 5 000 元提高到 8 000 元。将城镇 6 类公益性岗位向农村延伸，托底安置农村就业困难人员 0.9 万人。倾斜帮扶重点建设和生态涵养地区就业政策资金，组织开展"就业援助月""民营企业招聘周""春风行动"等专项活动，将农村劳动力以及低收入农户等农村就业困难人员列为重点服务对象。

（二）扎实做好低收入帮扶

精准推进各项帮扶措施落地见效。聚力做好收入未过标准线的 2 021 户低收入农户帮扶工作，"一户一策"制定精准帮扶措施。注重"造血式"帮扶，新安排产业帮扶项目 192 个。帮助 2 981 人纳入社会救助范围、796 人参加医疗保险、1 058 人按月领取城乡居民养老保障待遇，实现低收入农户"应保尽保"。加快推进危房改造，确定实施改造的 2 548 户。进一步推进社会力量帮扶，实现 234 个低收入村结对帮扶全覆盖。低收入群众危房改造和农宅抗震节能改造工作全面推进。继续开展扶贫协作和对口支援相关工作。低收入农户人均可支配收入达到 15 057 元，同比增长 20.2%。

（三）促进城乡基本公共服务均等化

统筹资源、加快农村基础教育事业发展，以"一区一案""一区一策""一区一品"为抓手，引导乡村中小学和乡镇寄宿制学校发展，推动城乡义务教育一体化发展。继续推进农村幸福晚年驿站建设，新建成运营农村驿站 52 家，累计建成运营农村幸福晚年驿站 312 家。通过加强村卫生室建设、邻村覆盖和巡诊等方式，实现村级卫生服务全覆盖。城乡基础养老金和福利养老金发放标准人均每人每月增加 95 元，城乡最低生活保障标准家庭月人均提高 100 元。

五、弘扬乡村优秀文化，乡风文明有新的提升

（一）加强乡村文化建设

举办北京市 2019 年中国农民丰收节系列庆祝活动，各区共组织开展庆祝活动 33 项，其中顺义区和房山区庆祝活动列入全国 70 地庆丰收全媒体直播活动。举办第 30 届北京市农民艺术节，围绕"京郊喜庆 70 年，乡村文化展'京'彩"的主题，组织开展"乡村大

舞台"群众文艺展演、乡村文化建设示范、乡村文化人才培养、诗画北京美丽乡村四大系列 11 项全市性活动。筹备搭建"北京乡村大舞台"网络版。

（二）加强传统村落保护

列入中国传统村落名录村庄累计达 22 个。加强传统村落保护发展规划编制工作，44 个市级传统村落中，20 个村规划通过审查。启动 21 个村传统村落志编纂工作，9 个村建立了中国传统村落数字博物馆。制定了《北京市传统村落修缮技术导则》，启动了房山区水峪村、门头沟灵水村传统村落整村保护修缮试点工作。

（三）不断提升农村精神文明建设水平

扎实推进新时代文明实践中心建设，实现了区、乡镇、村实践中心（所、站）全覆盖。充分发挥各涉农区 115 个首都文明乡镇 760 个首都文明村的示范引领作用，深化文明村镇创建活动，不断提升农村地区文明程度。推动建设 77 个乡情村史陈列室和 144 个精神文明宣传视屏，推动乡情村史陈列室提档升级。组织"美丽乡村·筑梦有我"大型新闻公益行动，开展"美丽乡村风景线"全媒体宣传推广活动。

六、夯实基层基础，乡村治理能力有新的提升

（一）加强党对基层组织的领导

扎实开展"不忘初心、牢记使命"主题教育，全市农村系统深入学习贯彻《习近平关于"三农"工作论述摘编》。圆满完成村"两委"换届选举工作，全市 3 871 个村党组织和 3 640 个村委会换届参选村全部完成换届选举，书记一次选举成功率 100%，除 320 个村下派书记外，均实现了"一肩挑"，"一肩挑"比例达到 91%，比上届提高 26.7 个百分点。持续开展第一书记选派工作，市区两级共选派了 431 名第一书记接力帮扶低收入村。集中梳理整顿新一轮 108 个软弱涣散村党组织。

（二）加强农村基层干部人才队伍建设

坚持能力提升与强化监督并重，重点在教育培训、管理监督、后备队伍建设等方面下功夫，大力培养适应乡村振兴需求的农村基层干部人才队伍。全年共培训村"两委"干部 4.2 万余人次。全面推广村干部个人重大事项报告、经济责任审计等监督管理办法，探索建立了村干部资格联审长效机制，做到"凡进必查""凡提必查""举报必查"。创新开展村干部学历教育，在全国首个开设"村务管理专业"，2019 年招生范围扩大到 13 个涉农区，录取 750 人。面向高校毕业生招聘 400 名乡村振兴协理员。

（三）加强乡村治理

完善党建引领"街乡吹哨、部门报到"和"接诉即办"工作机制，打通了基层治理抓落实的"最后一公里"。提高乡镇政务服务中心规范化、标准化建设水平，打造"一站式

服务"综合服务平台,乡镇级政务服务事项实行"一窗式"综合受理模式。加强村级权力的有效监督,规范了"四议一审两公开""三务公开"制度。深入开展扫黑除恶专项斗争,持续推进平安乡村建设,全市民主法治示范村(社区)达到671个。印发《关于建立和完善村规民约和居民公约工作的指导意见》。顺义区"村规民约"推进协同治理经验入选全国乡村治理20个典型案例。海淀区、平谷区被确定为全国乡村治理体系建设首批试点单位。

(供稿:中共北京市委农工委研究室)

推进乡村治理现代化的思考和建议

推进乡村治理体系和治理能力现代化,必须坚持问题导向,建立健全党委领导、政府负责、社会协同、公众参与、法治保障的现代乡村社会治理体制,统筹推进乡村经济治理、政治治理、社会治理、文化治理、生态治理和党的建设,将中国优秀传统文化、改革开放伟大实践、人类政治文明共同成果有机结合起来,为实施乡村振兴战略提供有力支撑和保障,推动实现新时代农业全面升级、农村全面进步、农民全面发展。

一、在总体思路上,坚持走中国特色乡村善治之路

中国特色乡村善治之路,就是在中华文化基础上,在现代政治文明发展中,坚持和完善党领导的自治、法治、德治相结合的乡村优良治理之路。在当代中国,党的领导是乡村治理的政治前提和保障,自治是乡村治理的核心和本质,法治是乡村治理的关键和规范,德治是乡村治理的引领和支撑。

走中国特色乡村善治之路,一要解决新时代面临的三大问题。一是必须解决计划经济体制遗留下的老问题,二是必须解决市场化改革以来产生的新问题,三是必须解决国家实现民主法治转型的大问题。二要认真处理好三大基本关系。一是必须处理好国家与农民的关系,加强现代国家民主法治建设,切实保障农民的基本权利和自由尊严;二是必须处理好官治与自治的关系,加强现代法治体系建设,明确官治、自治的领域边界和各自职责;三是必须处理好城市与乡村的关系,从根本上破除城乡二元体制,坚持城乡价值平等,实现城乡融合发展。三要切实保护农民的三大权利。一是必须维护和发展好农民的人身权利,二是必须维护和发展好农民的财产权利,三是必须维护和发展好农民的公共治理权利即民主权利,促进农民全面发展。四要着力推进三方面的改革开放。一是必须在制约和规范公共权力上深化改革,切实将权力关进制度的笼子里;二是必须在驾驭和节制资本上深化改革,着力引导资本趋利避害;三是必须在保护和激活社会上深化改革,真正让社会充满生机与活力。

二、在重点工作上，加快构建八大制度体系

一是大力加强农村党的建设，加快构建党全面领导乡村的制度体系，强化乡村善治的政治保障。办好农村的事情，实现乡村振兴，推进乡村治理体系和治理能力现代化，关键在党。党的领导是当代中国推进乡村治理最基本的政治前提。必须提高党把方向、谋大局、定政策、促改革、抓治理的能力和水平。不断完善党领导乡村工作的体制机制，落实《中国共产党农村基层组织工作条例》，加强农村基层党的建设，将全面从严治党向广大农村基层延伸和全覆盖，以全面从严治党引领和推动乡村治理走向制度化、规范化和程序化。

二是着力破除城乡二元体制，加快构建城乡融合发展的制度体系，形成乡村善治的城乡格局。城乡二元结构是制约乡村全面发展的最关键的体制性根源之一。要全面破除城乡二元体制，持续推进城乡发展一体化，加快构建城乡融合发展的体制机制和政策体系，必须在经济、政治、社会、文化、生态文明和党的建设等方面，建立健全全国城乡统一、平等、开放的制度体系，形成城乡等值、制度公平、平等交换、自由流动的新型城乡关系。

三是深化农村集体产权制度改革，加快构建维护集体财产权利的制度体系，夯实乡村善治的产权基础。集体所有制是乡村治理面临的最基本的体制环境和约束条件。必须适应健全社会主义市场经济体制新要求，不断深化农村集体产权制度改革，积极探索农村集体所有制有效实现形式，尽快建立健全归属清晰、权能完整、流转顺畅、保护严格的中国特色社会主义农村集体产权制度，构建完备的集体经济治理体系，保护和发展农村集体和广大农民合法的财产权利，为乡村善治提供坚实的产权基础。

四是强化农村基本公共服务供给，加快构建城乡基本公共服务均等化的制度体系，织牢乡村善治的社保网络。农村基础设施和基本公共服务的滞后与短缺，是长期城乡二元社会管理的产物，是城乡发展不平衡、农村发展不充分最突出的体现。必须大力优化财政支出结构，持续提高民生支出占财政支出的比重，加大农村基础设施、公共服务设施和基本公共服务的投入，推进城镇基础设施和公共服务向农村延伸，加快实现城乡基础设施和基本公共服务一体化，全面提升农村基本公共服务水平，实现城乡基础教育、基本医疗、基本养老等基本公共服务均等化和一体化，推进精准脱贫，加快提高农村社会保障水平，让全体农民都能过上体面而有尊严的现代生活。

五是不断健全村民自治方式，加快构建保障村民自治权利的制度体系，增强乡村善治的社会活力。由于长期的历史文化传统等多重原因，农民群众的主体作用没有得到应有的发挥，村民自治的优势没有充分显现，乡村社会活力存在不足。必须着眼于村民民主自治权利的保障和实现，不断创新村民自治方式，加强村民自治制度建设，用制度保障和落实村民依法行使民主选举、民主决策、民主管理、民主监督的权利，丰富乡村民主协商形式，保障农民自己"说事、议事、主事"，做到村里的事村民商量着办，不断激发乡村社会活力。基层自治的层级既要向自然村下沉，也要向乡镇一级拓展与提升。必须明确界定党务、政务、自治事务、集体经济事务的领域与边界，做到既能各行其是，又能协同共

治。必须适应城乡融合发展的需要，实现农村社区公共事务的开放，使全体社区成员都能平等有序参与社会公共事务管理，实现农村社区的多元民主参与治理。

六是加大"三农"立法工作，加快构建法治乡村的制度体系，实现乡村善治的法治保障。必须按照法治中国建设的总目标，加快建设法治乡村。在全面依法治国进程中，必须全面加强乡村立法工作，善于运用法治思维和法治方式推进"三农"工作，切实将政府各项涉农工作全面纳入法治轨道，加快建设法治政府，真正坚持依法行政。必须将农村基层的党内民主、自治民主、集体经济组织民主、社会民主、基层协商民主等各种形式的民主纳入法治框架，推进基层民主的法治化建设和规范化建设。必须将乡村的各种公共权力关进制度的笼子里，做到有权必有责，用权受监督，失职要问责，违法有追究。在加强平安乡村建设中，依法打击危害农村公共利益和侵害农民合法权益的违法犯罪活动，对村匪地霸等农村黑恶势力必须集中整治、依法严惩，维护社会公平正义。要在惩恶扬善中加快重塑乡村优良的政治生态和公正的法治环境。

七是突出乡村文化建设，加快构建乡村道德文化的制度体系，激活乡村善治的道德力量。发源于乡村的农耕文化是中华文化的基因和底色。必须大力弘扬和传承中华优秀传统文化，警惕和制约权力与资本对乡村文化的肆意破坏，尊重和敬畏独具中华特色的乡村传统风俗和地方乡土文化，培育和建设新乡贤文化，推进中华优秀传统乡村文化的创造性转化、创新性发展。必须立足我国乡村熟人社会的明显特征，深入挖掘乡村熟人社会蕴含的道德规范，倡导和培育现代新乡贤，强化道德教化作用，加强乡村道德建设，营造全社会崇德向善、惩恶扬善、重义守信、尊老爱幼、守望相助的乡村风尚，重振具有悠久历史传承的乡村道德，建设具有强大感染力、向心力、留得住乡愁乡情和心灵归宿的新道德乡村。

八是促进农业农村绿色发展，加快构建美丽健康乡村制度体系，优化乡村善治的生态环境。必须坚持和贯彻绿水青山就是金山银山的理念，推动农业农村绿色发展，形成乡村绿色发展方式和生活方式。加强农村人居环境整治，大力发展生态有机农业，持续开展植树造林，严格控制和减少农药化肥等使用量，增加生态健康产品和服务的供给，保障和提高农产品质量以及食品安全质量，加强乡村生态文明体制建设，加大影响人们身心健康的环境问题的治理力度，从严整治和惩处一切破坏生态环境、损害身心健康的行为。落实《"健康中国2030"规划纲要》，切实保障食品药品安全，构建美丽乡村和健康乡村的制度体系，全面提升乡村环境宜居水平和农民身心健康水平。通过有效治理，加快建设一个与实现中华民族伟大复兴相适应的山清水秀、天蓝地绿、村美人和、身心健康的美丽健康乡村。

三、在工作方式上，要实现六大转变

一是从长期注重农业现代化向更加注重农村和农民现代化转变。在新时代推进乡村治理现代化，既要持续推进我国农业的现代化进程，实现工业化、城镇化、信息化与农业现代化同步发展，补齐"四化同步"中的农业现代化短板，必须更加重视和推进农村和农民的现代化，实现农村社会的全面进步和农民的全面发展，补齐国家现代化中的农村和农民现代化的短板。

二是从长期注重乡村自我发展向更加注重城乡融合发展转变。在继续推进乡村建设和发展的同时，必须更加注重跳出乡村看乡村、跳出"三农"看"三农"、跳出乡村治理看乡村治理，坚持从城乡融合发展的高度，加快构建新型城乡关系，建立健全全国城乡统一、平等、开放的制度体系和市场体系，实现城乡要素的双向自由流动和平等交换，实现乡村振兴与新型城镇化的协调发展。

三是从长期注重农民增加收入向更加注重满足农民对美好生活的向往转变。在持续增加农民收入、大力实施精准脱贫、不断满足农民群众对物质文化生活需求的同时，必须紧紧把握新时代我国社会主要矛盾已经转化为人民日益增长的美好生活需要和不平衡不充分的发展之间的矛盾新变化，更加重视满足广大农民群众对民主、法治、公平、正义、安全、环境等方面日益增长的新需要，全面提高农民的生活质量，保障和促进农民的全面发展。

四是从长期注重物质技术投入向更加注重乡村制度供给转变。在持续加大对农村的科学技术项目、基础设施、公共服务设施建设、扶贫帮困等物质技术投入基础上，必须更加注重加强现代乡村社会的民主法治制度建设，强化民主法治制度供给，将"三农"工作全面纳入制度化、程序化、规范化轨道。

五是从长期注重政府主导向更加注重发挥农民主体作用转变。在坚持党的领导下继续发挥政府在"三农"工作中的主导，必须更加注重实行政企分开、政社分开，处理好政府与市场关系、政府与社会的关系，不断深化经济体制、政治体制、社会体制、文化体制、生态文明体制等各方面体制改革，真正尊重和发挥农民的主体作用，用现代民主法治制度体系保障农民当家做主的权利。

六是从长期注重"三农"政策引导向更加注重"三农"法治建设转变。在继续发挥有关政策在"三农"工作中的积极引导和重要规范作用的同时，必须积极适应全面依法治国的新要求，更加注重加强"三农"领域的立法工作，推进"三农"工作的法治建设，不断将各项涉农工作全面纳入法治轨道，在建设法治中国的进程中更加有效地全面建设法治乡村。

（作者：张英洪，单位：北京市农村经济研究中心调研综合处）

京津冀协同发展形势下
北京城镇化进程研究

本课题通过对北京市城镇化发展的回观历史、探析当下、研判趋势，站在以人为本的角度，遵循科学发展的客观历史规律，对北京城镇化的发展提出阶段性制度供给的政策建议。通过研究，课题组认为：当前，京津冀协同发展为北京市城镇化的高质量、可持续发展拓展了内外部空间；乡村振兴战略为北京市城镇化发展弥补城乡不均衡、不协调短板创造了条件；北京市新版《北京城市总体规划（2016—2035 年）》为北京市城镇化发展提高站位、丰富内涵、守住底线指明了方向。北京的城镇化发展进入到突破和提升阶段，在城镇体系布局越来越清晰、城镇功能作用越来越强化、城镇化发展的体制机制越来越完善的基础上，课题组提出了通过产业转型升级、高质量推进人口城镇化、提升城市宜居程度和加快城乡共享、城乡融合等措施，促进北京城镇化发展的阶段性政策建议。

城镇化是现代化的必由之路，也是乡村振兴和区域协调发展的有力支撑。当前，我国正处于城镇化发展的关键阶段。党的十八大以来，党政各级部门高度重视，出台了一系列相关政策措施，2014 年发布实施的《国家新型城镇化规划（2014—2020 年）》，提出走中国特色新型城镇化道路、全面提高城镇化质量的要求，明确了未来城镇化的发展路径、主要目标和战略任务。2014 年 2 月和 2017 年 2 月，习近平总书记两次视察北京市并发表重要讲话，明确提出"建设一个什么样的首都，怎样建设首都"的重大问题。2019 年 4 月，国家发改委出台的《2019 年新型城镇化建设重点任务》再次重申"坚持新发展理念，坚持推进高质量发展，加快实施以促进人的城镇化为核心、提高质量为导向的新型城镇化战略"。

当前，北京市的城镇化成就斐然，根据北京市统计年度公报，2011 年城镇化率已达到 86.2%，2018 年城镇化率为 86.5%。但其城镇化发展质量与建设国际一流的和谐宜居之都的要求还有很大差距。站在新的历史起点上，北京市城镇化发展不仅面临新形势、新要求，同样也存在许多亟待思考和破解的重大问题。结合发展实际，本课题的具体研究内容包括以下四个部分：一是北京市城镇化的发展历程；二是北京市城镇化发展面临的新形势；三是北京市城镇化发展的趋势；四是北京市城镇化发展的政策建议。

一、北京市城镇化发展历程

中华人民共和国成立初期，北京市现代意义上的城镇化还处于起步状态，城镇化进程时断时续，曲折推进。改革开放后特别是党的十八大以来，北京市城镇化逐渐步入快速发展时期，城镇化发展由传统城镇化向新型城镇化转变、由粗放扩张型向集约提质型转变，城镇化发展水平不断提升。

新中国成立之后至改革开放前是北京市城镇化的曲折发展时期。受经济发展波动、自然灾害和政治因素的共同影响，这一时期北京市城镇化发展经历了"起—落—起"的波动过程，1949—1958 年北京市城镇化率从 43% 上升至 55%，1959—1961 年全市城镇化率一度超过 60%，1960—1978 年北京市城镇化率从 62.2% 下降到 55.0%。城镇化波动发展的同时，由于特殊的功能定位和受到国家以城市重工业优先增长支撑国民经济发展政策的影响，这一时期北京市的城乡关系主要表现在以城乡二元经济结构为主的城乡对立关系。但总体来看，这一时期北京市城镇化发展水平有所提高，城市经济实力和城市管理水平也显著增强。

改革开放以来，北京市城镇化历程可以分为两个阶段，1978年12月至2012年11月党的十八大之前是传统城镇化阶段，2012年12月至今是新型城镇化阶段。具体而言，传统城镇化的突出表现为城市人口增加和城市规模扩张，城镇化的本质是"以物为本"，属于粗放扩张型城镇化。与此相对应，十八大以来北京市新型城镇化突出表现为城镇化质量提升，城镇化的本质是"以人为本"，属于集约提质型城镇化。

（一）传统城镇化发展阶段（1978—2012年）

改革开放至党的十八大之前，在经济快速发展和国家政策引导的推动下，北京市城镇化经历了以城市人口增加和城市规模扩张为突出表现的发展阶段。这一阶段，北京市城镇化进展显著，城乡关系日趋合理，但城镇化发展也存在一些问题。

1. 城镇化发展的三个时期

这一阶段，北京市城镇化范围不断拓展、城镇化体系不断完善、城镇化目标更加科学，全市城镇化开始由城乡并行发展逐渐转向总体规划指导下的高速发展，再转向以城乡统筹为目标的城乡城镇化协调一致发展。

（1）城乡二元体制结构下城镇化平稳发展时期（1978—1991年）。党的十一届三中全会以后，党的工作重点向经济建设转移，同时以恢复高考、允许农民自筹资金、自带口粮进入城镇务工经商或落户为代表的一系列放宽人口流动限制政策，为北京市城镇化发展增添了新活力。

1983年《北京城市建设总体规划方案》在北京市城市性质中不再提经济中心，同时对工业之外的多种经济事业、旧城保护、住宅和生活设施等基础设施建设和生态环保提出了明确要求。北京市郊区农村的城镇化由城乡结合部地区起步，表现为典型的被动城镇化，并逐渐向外围农村地区和远郊区县城扩散，由此北京市城镇化发展继续加快。1990年北京市城镇化率达73.48%，走出了持续30年的低谷。

（2）城乡总体规划政策背景下城镇化高速发展时期（1992—2002年）。进入20世纪90年代后，随着改革开放步伐不断加快，北京市城市建设迅速发展。1992年，北京市提出改革长期存在的城乡二元体制结构，取消北京市行政管辖范围内的农村建制，都以"郊区"代替。这一转变是北京市城镇化发展历史上由传统城市发展观向现代大城市带动农村发展观的一次跨越。1993年北京市出台《北京城市总体规划（1991—2010年）》，在城市建设布局上提出要调整优化中心城区的发展规模和人口数量，特别是提出建设开放型国际城市的目标和城市布局必须实施两个战略转移的方针，把城市建设重点逐步从市区向广大郊区转移、市区建设从外延扩展向调整改造转移。北京市分批选择条件相对优越的小城镇作为试点进行建设，卫星城和小城镇成为京郊城镇化的发展重点。20世纪90年代中期后，北京市在城乡结合部城镇化发展中，结合绿化促进产业结构调整，加快旧村改造和新村建设，实现城乡结合部地区经济、社会、生态可持续发展。北京市郊区城镇建设不断加快，郊区城镇化快速发展。

（3）统筹城乡发展背景下的城乡一体化发展时期（2003—2012年）。2002年11月，党的十六大提出统筹城乡经济发展的政策，指出要把城市和农村的经济社会发展作为整体统一筹划，建立平等和谐的城乡关系。北京市在城镇化发展过程中开始日益重视城市与农村的经济、社会、人口、资源与环境的全面协调可持续发展。2005年北京市出台《北京城市总体规划（2004—2020年）》，实施"以新城、重点镇为中心"的城镇化战略，提升郊区城镇建设水平、城镇规模和产业集聚度，增强吸引力。规划还明确提出城乡一体化发展和加强社会主义新农村建设的要求。规划同时提出在构建"两轴—两带—多中心"城市空间结构的基础上，形成"中心城—新城—镇"的市域城镇空间结构。依托城市"两轴"和"两带"，北京市的城市核心功能和综合竞争力不断提高。此后北京市又出台了《北京奥运行动规划》和《北京市"十一五"时期工业发展规划》，推动绝大部分城区生产型企业陆续从城区向外转移到郊区各区县，形成了以市级以上开发区及重点产业基地为核心，乡镇农民就业基地为外围补充的工业（科技）园区布局，带动了所在地新城和小城镇的建设发展，促进了农民转移就业和集中居住。同时，北京市大力加快郊区道路、供水、供电、通信等基础设施建设，以支撑城镇体系发展，推动市区人口、产业和城市功能向郊区转移。

2008年，北京市政府发布《关于率先形成城乡经济社会发展一体化新格局的意见》，明确要"进一步落实北京城市总体规划和区县功能定位，构建现代城镇体系"，北京市逐步形成了重点镇带动一般镇、平原镇带动山区镇、小城镇带动农村的发展格局。此后，北京市相继启动重点小城镇建设试点、"城南行动计划"、城乡结合部50个重点村改造建设，有力地推动了北京市城镇化逐渐向新城、重点镇梯次延伸和郊区城镇化发展。

2. 城镇化发展的动力：产业结构调整和国家政策引导双重作用

从改革开放以来到党的十八大前北京市城镇化发展的整体过程来看，北京市城镇化发展不仅受到全市工业化发展以及整个产业结构变动的深刻影响，也与放宽人口流动限制、小城镇发展战略、统筹城乡发展战略、城市群建设等国家层面城镇化政策乃至经济社会发展总体战略的调整和变化紧密相连。这些政策方针指导并深刻影响了北京市城镇化发展，全市城镇化动力主体呈现产业结构调整和国家政策引导共同推动城镇化发展的动力格局。

（1）产业结构调整。随着改革开放后社会主义市场经济体制的确立，北京市的产业结构也在不断变化。1978—2011年，北京市三次产业结构由5.2：71.1：23.7转变为0.8：23.1：76.1，农业和工业占比大幅下降，服务业比重大幅提升（图1）。城乡产业结构的调整成为北京市城镇化发展的重要动力源之一，自下而上促进了北京市城镇化发展。

城乡产业结构调整对北京市城镇化发展的影响主要有三方面：

一是就业结构的改变促进了城镇化发展。一方面，农村经济体制改革调整了农业生产关系，调动了广大农民的积极性，农业生产效率大幅提升。同时北京市郊区的乡镇企业也迅速发展起来。农业生产效率的提高和乡镇企业的发展不仅推动了农村剩余劳动力大规模流向城镇，也提高了城市消费品的供给能力，为北京市城镇化进程奠定了物质基础。另一方面，随着餐饮住宿等服务业在经济中占比逐渐提升，农业剩余劳动力大量向服务业转移并逐渐转变为城镇人口，推动了北京市城镇化发展。

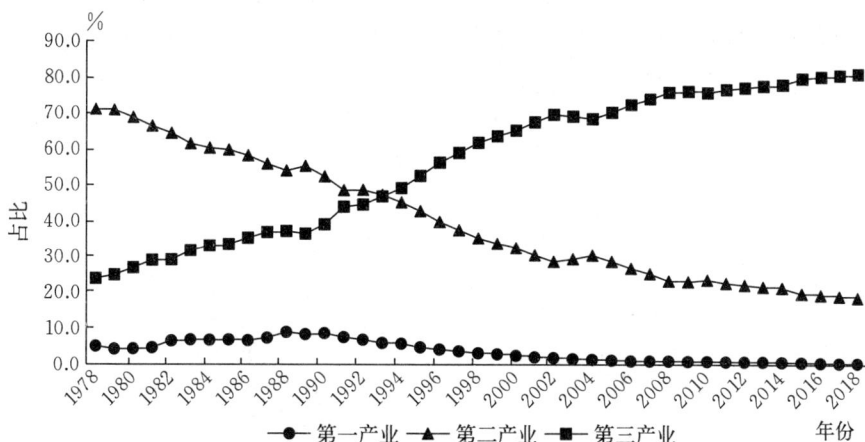

图 1　1978—2018 年北京市三次产业结构变化

数据来源：历年《北京统计年鉴》。

　　二是产业的集聚促进了城镇化发展。改革开放以来，北京市的产业结构升级使各产业层次水平不断提升，专业化市场和产业链的不断整合推动产业集聚形成，专业化市场和特色产业城镇随之大量出现，相应的基础设施投资和建设不断提升城镇经济水平和功能完善。这在北京市城区周边 11 个新城的发展中体现得十分显著。此外，以中关村为代表的北京市城区内局部地区的城镇化发展表明，城镇区域内拥有的高水平人才与科研机构等某些独特优势，会反向吸引需要利用这些优势的产业形成集聚，进而通过集聚带来的效应促进城镇化水平提升。

　　三是产业的转移促进了城镇化发展。从北京市经济社会发展的实际情况来看，首都市域范围内城市资源向郊区、乡村的流动，以及部分小城镇外来人口的聚集，已成为一种客观趋势，这无疑为北京市城镇化的深度发展与质量提升提供新的承载空间。因此，北京市产业结构调整中的梯度转移过程，实现了北京市城市功能在郊区的大分散与城镇的小聚集。

　　（2）国家政策的引导。这一时期推动北京市城镇化发展的另一重要因素是政府强有力的政策调控手段。由于城镇化动力机制是自上而下的，因此政府主导、大范围规划、整体推动成为这一时期北京市城镇化的突出特征。

　　一是人口流动和城市经济建设政策对北京市城镇化发展起到了巨大的推动作用。这些政策包括全面恢复高考、允许下放知识青年和干部返城、城市经济体制改革以及 1982—1984 年相继出台的允许"撤社建乡"、建制镇设置标准的降低和允许农民通过自筹资金、自带口粮进入城镇务工经商或落户等，促进了大批人口涌向北京城区和城市经济、基础设施建设的高速发展。

　　二是分税制实施为北京市城镇化发展创造了条件。1994 年以来的分税制财税体制的实施，使地方政府通过决策分权和财政分级核算，在收入分成中获得了追求经济绩效的动力。加之土地出让收入基本归地方政府所有，因此地方政府有充分的激励动力推动城市建设，土地财政应运而生。地方政府主要通过出让城镇土地使用权获取出让金，再用出让金补贴城镇基础设施建设和各种城镇公共支出推动城镇化发展。北京市城镇化发展经历了类似过程，1994 年 12 月《北京市人民政府关于实行分税制财政管理体制的决定》发布后，城镇固定资产投资和房地产投资相应大幅提升（图 2）。

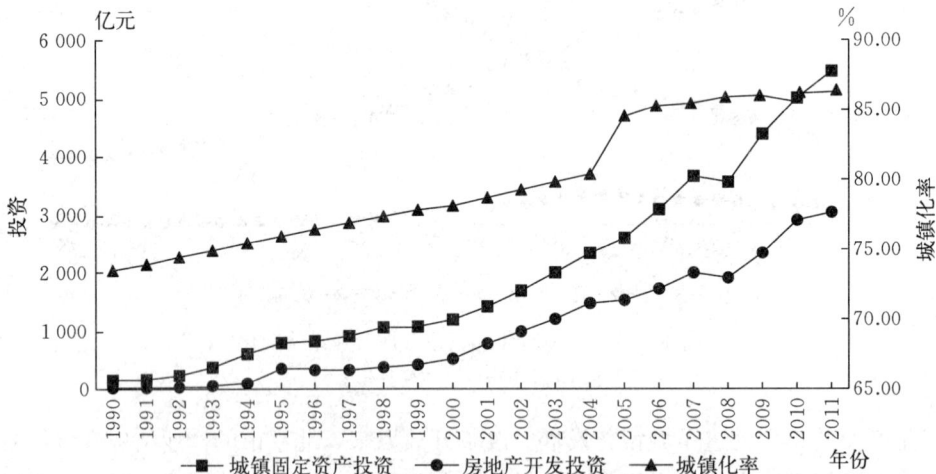

图 2　1978—2011 年北京市城镇固定资产投资和房地产开发投资

数据来源：历年《北京统计年鉴》。

三是总体项目战略为北京市城镇化发展提供了持续动力。亚运会、奥运会等在北京市举办或由北京市承办的重大国家项目陆续出现，直接拉动了北京市城乡经济发展与城市建设。以奥运会举办为例，2001 年北京市申奥成功后，作为奥运筹备工作的重要内容之一，北京市城市建设力度持续加大，2001—2008 年全市城镇固定资产投资一路走高（图 2），除国家游泳中心、国家体育馆、五棵松体育馆等奥运场馆外，这一时期还投资建设了地铁 5 号线、地铁 10 号线、奥运支线和机场线、北京机场 3 号航站楼以及大量城市绿化项目，城市基础设施、生态环境和生活便捷程度大幅提升，也活跃了以服务业为代表的城市经济，促进了北京市城镇化发展。

3. 城镇化发展中的城乡关系：从城乡二元走向城乡统筹

这一时期北京市的城乡关系，经历了城乡二元对立初步破解到有序化发展的转变过程。改革开放前城乡分治的二元管理体制时期，北京市在调整城乡经济差距、支持郊区发展方面已经做了大量工作。在改革开放初期，随着农村产业结构调整，大量农业劳动力向城市转移，城乡二元管理体制的逐渐打破和城乡联通、统筹发展制度的不断建立完善，北京市长期形成的城乡彼此隔离、"农村搞农业，城市搞工业"的二元运行系统逐渐被打破，城乡联系不断增强，要素交流日趋频繁和多元化，北京市的二元城乡关系逐步被农村工业化和城市工业化并重的格局替代，有力地推动了城乡关系的合理化进程。

但同时也要看到，由于北京市特殊的历史发展过程和作为我国政治中心、文化中心的特殊地位，城乡二元典型特征与全国其他地区和城市相比显得更加突出，中心城区的过度集聚和发展形成强大的"虹吸"效应，造成城乡发展差距不断拉大，城乡协调成为北京市城镇化发展中亟待解决的重要问题。对此，北京市相继出台《关于贯彻〈中共中央关于进一步加强农业和农村工作的决定〉的意见》等一系列政策来协调城乡发展。特别是 2002 年中共十六大首次提出"统筹城乡经济社会发展"的发展战略后,北京市城乡一体化发展进入了真正具有实质意义的新时期。全市城乡一体化发展的领导体制和工作机制不断完善,郊区基础设施以及公共服务的建设力度持续加大。2008 年北京市出台《中共北京市委关于率先形成城乡经济社会一体化新格局的意见》,提出率先构建起新型的工农、城乡关系,促进公共资源在城乡之间均衡配置,促进生产要素在城乡之间自由流动,促进城乡经济社会发展融合互动、优势互补、互利共赢。

从改革开放初期的城乡二元关系被打破,到北京市提出"城乡统筹发展"乃至将"城乡经济社会一体化"作为发展目标,北京市城乡一体化进程不断加快,已经基本实现了城乡一体化发展的新格局。一是基本实现了城乡一体化的制度设计;二是城乡之间在基础设施、公共服务方面的差距进一步缩小;三是城乡之间形成了体系健全、分工明确、联系密切、共同发展的城镇体系与经济联系,初步具备了城乡融合发展的雏形。

4. 城镇化发展中的主要问题

(1)"土地城镇化"快于"人口城镇化"。北京市城镇化发展中城市建设、产业集中、人口集聚迅速,但人口城镇化进展缓慢,制约城镇化发展的深层次体制机制问题依然存在。在城郊城镇化、城中村改造过程中的原农业人口以及涌入城市务工的外地农民等流动人口长期面临着户籍身份、子女上学、就医、住房、社会保障、公共参与等公民身份问题和基本公共服务不平等的境遇,"化地不化人""半城镇化"的问题相当突出。与人口的"半城镇化"问题并存的是北京市的流动人口管理压力很大。一方面是对农民工等外来流动人口的户籍管理制度基本没有突破,1986 年实施的流动人口暂住证制度长期未能转变为居住证制度;另一方面因为流动人口管理压力日益加大,北京市不得不开始强化"以业控人""以房管人"等手段,严格户籍准入政策和指标调控。

(2)人口资源环境矛盾日益尖锐导致大城市病。北京市传统城镇化虽然在短时间内实现了城镇化水平的提高与经济增长,却造成了严重的资源环境问题,人口城镇化水平已明显高于资源环境所能承载的水平,人口密集、房价较高、交通拥堵、资源环境压力逐步加大等城市病在北京市初步显现。2011 年底,北京市常住人口总数为 2 018.6 万人,不仅突破 2 000 万大关,而且大幅超过了《北京城市总体规划(2004—2020 年)》确定的到 2020 年北京市常住人口总量控制在 1 800 万人的目标。同时空气污染严重,PM2.5 严重超标;水资源严重短缺;土地市场供不应求与土地资源浪费严重并存,地价、房价螺旋式上升,透支了居民的消费能力;城市边缘地区快速低密度扩张的城市蔓延现象,导致交通拥堵。建立在土地、水等资源过量消耗和环境日益恶化基础上的城镇化模式已难以为继。

(3)城乡居民收入水平差距仍在拉大。由于历史、体制、观念等多方面原因,北京市城乡二元结构在一定程度上依然存在,并且城乡差距存在拉大的态势。以城乡收入为例,虽然改革开放以来北京市城乡居民收入水平都有大幅增长,但城乡居民收入差距仍在拉大。1978 年北京市城乡居民收入比为 1.63∶1(农民收入为 1),城乡居民收入水平较为接近,但从 1993 年起城市居民收入快速增长,城乡居民收入的差距不断拉大,2012 年北

京市城乡居民收入比扩大到 2.21：1，城乡居民收入差距从 1978 年的 140.6 元扩大到
2012 年的 19 993 元。

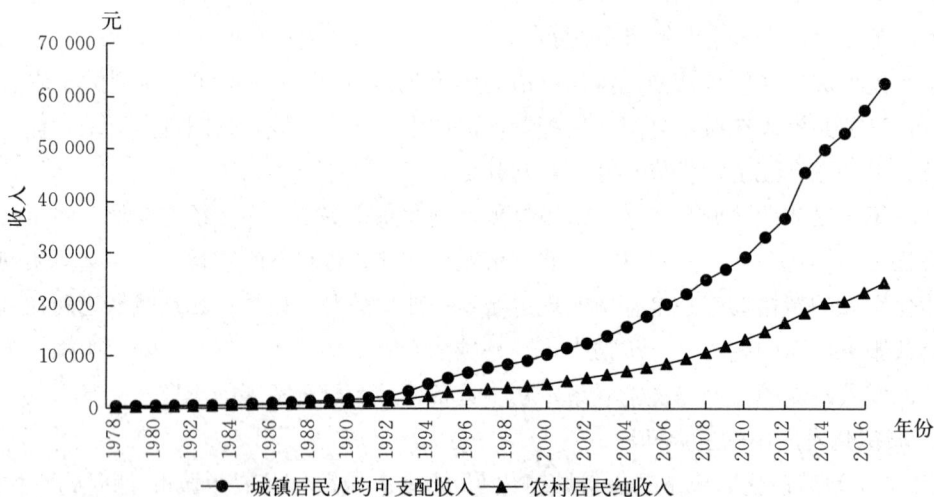

图 3　1978—2016 年北京市城乡居民收入差距

数据来源：历年《北京统计年鉴》。

（二）党的十八大以来北京市城镇化发展

党的十八大以来，以习近平同志为核心的党中央明确提出以促进人的城镇化为核心、
提高质量为导向的新型城镇化战略。此后，以"人的城镇化"为核心提升城镇化质量成为
新时期中国推进城镇化的主题。这一时期北京市坚持以习近平总书记两次视察北京市重要
讲话为根本遵循，立足首都城市战略定位，着眼于新的历史时期首都发展的新要求、新期
待，其城镇化的发展更加注重发展质量，全市城镇化进入高质量发展新阶段。

1. 2012—2018 年北京市城镇化发展概况

2012 年，北京市人口城镇化水平达到 86.20%，一二三产业结构为 0.8：22.7：
76.5；人均地区生产总值达到 8.98 万元。这表明北京市城市发展进入全面转型或战略转
型阶段，即后工业化发达经济的初级阶段。这是北京市城市发展的新坐标。

2014 年 2 月、2017 年 2 月习近平总书记两次视察北京市并发表重要讲话，明确了北
京市作为全国政治中心、文化中心、国际交往中心、科技创新中心的战略定位，提出了建
设国际一流和谐宜居之都的目标，对做好北京市发展和管理工作、推动京津冀协同发展做
出了重要指示，也为北京市城镇化发展指明了方向。

2017 年 9 月，北京市出台《北京城市总体规划（2016—2035 年）》（简称"新版《总
规》"），依据自身城镇化发展的良好现实基础和强大的辐射带动能力，依托京津冀协同发
展的大空间、大方向，一是着力疏解非首都功能，优化首都城镇体系；二是着力优化城市
空间结构布局，推进城市功能重组；三是着力提升城乡基础设施建设和公共服务一体化水
平，提升城乡人居环境质量；四是着力提升城镇治理水平，促进城乡社会治理和谐有效。
全市城镇化质量进一步提升。2018 年，全市城镇化率达到 86.5%，产业结构、城市功能

分区更加合理，城乡融合发展进一步加快，社会治理能力进一步提升，全市城镇化在强化首都功能、引领京津冀协同方面成效显著。

2. 北京市城镇化发展的特征

（1）城市功能："四个中心"地位突出、非首都功能有序疏解。党的十八大以来，北京市城镇化以"疏解非首都功能"为抓手，通过严控增量和疏解存量相结合、内部功能重组和向外疏解转移双向发力，"四个中心"功能建设卓有成效。一方面在统筹规划、建设、管理三大环节，现代城市品质与大国首都地位互通互融、现代城市发展与产业结构升级共建共进、现代城市文明与历史文脉延续互促互利、现代城市魅力与国际影响提升相得益彰，首都核心功能不断优化提升。另一方面充分发挥了北京市作为京津冀区域中心城市在产业、政策、人才等方面的辐射带动作用，充分激发了北京城市周边区县、河北省和天津市在产业转移承接、示范区建设发展、交通网络拓展等方面的潜力，促进了北京市资源外溢，提升了京津冀区域城市群的规模效应、集聚效应和协同效应，为实现京津冀对接协作、弥补区域经济社会发展短板、引领整个京津冀地区的城镇化乃至整个经济社会发展进程朝着更高水准与质量的方向转变提供了坚实支撑。

（2）空间布局："点、线、面"功能明晰、协调统一。党的十八大以来，北京市在城镇化发展过程中以城镇空间布局优化与功能重组为龙头，通过对北京市城市空间结构做出"一核一主一副、两轴多点一区"的明确界定，在城市空间结构方面，改变过去单中心集聚的发展模式，统筹旧城的提升更新与新区的建设完善，统筹纵横两轴的贯通连接和"一副多点"的功能重组，统筹核心圈层的首都功能和"一区"的生态屏障功能，充分发挥了"一核、一主、两轴"为代表的中心城区的辐射作用，"一副""多点"的发展带动作用和"一区"的生态涵养作用，形成了以人为本、产城融合、生态宜居、协调发展的完整城镇空间体系，推动了城镇发展与产业支撑、生态保护、文明进步相统一，适应了当前和今后一段时期首都城市经济社会发展的需要，是推动北京市区域经济社会持续、协调、高质量发展的坚实载体与有效路径。

（3）城乡生活：以"人的城镇化"为核心推动共享发展。党的十八大以来，北京市以"人的城镇化"为核心，以城乡基础设施建设提速增效、城乡公共服务一体化拓面提质、城乡人居环境治污增绿为三大路径，统一考虑、统一布局、统一推进，实现了城乡先进完善的基础设施、基本均等的公共服务、"净化、绿化"的人居环境三个"全面覆盖"，交通、居住、教育、医疗、养老、生态等同人民群众日常生活质量息息相关的公共资源实现城乡共建、城乡联网、城乡共享，北京市城镇化发展使全市城乡居民高质量、均等化地享受到了城市文明，宜居宜业的首善之区建设成效显著。

（4）社会治理：首都特点明确、符合超大城市治理要求。党的十八大以来，北京市面对空间高度压缩、资源和人口高度集聚的状况，在推进城镇化发展过程中，通过推动社会治理体系和治理能力两个维度的现代化建设，已基本形成党委领导、政府负责、社会协同、公众参与、法治保障且兼具首都特点的超大城市治理体系，城乡社会治理能力的社会化、法治化、专业化、智能化水平也在不断提升，全市社会服务更加完善、社会管理更加科学、社会关系更加和谐。

二、北京市城镇化发展面临的新形势

当前，我国经济社会发展进入新时代，产业结构优化转型、城乡差距持续缩小、区域协调走向深入、民生福祉日趋改善、发展动力和竞争力不断增强。站在新的历史起点上，北京市城镇化发展也需要继续适应新趋势，应对新挑战，迈向新目标。近年来陆续提出的京津冀协同发展、乡村振兴战略、新版《总规》等国家和区域发展战略，不仅对北京市城镇化发展提出了明确要求，更为北京市城镇化发展紧抓战略性、全局性问题，主动应对发展环境、发展动力、发展优势、发展空间变化，把握发展机遇、谋划永续发展创造了良好条件、赋予了新的使命。

（一）京津冀协同发展为北京市城镇化高质量可持续发展拓展了空间

以 2014 年习近平总书记视察北京市并发表重要讲话精神为指导，以《京津冀协同发展规划纲要》的出台为标准，京津冀区域开启了协同发展的新征程。京津冀协同发展战略的核心是京津冀三地作为一个整体实现经济端资源合理配置、城市端跨界共治共享，三地互补发展、互利共赢。这为北京市城镇化进一步释放发展潜力、实现高质量可持续发展拓展了内外空间。

1. 京津冀协同发展为北京市更好地发挥首都功能拓展了内部空间

围绕"四个中心"功能定位，北京市城镇化发展在产业转型、要素流动、区域协作等方面尚有诸多亟待解决的问题。京津冀协同发展战略中，北京市作为引领京津冀三地产业互促、要素互通、功能互补的主引擎，在优化提升首都功能、增强发展内生动力方面得到了更为优化的内部空间：一是为北京市服务党和国家工作大局、保障政令畅通和安全稳定，强化政治中心功能拓展了内部空间；二是为北京市加强传统文化与现代文明相融合、加快提升文化软实力，强化全国文化中心功能拓展了内部空间；三是为北京市展现大国首都形象、提升国际交往吸引力与承载力，强化国际交往中心功能拓展了内部空间；四是为北京市凝聚先进生产要素、集聚高新技术产业，强化科技创新中心功能拓展了内部空间。

2. 京津冀协同发展为北京市引领区域协调发展拓展了外部空间

京津冀协同发展有助于北京市通过深化区域分工、完善城镇网络、激活新的区域增长极，从而引领区域共同发展、共同繁荣，这不仅是京津冀协同发展对北京市城镇化发展提出的新要求，更为北京市城镇化在更大范围内实现区域首位城市核心带动、实现溢出辐射效应最大化拓展了更为广阔的外部空间：一是为北京市作为首位城市引导区域内部分工协作、互通有无、实现区域资源一体化配置和发展动能整体转换拓展了外部空间；二是为北京市作为首位城市带动次中心城市建设、完善网络化多支点城镇格局，建设现代化新型首都圈和世界级城市群拓展了外部空间；三是为北京市作为首位城市打造新的两翼、激活新的区域增长极、带动欠发达地区加快发展，重塑京津冀发展空间格局拓展了外部空间；四是为北京市作为首位城市与津冀实现区域环境污染联防联控联治、扩大区域环境容量、优化区域生态空间安全格局拓展了外部空间。

（二）乡村振兴战略为北京市城镇化发展弥补城乡不均衡、不协调短板创造了条件

乡村振兴战略是习近平总书记在党的十九大报告中提出的七大发展战略之一，2018年北京市也出台了相应的《关于实施乡村振兴战略的措施》。实施乡村振兴战略，既是解决"三农"问题的一项长期的根本性举措，也是统筹城乡发展、破解二元结构，解决城乡发展不均衡、不充分、不协调问题的重要抓手。乡村振兴战略为北京市坚持乡村振兴和城镇化双轮驱动，充分挖掘和发挥城镇与乡村、平原与山区各自优势与作用，加快乡村人口和经济结构城镇化进程，破解农业产业萎缩化、农村凋敝空心化、城乡生活质量差异化问题，弥补城乡融合共生发展短板创造了条件。

1. 乡村振兴战略为北京市城镇化发展激活乡村产业发展创造了条件

乡村振兴战略的实施能够加快提升农业的工业化、产业化、规模化程度，加快形成现代化的农业产业体系、生产体系和经营体系，这必将有力推动乡村对现代生产要素乃至先进生产关系的需求和承接，为北京市城镇化发展在"大城市小农业"的现实条件下，促进城乡要素流动、培育新产业新业态、激活乡村产业发展新动能，实现以工补农、共同发展创造了条件。

2. 乡村振兴战略为北京市城镇化发展破解乡村凋敝空心创造了条件

乡村振兴战略的实施能够加快北京市"新市镇—特色小镇—小城镇"城镇体系的构建，进而形成分工明确、分布合理的超大城市与乡村之间的城郊连接节点与廊带，为北京市城镇化发展在"大京郊小城区"的现实条件下，促进现有城镇空间体系有效延伸、带动镇域协调发展、助推中心城区产业和人口疏解、农村基础设施提档升级、农民就地就近城镇化，实现以城带乡、共同繁荣创造了条件。

3. 乡村振兴战略为北京市城镇化发展实现全域全面统筹创造了条件

乡村振兴战略一方面以"绿水青山就是金山银山"为发展理念统筹城乡生态空间治理，打造宜居城区、特色城镇、美丽乡村；另一方面以"提升城乡发展一体化水平"为整体目标统筹城乡基本公共服务与社会治理，增强农民获得感、幸福感、安全感，为北京市城镇化发展在"大统筹小差异"的现实条件下扩大城市绿色生态空间、改善农村人居环境、进一步缩小基本公共服务与基层社会治理水平差距，实现全域统筹、融合发展创造了条件。

（三）北京市新版《总规》为北京市城镇化发展提高站位、丰富内涵、守住底线指明了方向

习近平总书记提出的"建设一个什么样的首都，怎样建设首都"这一核心问题，为北京市确立城镇化发展的关键目标和奋斗方向提供了指引。当前，北京市城镇化发展正处在展现"北京样本"与引领区域协同的重要关口，新版《总规》立足目标导向系统谋划，为北京市城镇化发展增强落实城市战略定位自觉，实现城市形态升级、城市内涵丰富、城市运行严守底线指明了方向。

1. 新版《总规》为北京市城镇化在升级城市形态方面指明了方向

新版《总规》科学统筹北京市不同地区的主导功能和发展重点，提出"一核一主一副、两轴多点一区"的城市空间结构和"中心城区—副中心—新城—镇—新型农村社区"的现代城乡体系，不仅符合北京市特殊的自然地理环境情况，也符合北京市的古都历史格局、大国首都现实和超大城市群首位城市地位，为北京市城镇化发展中协调处理"都"和"城"的关系，发挥历史古城与现代首都双重优势，继续提升城市硬实力和软实力指明了方向。

2. 新版《总规》为北京市城镇化在丰富城市内涵方面指明了方向

新版《总规》科学统筹北京市经济社会发展中的物质建设与人文关怀，提出北京市"四个中心"城市战略定位，为北京市城镇化发展中发挥首善之区在保障政治安全、维护首都稳定、完善政治服务功能中的核心作用，发挥历史文化古城在弘扬文明积淀、展现多元包容魅力中的示范作用，发挥科技创新策源地在后工业化时期超大城市群发展中的驱动作用，发挥现代城市在新型国际关系与全球治理体系构建中的主场作用，协调处理"舍"与"得"的关系、聚焦城市综合价值指明了方向。

3. 新版《总规》为北京市城镇化发展在规范城市运行方面指明了方向

新版《总规》科学统筹生产、生活、生态布局，提出以资源环境承载能力为硬约束，实施人口和建设规模双控，严格守住人口总量上限、生态控制线和城市开发边界三条红线，为北京市城镇化发展坚持产业生产空间的集约高效、构建高精尖的经济结构，坚持生活空间宜居适度、提高民生保障和服务水平，坚持生态空间山清水秀、大幅度提高生态规模与质量，探索超大城市在资源环境紧约束下缓解"大城市病"，实现永续发展指明了方向。

（四）乡村振兴战略与新型城镇化发展的关系

1. 乡村振兴与新型城镇化的侧重点不同

乡村振兴战略侧重解决"三农"内部集体的活力问题，而新型城镇化侧重解决"三农"外部环境的保障问题。乡村振兴战略的目标任务包括农村基础设施建设深入推进，农村人居环境明显改善，美丽宜居乡村建设扎实推进，城乡基本公共服务均等化水平进一步提高等方面；而新型城镇化的主要目的之一是解决空间城市化并没有相应产生人口城市化的问题，特别是越来越多农民工被城镇化和伪城镇化的问题。推进新型城镇化的核心是人的城镇化，关键是要提高城镇化的质量，实现产业发展和城镇建设融合，让新城镇居民不断融入城镇环境，并享受到高质量的公共服务。

2. 乡村振兴与新型城镇化都强调以人为本

从党的十八大到十九大，乡村振兴与新型城镇化这两个战略虽然侧重点略有不同，但也是辩证统一的，需要互相支持配合。城镇化的关注点更多在城市，但同时强调兼顾农村；乡村振兴的关注点在农村，但要同时推动城镇化的实现。以人为核心是联结新型城镇化与乡村振兴两大战略的根本桥梁。新型城镇化的核心价值一直都是以人为本，追求的是以人为核心和人的自由全面发展的城市化。而乡村振兴战略也需要承认农民的主体地位，充分尊重农民意愿，切实发挥农民在乡村振兴中的主体作用，把维护农民群众根本利益、促进农民共同富裕作为出发点和落脚点。

三、北京市城镇化的发展趋势

北京市城镇化发展始终围绕习近平总书记视察北京市工作时提出的"建设一个什么样的首都、怎样建设首都"这一重大问题，瞄准首都"四个中心"功能定位，立足于北京市经济社会发展与京津冀区域发展新实践，一方面以核心区功能疏解整治作为城镇化发展新契机，另一方面以镇域承接产业和人口转移作为带动周边乡镇振兴的新契机，推动全市城镇化发展在体系布局、功能定位、体制机制三方面实现突破和提升，既具有战略眼光、全局视野和创新意识，也具备问题导向、务实精神和底线思维。当前，全市城镇体系布局越来越清晰、城镇化发展中城镇的功能作用越来越强化、城镇化发展的体制机制越来越完善，总结出了一些符合中国国情和首都实际的超大城市城镇化发展的实践经验，也为大城市群的区域协同发展贡献了北京方案和北京智慧。

（一）城镇体系布局越来越清晰

北京市城镇化发展中，通过确立"一核一主一副、两轴多点一区"的城市空间结构和"中心城区—北京城市副中心—新城—镇—新型农村社区"现代城乡体系，形成了一体两面、内在统一的城乡体系建设布局，解决了"新型城乡体系包括哪些具体城乡空间单元及各单元空间分布"问题和"新型城乡体系包括哪些具体层级及各层级定位与相互关系"问题，突破了城镇化发展中城乡区隔、定位不明、关系不清的局限，提升了全市城镇化体系布局发展的规范程度与完善程度，不仅增强了北京市城镇化发展的科学性、规范性，而且也为北京市城镇化发展赋予了基于首都需要、符合时代特色的灵活性、多样性。

1. 城镇体系的内容

新版《总规》对北京市城镇化体系布局提出了 2 个层面的要求。一是在城镇化体系的空间布局方面，规划提出，为落实城市战略定位、疏解非首都功能、促进京津冀协同发展，要在北京市域范围内形成"一核一主一副、两轴多点一区"的城市空间结构，着力改变单中心集聚的发展模式，构建北京市新的城市发展格局。二是在城镇化体系的发展原则方面，规划提出要创新完善"中心城区—北京城市副中心—新城—镇—新型农村社区"的现代城乡体系，把城市和乡村作为有机整体统筹谋划，破解城乡二元结构，推进城乡要素平等交换、合理配置和基本公共服务均等化，优化完善功能互补、特色分明、融合发展的网络型城镇格局，形成以城带乡、城乡一体、协调发展的新型城乡关系。

2. 城镇体系构建的具体实践

（1）以高新技术产业建设为抓手推进中心城区建设。党的十八大以来，北京市通过着力推动城市中心区高新技术产业发展，不断强化首都科技创新中心的功能定位。北京市先后出台《进一步创新体制机制加快全国科技创新中心建设的意见》、实施《中国制造2025》北京行动纲要、《新一代信息技术等 10 个高精尖产业发展指导意见》以及在财政、土地、人才等方面一揽子促进科技成果转化和协同创新的系列政策，同时充分发挥中关村国家自主创新示范区的引领带动作用，与西城区合力打造北京金融科技与专业服务创新示范区。2018年，全市国家高新技术企业达到2.5万家，同比增长25%，中关村示范区总收入超过5.8万亿元，独角兽企业80家，居全国首位，涌现出一批重大标志性原创成果和创新型企业。北京市城市中心区已经初步形成了全力推动高精尖产业发展、打造我国自主创新重要源头和原始创新主要策源地的良好发展态势。此外，通过实施历史文化名城保护发展规划、三条文化带保护建设规划和城市南部地区、新首钢地区、回龙观天通苑地区建设提升三年行动计划，进一步提升了主城区发展的整体性和协调性。

（2）以疏解和承接为双重定位，推动城市副中心建设。2012年，北京市第十一次党代会明确提出"聚焦通州战略，打造功能完备的城市副中心"，明确了通州作为城市副中心的定位。党的十八大以来，依据疏解非首都功能要求，北京市全力推动城市副中心建设，以通州新城规划建设区为核心，以通州全区为外围控制区，构建蓝绿交织、清新明亮、水城共融、多组团集约紧凑发展的生态城市布局，着力打造国际一流和谐宜居之都示范区、新型城镇化示范区、京津冀区域协同发展示范区。同时在城市副中心与中心城区、新城之间构建"七横三纵"的轨道交通线网络，"五横两纵"的高速公路、快速路网络。2018年《北京城市副中心控制性详细规划（街区层面）》草案编制完成，提出到2035年城市副中心常住人口规模控制在130万人以内，城乡建设用地控制在100平方公里左右，地上建筑规模约1亿平方米。2018年城市副中心行政办公区已正式启用。

（3）以更好地"保护、传承、使用"为目标，完善中心城区"两轴"建设和发展。2013年北京市启动实施了第二阶段城南行动计划，积极落实公共服务、基础设施、生态环境、产业发展等4类共232项重大项目，持续推进城乡结合部城镇化改造。其中，续建项目94项，新建项目138项，总投资约3 960亿元，以此为基础，北京市"两轴"中的南中轴线建设不断加快。此外，北京市将城市中轴线申遗保护作为首都文化中心建设的重大工程。2012年国家文物局正式将北京市中轴线列入《中国世界文化遗产申遗预备名单》，2013年最终确定申遗对象为北京市老城7.8公里的传统中轴线，范围包括中轴线遗产及其周边地区，在加强申遗工作基础上，做到历史空间景观修复和现代城市相协调，遗迹保护工作与疏解整治促提升专项行动、大运河文化带建设、改善人居环境、发展旅游产业结合起来，积极推进缓冲区环境整治、直管公房改革和基础设施配套建设，让群众有更多获得感。在东西轴线建设中，北京市将长安街及其东、西延长线作为整体统筹考虑，以更好地发挥国家行政、军事管理、文化、国际交往功能为目标，围绕"庄严、沉稳、厚重、大气"，加强城市景观设计，提升沿线纵深街巷的品质，展示大国首都形象。

（4）以统筹和协调为要求，加快推进"多点"和"一区"范围内的城乡一体化进程。北京市城镇化发展中的城乡一体化，是同乡村振兴战略紧密结合在一起的。北京市紧密结合首都"四个中心"功能建设，紧扣"大城市小农业""大京郊小城区"特点，先后制定出台《关于实施乡村振兴战略的措施》《北京市乡村振兴战略规划（2018—2022年）》和《实施乡村振兴战略扎实推进美丽乡村建设专项行动计划（2018—2020年）》等一系列规划部署，不仅明确了全市推进实施乡村振兴战略的总体思路、阶段目标和重点任务，而且围绕乡村振兴战略第一个五年的主攻方向做出具体安排。通过全面实施美丽乡村建设三年行动计划、全面开展农村人居环境整治、加强"六网"等农村基础设施建设，农村人居环境显著改善；通过扎实推进农业结构转变方式、做精做优北京市特色农业、强化"旅游富农"和"科技兴农"，都市型现代农业发展水平持续提升；通过深化农村"三块地"改革、深化集体产权制度改革、推动农民创新创业、加大农业金融支持，城乡要素流动更加顺畅；通过多渠道促进农民就业增收、实施"六个一批"精准帮扶、促进城乡基本公共服务均等化，农村居民获得感进一步增强。

（二）城镇的功能作用越来越强化

北京市在城镇化发展过程中，坚持首都"四个中心"功能定位，将各类新型城镇打造成为疏解非首都中心区功能的新空间与引领乡村振兴的新引擎，解决了城镇化发展中在城市中心区和乡村之间的镇域层面如何"内引外联""承上启下"这一问题，突破了北京城镇化发展过程中中心城区功能拥挤、乡村发展乏力的局限，提升了以城带乡的辐射能力和乡村发展的内生动力，不仅为北京市城镇化发展中城乡产业耦合对接、要素良性循环构建了平台，也为城乡协同并进、融合发展打通了梗阻。

1. 新版《总规》提出新型城镇的发展定位

对于北京市城镇化发展中新型城镇的定位，新版《总规》提出，新市镇是辐射带动和服务周边乡镇地区发展、承接中心城区部分专项功能疏解转移的新型城镇；特色小镇是塑造特色风貌形态、提升建成区环境品质、具有深厚历史记忆和鲜明地域特色的新型城镇；小城镇是本地区就业、居住、综合服务和社会管理中心，是引领和促进本地城镇化发展的新型城镇。不同形态的新型城镇功能不一，但共同特点在于都是绿色智慧、特色鲜明、宜居宜业的新型城镇，且都在北京市城乡发展一体化中起到承上启下的重要作用。

2. 明确新型城镇功能的具体实践

（1）以新市镇建设承接功能疏解、辐射带动周边。新市镇，主要分为承接型、辐射型、承接辐射型三种。其中承接型新市镇主要承接中心城、新城的专项功能疏解；辐射型新市镇主要依托其完备的公共服务设施和基础设施，辐射带动周边小城镇；承接辐射型新市镇则同时兼具上述两种功能。目前，北京市新市镇建设主要包括丰台区长辛店镇、房山区窦店镇、大兴区采育镇和魏善庄镇、顺义区杨镇、昌平区南口镇、平谷区马坊镇及通州区永乐店镇，形成北京市新市镇的"7+1"模式。上述新市镇依托自身位于城市重要发展廊道和主要交通沿线、资源环境承载能力较高地区的区位优势和其本身具有一定规模、功能相对独立、综合服务能力较强的良好发展基础，充分发挥了承接非首都功能疏解、辐射带动周边小城镇的重要功能。

（2）以乡镇分区分类带动城乡一体化。北京市城镇化发展中，对乡镇的功能作用也提出了明确定位，基本原则是要依托分区规划和镇域规划，加强对乡镇发展的分区指导。位于中心城区、新城内的乡镇，重点推进土地征转、完善社会保障，实现城镇化改造；中心城区、新城外平原地区的乡镇，培育强化专业分工特色，适度承接中心城区生产性服务业及医疗、教育等功能，提高吸纳本地就业能力，促进农村人口向小城镇镇区有序集聚；山区乡镇充分发挥生态屏障、水源涵养、休闲度假、健康养老等功能，带动本地农民增收。

3. 典型案例：宋庄镇

宋庄镇是北京市城市副中心外围第一圈层特色小镇，是服务保障城市副中心的重要区域。通州区宋庄镇在城镇化发展过程中，按照北京城市副中心建设规划要求，充分发挥自身地理位置重要、交通网络发达、生态环境优越、艺术底蕴深厚的显著优势，坚持"双控"和"三线"要求，在功能定位、产业发展、生态环境、基层治理等方面实现了小城镇功能联动和特色发展，成为围绕城市副中心"众星拱月"整体城乡格局的重要组成部分，共同承接首都中心城区功能疏解，形成了功能联动、融合发展、城乡一体的城镇化格局。

一是规划定位与产业布局明确：具有国际影响力的艺术创意小城镇。按照蔡奇书记"打造具有国际影响力的艺术创意小城镇"的指示，宋庄镇的总体定位为"活力文化城与田园艺术村交相辉映的艺术创意小镇"，建设北京市创意高地，副中心的艺术花园。在产业发展布局方面，宋庄镇围绕城市副中心，以创新发展轴（六环路）为轴线，构建"两区、两带"的空间结构。以小堡艺术区为艺术创新发展区，以镇中心区为艺术综合服务区，带动温榆河国际交流带、潮白河生态休闲带发展。

二是产业结构优化升级：疏解非首都功能过程中疏解与承接的结合。宋庄镇以建设文化和旅游新窗口为抓手，以加快建设宋庄文化创意产业集聚区、培育当代原创艺术为核心，以中国原创艺术为基础和特色，将发展文化创意产业作为自身在北京市疏解非首都功能过程中做好疏解与承接工作的切入点，推动聚集"色彩与造型"创作相关的创意、科技、配套服务企业，重点发展艺术创意产业、文化休闲服务，加快构建以"空间艺术"为表现形式的多层次、多业态复合发展的国际化大视觉产业生态体系，与以"时间艺术"为表现形式的台湖"演艺小镇"形成差异化发展，从而充分发挥文化功能区的示范引领作用，推动文化创新同北京城市副中心的其他重点功能区及相关组团建设充分融合、功能集聚和互动发展，从而将北京市疏解非首都功能与宋庄镇承接首都核心区产业转移、推动自身产业升级有机结合。

（三）城镇化发展的体制机制越来越完善

北京市城镇化发展过程中，以"人的城镇化"为核心，推动实现了城乡基础设施建设提速增效、城乡公共服务拓面提质、城市人居环境治污增绿、城乡治理专业精细；以城乡要素互补对接为核心，推动实现了强化城乡互通、活化乡村资源、优化乡村产业；以城乡财产权利均等为核心，推动实现了产权归属明晰、各方权责明确、经营管理规范，从而突破了北京市城镇化发展中体制机制僵化和利益分配格局固化的局限，提升了城乡生活质量等值化程度、生产力与生产关系匹配度，既是对生产力决定生产关系这一理论逻辑在新时代下提炼凝结，更是北京市城镇化体制机制深化过程中先行先试、勇于探索得出的成功之路。

1. 深化城镇化发展体制机制改革的提出

深化体制机制改革，既是北京市城镇化发展的重要组成部分，也是城镇化发展的"深水区"，更是北京市城镇化持续发展、向纵深迈进的新起点与新动力。当前，北京市城镇化发展中的城乡关系调整已经由工农、城乡之间利益格局的调整转向农村内部利益关系的调整，由生活水平调整转向生产力乃至生产关系的调整，涉及的利益关系更为广泛和复杂。对此，新版《总规》提出，要全面深化改革，实现城乡规划、资源配置、基础设施、社会治理等方面的一体化，特别是要在集体产权制度改革、缩小城乡公共服务差距等方面着力推进。这是北京市城镇化发展过程中为破除各方面体制机制弊端、调整深层次利益格局而提出的硬任务，具有高度的现实指向性。

2. 深化城镇化发展体制机制的具体实践

（1）促进城乡生活均等化。一是以"人的城镇化"为核心推动城乡生活质量融合。以缓解疏通城市交通拥堵为核心，实施"建管限"综合治堵措施，不断完善全市各类交通道路建设，大力开展交通综合治理。坚持"房子是用来住的、不是用来炒的"定位，持续加大住房保障力度。深化教育综合改革，调整优质教育资源布局，推动全市优质教育资源覆盖面进一步扩大。深化医药卫生体制改革，医药、医保改革试点顺利推进，继续完善以分级诊疗和社区卫生服务机构为代表的城乡全覆盖的医疗卫生服务体系；以美丽乡村建设作为实施乡村振兴战略的主要载体，制定《实施乡村振兴战略扎实推进美丽乡村建设专项行动计划（2018—2020年）》，全面实施农村地区环境整治，重点推进主要道路沿线、旅游区及其他重点场所周边村庄的环境整治和美丽乡村创建工作，重点围绕"清脏、治乱、增绿、控污"四项要求，聚焦"厕所革命""农村基础设施和公共服务设施"、垃圾污水治理等，加快补齐农村人居环境短板。

二是形成具有首都特点、符合超大城市治理要求的现代化城镇治理体系与治理能力。持续加强社会领域党的建设。推动商务楼宇"五站合一"（社会工作站、党建工作站、工会工作站、共青团工作站、妇联工作站）全覆盖。健全市、区、街道（乡镇）三级"枢纽型"社会组织党建"3＋1"工作机制；持续加强城乡社区建设，明确基本公共服务项目满足城乡居民快速增长，多元化、多样化的社区服务需求，大力推进"一刻钟社区服务圈"建设；实施"网格化＋"十大行动计划，提升社会治理精细化程度；持续加强社会矛盾风险化解能力。实施重大决策社会稳定风险评估制度，探索建立"街乡吹哨、部门报到"的基层治理应急机制和服务群众响应机制。

（2）深化集体建设用地经营方式改革，促进城乡生产要素融合。深化农村集体建设用地经营方式改革是打通城乡要素自由流动的重要途径。北京市城镇化发展中广泛开展了集体经营性建设用地入市、利用集体土地建设租赁住房、乡镇统筹利用等试点。特别是以海淀北部四镇为代表的农村地区，通过探索统筹利用集体产业用地，盘活集体产业用地资源，推进以土地要素为载体实现城乡产业资本要素全面对接，将"一镇一园"作为高新科技园区和现状保留村庄之间的桥梁，促进城乡资源互补，活化地区生态资源，突破土地破碎化程度高、缺乏纵向轴带联系的困局，对不符合首都功能定位的业态坚决进行清退调整，集体产业优化升级持续加快。

（3）深化集体产权制度改革，促进城乡生产关系融合。深化集体产权制度改革是北京市城镇化发展体制机制改革的重要内容。目前全市累计完成产权制度改革3 906个村，占99％。海淀区农村集体产权制度改革国家试点全面完成，具体做法包括：完成村级组织账务分离，由区财政保障村级基本公共服务支出；建立健全股份经济合作社股权管理、示范章程、薪酬管理、产权流转交易等方面的制度，规范股份经济合作社运行管理，完善集体经济收益分配制度；加强党对集体经济的领导，把党建工作要求写入示范章程，明确换届选举政策规定，坚持由上级党组织提名选举产生集体经济组织负责人；推进党务、村务、财务三公开，强化民主决策、民主管理、民主监督；完善农资委运行机制，加强征地款等"三资"管理，开展集体经济组织审计、考评等工作；创新推进镇级产权制度改革。温泉镇通过设立团体股，由各村股份社作为镇级股份社的团体股股东，创新利益平衡机制，保障股东长远生计。

四、北京市城镇化发展的政策建议

当前，北京市城镇化发展成效显著，初步形成了超大城市城镇化发展的"北京范本"。但整体来看，北京市的城镇化发展是一项长期系统工程，不可能一蹴而就。北京市城镇化发展，要按照习近平总书记两次视察北京市重要讲话精神，结合全市经济社会发展实际，着眼于新的历史时期对首都发展的新要求和新期待，以促进人的城镇化为核心、以提高质量为导向，进一步加强政策引导、深化制度创新、完善体制机制、强化兜底保障，促进全市城镇化高质量可持续发展，将北京市建设成为高水平的国际一流和谐宜居之都。

（一）以产业转型持续推动区域城镇化协调一体发展

以推进非首都功能疏解转移为重点，加快高新技术产业和现代服务业发展，推动城乡之间的产业梯度转移与转型升级，构建京津冀高质量现代化产业体系，大幅提升区域产业综合竞争力，为世界级城市群建设和我国经济长期健康可持续发展提供产业支撑。

1. 以"三城一区"为先导，依托高端新兴产业提升首都城市圈产业素质

继续加快中关村科学城、怀柔科学城、未来科学城和中关村国家自主创新示范区建设，着力推动节能环保、集成电路、新能源、新材料等高精尖产业发展，建设一批先进科技基础设施、集聚一批高新技术人才与研发团队，提升城市源头创新能力和科技综合竞争力。同时，继续促进金融、科技、文化创新、信息、商务服务等现代服务业创新发展和高端发展，顺应超大城市现代服务业集成化、多元化、个性化的发展趋势，推动平台经济、体验经济、融合经济等服务业新业态发展，实现生产性服务业向专业化和价值链高端延伸、生活服务业向精细化和高品质转变，推动现代服务业发展与城市建设、产业升级、科技进步同步发展。

2. 以"腾笼换鸟"为抓手，疏解退出一般性产业，辐射带动区域产业梯度转移和转型升级

强化北京市作为区域首位城市在产业梯度转移和转型升级方面的辐射带动作用，继续完善首位城市产业更新带动次中心城市和周边区域产业转型升级的京津冀产业协调发展态势，将副中心、新型城镇作为产业梯度转移、要素流通聚集的主导方向，结合当地实际，大力发展文化旅游等特色产业。同时积极引导雄安、石家庄、廊坊等节点城市和重点功能区协同发展，提升京津冀区域内工业化进程整体水平。

（二）高质量推进人口城镇化进程

以完善重点人群落户政策和健全推动转移人口融入城市的制度保障为重点，确保转移人口"留得下、过得好、能融入"，提升不同主体发展权利的同质均等性，推进普惠、均等的"人的城镇化"进程。

1. 抓好重点人群落户

继续调整完善积分落户政策，区分主城区、郊区、新区等区域，分类制定落户政策，引导人口落户到新城、郊区等非首都功能疏解和新城建设重点区域。改革差异化落户政策，精简积分项目，以社保缴纳年限和居住年限分数占积分主要比例。确保有意愿、有能力、有条件的转移人口在新城等城镇化发展重点区域应落尽落、便捷落户。

2. 推动城市包容性发展

统筹政府、社会、市民三大主体，逐步消除不利于包容性发展的一切排斥性制度体系，完善转移人口的社会参与机制，促进城市对转移人口的接纳与融入。健全多主体供给、多渠道保障、租购并举的住房制度，实现住有所居。在就业、教育、医疗、社保等领域逐步推动实现外来常住人口经济权利、政治权利、文化权利、社会权利的属地化、跨区转移便捷化和待遇调整动态化，积极推进城镇基本公共服务覆盖所有常住人口，让"新市民"在城市生活得更方便、更舒心、更美好。同等尊重"老市民"和"新市民"对城市发展决策的知情权、参与权、监督权，鼓励企业、社会组织和市民通过各种方式参与城市建设与管理，促进政府"有形之手"、市场"无形之手"、市民"勤劳之手"同向发力，共同推动城市发展的积极性，真正实现城市共管共治、共建共享。

（三）提升现代城市宜居程度

以明确城市核心功能前提下的减量发展和进一步提升城市品质为重点，基于"四个中心"建设推动中心城区减量化发展，围绕"智慧化"和"生态化"提升城市综合承载能力和服务能力，建设现代魅力宜居城市。

1. 明确城市功能，推动城市减量发展

继续围绕北京市"四个中心"的定位，持续推进中心城区非首都功能疏解，全面提升中央政务、国际交往环境及配套服务水平，提升历史文脉保护、传承能力，压缩生产空间规模。提高城市布局合理性，提升城市运行的通透性和微循环能力。深化住房制度改革，完善住房保障体系，加快城镇棚户区和危房改造，加快老旧小区改造。树立"紧凑城市"理念，严守生态控制线、城市开发边界等刚性管控边界，动态掌控城市人口总量上限，严格管控战略留白，为未来高质量城镇化发展预留空间。

2. 建设智慧城市，提升城市运行效率

统筹城市发展的各类物质资源、信息资源和智力资源利用，围绕市民生活和城市管理加快北京市新型"智慧城市"建设。依托"三城一区"主平台，着力推动物联网、云计算、大数据、第五代移动通信（5G）等新一代信息技术在超大城市管理中的创新应用。

强化信息网络、数据中心等信息基础设施建设，扩大窄带物联网商用范围，推动各领域公共服务与"北京通"App深度对接。依托副中心建设，在通州和大兴率先开展城市地上、地表、地下、空中全空间三维建模，实现可计算、可推理、可全息感知的动态时空信息管理。逐步构建城市大数据全景图，形成城市运行决策指挥大厅和城市运行整体控制系统，对城市重大事件进行实时处理，同时探索试行契合大数据时代的"预见性""预测性"管理方式。全面提升城市运行效率和市民服务能力。强化信息资源社会化开发利用，推广智慧化信息应用和新型信息服务，促进跨部门、跨行业、跨地区的政务信息共享和业务协同，促进城市管理信息化。

3. 建设生态城市，健全市域绿色空间

加快绿色城市建设，推进城市"留白增绿"。继续推动城市休闲公园、小微绿地和"口袋公园"建设，提升公园绿地500米服务半径覆盖率。以绿色隔离带和景观农业为主要业态推进环境治理，疏解腾退建绿、拆违还绿。加强对第五立面、城市天际线、城市色彩等的管控。加强城乡联防联控，深化治理城乡结合部"小散乱污"企业，加快村庄清洁能源改造。推进重点流域生态修复和生态清洁小流域建设，综合治理凉水河、清河等流域水系，提高污泥处理能力，重点解决支流沟渠"脏乱臭"等问题。统筹山水林田湖生态养护，实施湿地保护与恢复工程。探索京津冀生态环境补偿机制，着力扩展生态环境容量。

（四）加快城乡共享、融合发展

以降低城乡流动门槛、促进城乡融合发展为重点，推动各类生产要素在城乡自由流动、壮大乡村发展活力，保证城乡居民共享改革发展成果。

1. 完善城乡统一的要素市场

总结推广大兴农村土地制度改革三项试点的成功经验，探索集体资产股份权能改革，建立农村集体资产评估交易体系，逐步推动城市规划范围内集体建设用地与国有土地同价同权同等入市。完善土地增值收益合理分配机制，促进农村集体资产直接市场化配置。加强农村金融服务，积极运用融资担保、财政贴息等政策工具引导激励金融机构和社会资本更多投向农业农村。

2. 以乡镇集体经济带动乡村经济多元化发展

以打造农村集体经济发展平台为关键抓手，推动形成乡镇统筹、乡村结合、政策支持、运行规范、利益共享、风险共担的全新集体经济发展机制，补强农村集体经济短板。明确集体经济组织的市场主体地位，完善法人治理结构和内部管理制度，形成独立的经济实体和市场主体，构建集体经济的现代化经营体系，推进集体经济资本化运作和市场化经营，建立按劳分配与按资分红相结合的分配制度，推动镇域间的生产合作、供销合作、信用合作。

3. 多渠道促进农民增收

逐步统一城乡劳动力市场，保障城乡劳动者平等就业的权利。加强覆盖城乡就业创业服务体系建设，积极为农民提供各种政策咨询、就业信息、就业指导和职业介绍等就业服务。推进政府购买公共就业服务，引导农村劳动力转移就业。加大农民转移就业政策扶持

力度，引导各级财政出资的绿色生态建设项目和社会公共管理服务项目安置低收入农户劳动力就业。探索实行"三权"抵押贷款，确保农民的宅基地和房屋财产收益。进一步加大低收入户增收帮扶力度，因地制宜指导薄弱村产业发展，安排低收入村开展特色产业发展专项扶持。结合平原造林工程、生态林维护、农村水务等工作支持经济薄弱地区集体经济组织承担社会公益事业，带动农民就业增收。

（作者：赵术帆，单位：北京市农村经济研究中心；
栗挺、王任、苑云，单位：北京民生智库信息咨询有限公司）

以乡村集体经济为主导
实施特大城市郊区乡村振兴战略
——以北京市为例

党的十九大提出实施乡村振兴战略，精准定位实施主导力量是关键。习近平总书记历来重视乡村集体经济，把集体经济组织称为农民进入市场的"龙头"，并指出要在指导思想的高度重视增强乡村两级集体经济实力。北京市作为中国特大城市，依据平均汇率测算，2018年人均GDP已经达到了2.11万美元，位居全国首位，城镇化率长期维持在86%～86.5%区间内，标志着北京市已先行达到发达国家标准，总体进入后工业化社会。北京市郊区实施乡村振兴战略要体现首都发展阶段所赋予的新特点。北京市农村集体账面资产规模约占全国的五分之一，含集体土地资源在内的总资产估值10万亿元，是京郊实施乡村振兴战略的天然主体，发挥着"火车头"作用。近年来，北京市乡村集体经济呈现出"双重升级"的新趋势新特征：产业结构由"瓦片经济"向现代服务业升级；经济体制由家庭承包经营为基础的双层经营体制向乡镇统筹下的复合型体制升级。同时，也面临缺乏市场主体地位、缺乏规范化管理、农村地区内部差距固化等突出问题。探索特大城市郊区特点的乡村振兴战略之路，要在党建、产业、体制、人才、文化、规划等各方面对壮大集体经济进行顶层设计，让农民依托集体经济有组织地完成乡村振兴的历史任务。

一、北京市乡村集体经济发展的基本趋势与阶段性判断："一主两升级"

作为公有制的一种基本类型，集体所有制是我国农村地区的基本经济制度，集体经济是一种与国有经济并行的独立的经济形态，具有社区性、合作性、综合性、稳定性等典型特征。透过改革开放40年，特别是"十二五"以来郊区乡村集体经济发展变化的现实观察，可以发现京郊集体经济发展的总趋势和阶段性特征，为研究提出乡村振兴战略的制度政策和具体措施提供逻辑起点和基本支撑。

（一）集体经济是农村经济社会发展的主导力量

乡村集体资产总量增长迅猛。2017年，北京市共有村级集体经济组织3 945个、乡镇级集体经济组织195个，参与分配人口310.7万人。全市乡村集体资产总额为6 879.6亿元，同比增长14.0%。其中，乡镇级集体资产总额2 461.5亿元，占35.8%；村级集体资产总额为4 418.1亿元，占64.2%。乡村集体净资产为2 309.6亿元，同比增长8.4%；农民人均净资产达到7.4万元，同比增长8.3%。如图1所示，1978—2017年，集体资产总额增加6 868.2亿元，年均增长17.8%，分配人口人均总资产由294元增加到22.1万元，年均增长18.5%，成为农民增收致富的重要物质基础。

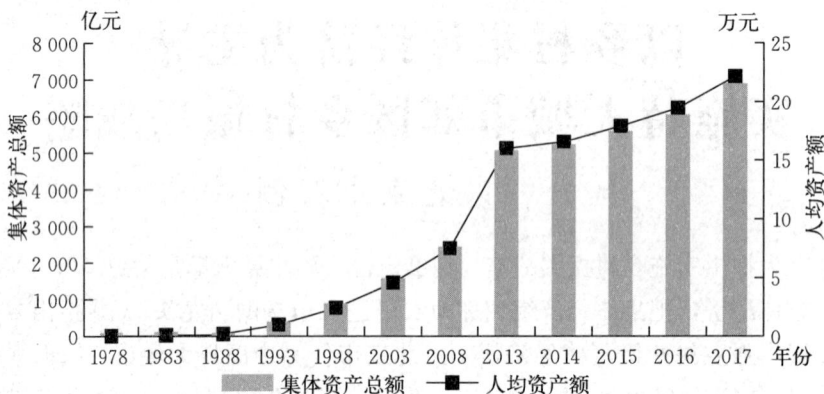

图1　1978—2017年郊区农村集体资产规模变化情况

集体经济作为土地资源整合的产权主体功能日益突出。以现代农业产业组织体系培育为例，家庭经营侧重生产环节、专业合作社侧重供销环节、农业企业侧重加工环节，而集体经济组织作为产权主体趋势明显。2017年北京市农研中心新型农业经营主体问卷调查显示，66.6%的被调查农户认为土地流转给村集体利益最有保障，其次是专业合作社与龙头企业。专业合作社供销服务与带动农户优势突出，政府部门往往是外部性较强的社会化服务体系的主要供给者，农户更适合作为生产主体（图2）。

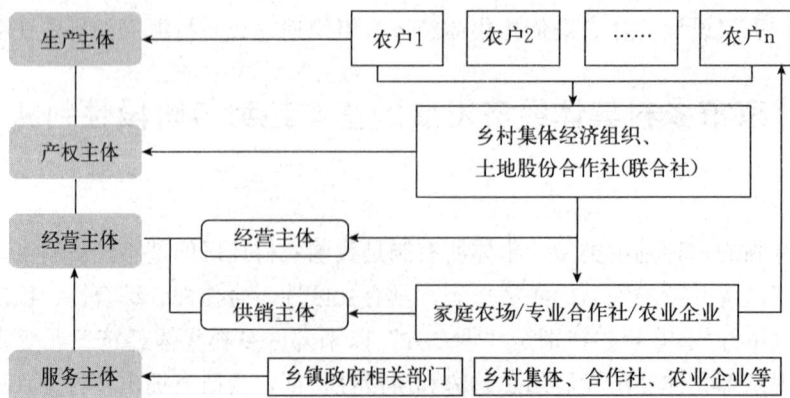

图2　农业产业组织体系功能分解示意图

实际上，在镇域集体建设用地统筹集约利用过程中，村集体为股东形成的土地联营公司也是产权主体，表明农业和非农业领域，集体经济组织发挥产权主体功能具有一般性。

集体经济组织发挥着重要的社会功能。2011 年以来，村级社会性负担没有明显下降，表明集体经济组织的社区特征仍较突出。2017 年，北京市乡村两级集体经济组织社会性负担大约 18.5 亿元[①]，占集体经济组织总收入比重达到了 11.2%，其中，乡镇级集体经济组织社会性负担比重为 12.9%，村级为 10.7%。此外，集体经济仍然是农民就业的重要渠道。尽管集体经济占农村经济总收入比重从 2010 年的 32.3%持续下降到 2015 年的 19.3%，集体经济带动参加分配劳动力就业人数仅从 37.5 万人下降到 34.3 万人，占当年（2015 年）就业劳动力人数的 20.0%。考虑到集体经济产业结构向服务业进一步转型，特别是公益性服务业，对于农民就业存在巨大的潜力。

集体经济是农民共同富裕的重要载体。从财产性收入角度看，2017 年，全市 1 356 个村集体经济组织实现股份分红，占改制村集体经济组织的 34.8%；股份分红总金额 48.7 亿元，同比增长 2.9%；131 万农民股东参与分红，人均分红 3 712 元，同比增长 7.5%。2011 年以来，集体经济组织每年股份分红总金额、人均分红不断增加，人均股份分红占农村居民人均可支配收入的比重保持在 15%左右（表 1）。

表 1　2011 年以来北京市新型集体经济组织股份分红水平

年　　份	分红村数量（个）	股份分红总金额（亿元）	分配人数（万人）	人均分红（元/人）
2011	620	20.6	58	3 525
2012	1 073	23.6	111	2 124
2013	1 267	34.8	133	2 611
2014	1 332	41.8	134	3 108
2015	1 334	45.0	134	3 368
2016	1 373	47.3	137	3 467
2017	1 356	48.7	131	3 712

综上，集体经济在京郊农村地区资产规模迅速增长，是农民稳定就业、实现共同富裕的重要物质基础，是农村地区经济社会稳定可持续发展的基本制度保障，在京郊农村经济社会快速、健康、可持续发展中发挥着主导作用。

（二）集体经济产业结构演化进入地产经济向现代服务业升级阶段

2011—2017 年，集体经济主营业务收入中农业、工业与建筑业和服务业（包括服

---

① 数据来自北京市农村经济研究中心"三资"平台统计。其中，乡镇级集体经济组织社会性负担总额＝乡镇级集体经济组织应交税费＋公益事业支出；村级集体经济组织社会性负担总额＝村级集体经济组织应交税费＋（当年公益性基础设施投入－其中各级财政投入）＋当年村组织支付的公共服务费用；集体经济组织收入＝主营业务收入＋其他业务收入。

务、商饮、运输和其他）之间比例由 1.3∶47.9∶50.8 变为 1.0∶30.2∶68.8，与全市
产业结构中服务业比重扩大的趋势相一致，表明集体经济正在融入首都城市经济体系
（图 3）。

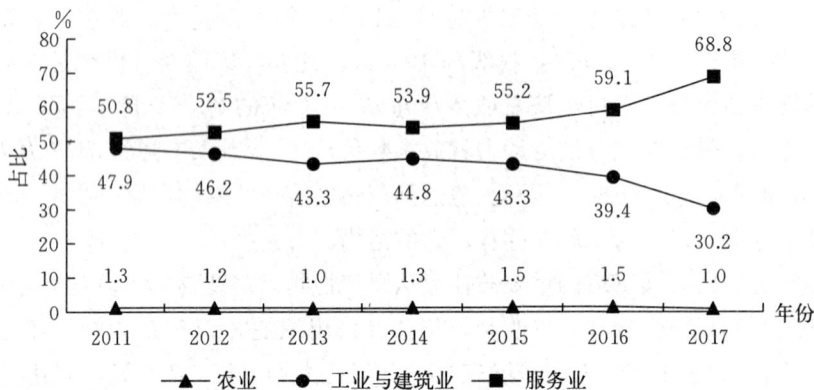

图 3　2011 年以来北京市乡村两级集体经济产业结构变化趋势

　　集体经济产业结构总体契合了不同历史阶段的国家发展战略目标，并呈现出相应的
经济体制结构形态。新中国成立以来，郊区农村集体经济经历了几个重要的历史阶段：
一是以粮为纲的农业经济阶段。主要是以"三级所有，队为基础"的人民公社体制为
支撑，按照"以粮为纲"总方针，开展大规模农田水利建设，提高了农业生产水平，
增加了粮食产量，基本解决了吃饭问题，同时支持了国家工业化建设，促进了工业化
的原始积累。二是改革开放以来，以乡镇企业为主导的农村工业化阶段，加快农民向
二三产业转移，促进农民增收，加快了农业农村现代化进程。三是 2000 年左右开始的
以工业大院建设为代表的地产经济为主的农村城镇化阶段。随着大城市产业和功能向
农村腹地扩散，以地产经济为核心的租赁业得到快速发展。经营土地成为集体经济发
展的中心工作。当前，应对疏解非首都功能现实要求，未来集体经济产业结构要从地
产经济为代表的一般竞争性产业向以高端服务业为主的现代服务业转变，因地制宜发
展文化创意服务、会议会展服务、医疗保健养老服务、以观光休闲旅游为主的都市服
务型农业，包括平原造林、山区生态养护为主的生态环境服务及竞争性较弱的基础设
施维护的公共服务业，即现代服务业为主的城乡融合发展阶段，郊区产业经济发展全
方位地为首都提供保障和服务。

　　从全市角度看，产业的空间布局日趋专业化，与首都各区域主体功能定位日益契合，
基本完成向现代服务业领域转型：中心城区以金融、零售等高端服务业为主；城市功能拓
展区主要聚集信息、科技、租赁商务、批发零售等；城市发展新区以制造业、租赁商服等
为主；生态涵养区主要向都市型现代农业、现代服务业方向发展。2000 年以来，金融业、
信息传输业、科技服务业等产业增加值占全市地区生产总值比重上升显著。总体看，北京
市工业比重下降趋缓，农业、工业与建筑业、服务业的比例结构调整逐步趋于稳定状态，
服务业内部也趋于稳定（图 4）。

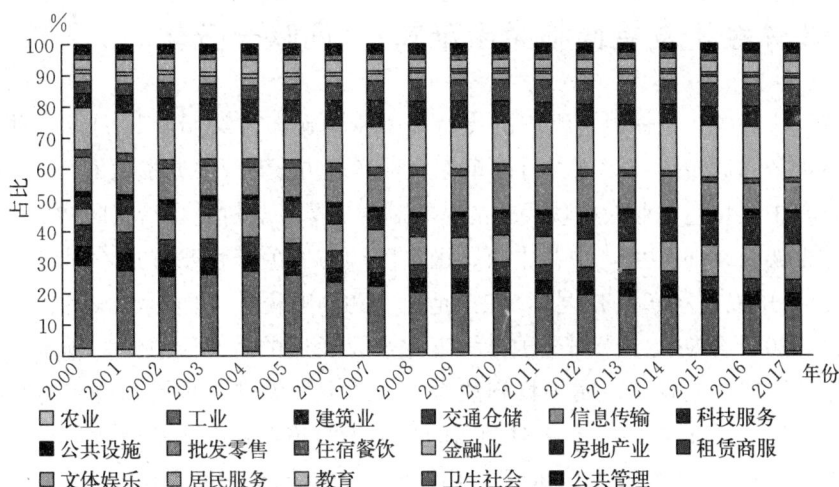

图4　2000—2017年北京市产业结构变化

（三）集体经济由双层经营体制向复合型体制升级

处理好"统"与"分"的关系是改革开放以来农村经济体制演变的一条主线。"统分结合，双层经营"的家庭承包经营体制的演变方向，主要有家庭经营主导、工商资本主导和集体经济主导三种基本体制类型。据市农经办2014年全市农村集体土地资源普查，家庭经营主导类型占经营农地比例59.7%，工商资本经营主导类型占19.2%，集体经济经营主导类型占13.7%。其中，集体经营的平均规模达到了152.7亩，企业租赁经营67.8亩，专业合作社经营41.6亩。总体呈现"户自为战、村自为战"的发展格局，亟待完成三个突破。

突破之一：由"户自为战"的家庭承包经营向"村社一体，产权清晰"的新型集体经济组织转变。村集体经济组织为母体，通过土地资源整理形成产权主体，并深化产业分工，组建农业、物业、投资等专业公司作为经营主体，形成"社＋公司"组织架构。

突破之二：集体经济体制由"村自为战"向乡镇统筹转型。核心是破解土地产权碎片化条件下，社会化大生产与村级核算体制之间的矛盾。如二绿地区"五区六镇"乡镇统筹利用集体产业用地试点已经扩大到全市13个区13个镇。实际上，山东省南山村，江苏省华西村、永联村，贵州省塘约村，陕西省袁家村，西藏自治区卡如乡等国内许多地区均已经出现跨村联营联建的典型经验。由此，农业现代化、农村工业化与农村城镇化将有机融合，并最终完成农村社会结构转型。

突破之三：集体产权制度改革由"切蛋糕"（理顺产权关系）的所有制改革进入"做大蛋糕"（增强集体经济实力）的法人治理结构改革阶段。实质是完成集体经济进入市场的最后一步。2015年以来，针对集体经济登陆新三板受阻问题，北京市农经办牵头启动东升镇博展股份社（东升科技园）法人治理结构改革试点。目前，以大兴区为代表的联营公司随着集体土地直接入市，集体资产快速增加，法人治理结构建设亟待加快。

二、集体经济发展面临突出难题："两缺一分化"

近年来，中央关于集体经济组织的支持政策密集颁布。2015 年 8 月，中共中央办公厅、国务院办公厅颁布了《深化农村改革综合性实施方案》（中办发〔2015〕49 号），提出集体经济是中国特色农业农村现代化的基本制度支撑，与村民自治共同构成了我国农村治理的基本框架。2016 年底，中共中央、国务院颁布《关于稳步推进农村集体产权制度改革的意见》（中发〔2016〕37 号），在土地、金融、财税等方面提出扶持壮大集体经济的总体思路。2017 年初，十二届全国人大五次会议通过的《民法总则》规定：农村集体经济组织依法取得法人资格，属于特别法人。党的十九大进一步提出要实施乡村振兴战略，壮大集体经济，并在 2018 年 1 月颁布的《关于实施乡村振兴战略的意见》中提出要"研究制定农村集体经济组织法"。但是，由于长期历史欠账，集体经济仍面临着市场认可度低、资产经营效益低、地区结构性分化等突出问题。2013 年以来，乡村两级集体经济主营业务收入持续下降。2011 年以来，北京市集体经济资产负债率均在 61% 以上，2017 年达到了 66.4%，远高于全国规模以上工业企业资产负债率（55.5%）和全市企业资产负债率（44.6%）。主要有三方面问题。

（一）集体经济组织缺乏法律地位及相应的配套政策支持

目前，政府职能部门在法规、政策等方面，对集体经济关注支持度仍然不够，政策之间缺乏有效配套，导致集体经济组织市场认可度低。

一是特殊法人地位缺乏实现路径，市场认可度低。现有的股份经济合作社都是由原来的农工商公司转制而来，多数没有进行工商登记，缺乏融资能力，也难以以正常市场主体身份签订合约。二是税收政策不完善。原集体经济组织出于避税考虑，未完成产权制度改革中的资产划转，多数新型集体经济组织存在新股份社股东与股份社资产分离错位，影响合作社的正常经营。集体经济组织分红面临着红利税过高问题。土地补偿款收益面临如何纳税的模糊地带。三是规划国土方面，拆除腾退后的集体建设用地由于缺乏规划支撑，项目难以立项而大量闲置，造成资源浪费。四是金融支持方面，至今没有专门支持集体经济发展的政策性金融机构。五是投资方面，农村巨额土地补偿款不能进入市场，大致以 10% 速度贬值，相当于年年向社会缴纳"通货膨胀税"和"铸币税"。六是经管部门作为集体经济主管部门，职能弱化，队伍老化，经管队伍体系不完善。

（二）集体经济组织治理结构缺乏规范

一是乡村两级集体经济组织分别与镇党委政府、村民委员会之间职责不清晰，易产生"被越位"问题。如，集体资产经营方面看，法人决策权受到多重制约，一些村股份合作社超过 10 万元或 5 000 平方米的投资项目都要报请乡镇党委政府或乡级集体经济组织决策。

二是集体经济组织和企业两种组织形式不分，社与公司性质混淆。在乡村产权制度改革过程中，一些地方简单将社变为公司，导致集体经济组织的治理结构与治理机制设计上出现一定程度的混乱。

三是集体经济组织缺乏有效的激励机制，对职业经理人、专业化管理人员等高端人才要素吸引力不足，工作队伍年龄偏大。村支部书记、村集体经济主要管理人员待遇偏低，缺乏有效的激励手段。

四是监事会作用发挥不充分。需要在加强集体资产外部监管的同时，强化内部监管，为集体经济长远发展保驾护航。

五是从集体建设用地跨村联营方面看，作为联营公司股东的村集体，缺乏在联营公司的民主决策、民主管理、民主监督等项权利体现。

（三）集体经济呈现结构性分化态势

京郊集体经济发展的农村地区内部差距已经基本固化，极化特征突出。

一是集体经济薄弱村数量持续增加。2017 年，北京市资不抵债村集体有 395 个，占村集体总数 10％，较 2016 年增加 9 个；收不抵支村达 1 983 个，占总数 50.3％，较 2016 年增加 117 个。

二是村域经济发展呈现等级固化特征。根据 2006—2014 年北京郊区 40 个村调查发现，村经济总收入为"好""中""差"的跨期序列等级固化特征，已经十分显著。演化概率矩阵显示，"好—好"概率为 0.79、"中—中"概率为 0.62、"差—差"概率为 0.69。表明"村自为战"格局下村庄发展的空间已经十分有限。这对于乡村振兴战略中的美丽乡村建设、农村城镇化以及扶贫工作具有重要的启发意义。

三是地区发展差异突出。从集体净资产分布看，城乡结合部占全市比重为 59.1％，平原地区为 31.3％，山区为 9.5％，地区间集体净资产总量差距进一步拉大。

三、以乡村两级集体经济为基础，实施特大城市郊区乡村振兴战略

探索首都特点的特大城市郊区条件下的乡村振兴之路，需要立足北京郊区集体经济实力较强、发展潜力巨大、乡村两级组织体制较完整的优势特征，顶层设计京郊集体经济发展战略思路，充分发挥集体经济组织凝聚群众"一把米"的重要作用，打造京郊乡村振兴"发动机"。

（一）加强党对集体经济的坚强领导

要增强各级党委对发展集体经济重要性的认识。以集体土地所有制为基础的乡村两级集体经济组织具有社区性、综合性、稳定性，是一类特殊法人，是农村地区组织化程度最高的经济组织，是带领农民实现共同富裕和福利最大化的组织载体和龙头，是任何其他经济组织所不能取代的。要坚定和弘扬"农为党本""党管农村"的执政理念和优良传统，树立发展壮大集体经济的信心，牢固树立集体经济作为农村基层党组织的凝聚力和战斗力的物质基础的坚定信念。进而，在规划、国土、投融资、财政、税收等完善政策体系和政

策机制方面，全方位支持壮大集体经济实力。

出台《北京市农村集体经济组织条例》。在全国立法尚未完成情况下，北京市人大应借鉴广东省、浙江省经验，研究先行颁布地方性法规条例，对农村集体经济的性质、组织原则、经营体制、产权制度、治理结构、利益分配等重大原则问题进行法律规范，提升经管部门登记的法律效力和权威性，落实集体经济组织法人主体地位，让集体经济在税收优惠、融资等领域享有和其他所有制经济同等的法制保护。进而破解股权管理、股东与资产的对应性、房产证颁发等一系列问题。

出台《转化集体经济薄弱村的意见》。重点在集体产业立项、规划手续、税收征缴、房产登记、消防审查等领域明确支持集体经济发展的相关政策。借鉴浙江省经验，按照村集体经济年收入30万元或50万元标准，转化集体经济薄弱村。通过壮大集体经济，解决低收入户稳定增收问题。

（二）完善市、区、镇三级政府统筹体制

市级统筹。核心是加强宏观规划指导和引导，为集体经济预留发展空间。一是明确全市总体规划与功能分区定位，制定相应的差异化考核机制；二是优化产业和重大项目布局，促进集体产业转型升级；三是加大土地流转、规划指标、金融信贷等重大改革政策制定与指导力度，提纲挈领，推进改革；四是财政转移支付向集体经济倾斜，以集体经济为杠杆转化低收入户、低收入村；五是加快城乡社会保障一体化，分批次推进整建制转居，提升农民社保水平；六是加快城乡基本公共服务职能向郊区延伸。鼓励集体经济组织承担绿化、基础设施与公共设施维护项目。

区级统筹。核心是要扩大区级权责，形成区级主导的乡村振兴工作机制。一是统筹全区范围内的城镇体系和产业布局，明确重点镇、一般镇和主导产业。在平谷、怀柔、密云等远郊山区，多数未经历充分工业化，村庄"宜稳不宜并"，更多布局新农村社区；在大兴、通州、顺义等二道绿隔和远郊平原地区，要鼓励农民集中上楼，积极探索城镇社区发展。二是推广海淀区农资委、朝阳区集体产业专项基金、大兴区区级统筹过程中所形成的成熟经验做法，发挥集体经济的组织和监管职能。在条件成熟地区试点成立区农委、区经管为主要构成的区级农资委，健全区级乡村振兴工作机制，全面提升集体资产经营水平。在规划用地指标等方面与相关部门协同推进发展权益的区级平衡；专项基金负责农村改造发展项目资金融资抵押等事项；农村产权交易服务平台主要负责集体土地股权交易、集体土地流转、指标置换等。

乡镇统筹。就政府层面而言，乡镇统筹主要是指乡镇党委重大决策和乡镇政府的专业化管理。乡党委主要负责重大事项的决策与协调，如大额资金投资、重要人事任免等。乡镇政府负责具体行政管理工作，为乡联社或联营公司提供工作计划统筹、政策资源集成、规划布局调整、相关标准设定、基础设施投资和专业化服务等方面支撑。有条件的乡镇也可以通过组建镇农资委，将决策和管理两项职能合二为一。具体任务主要有镇域集体产业布局、农村集体建设用地和农民宅基地的整理置换、农用地的流转、现代农业的产业规划和合作经济组织建设、各项支农惠农政策的集成、人口向城镇的集中、社会资本的引入、

基础设施和公共设施建设和运行、村庄的整治与迁并等事业的发展、农村社会治理等方面。试点探索"村地乡管区统筹"的体制机制，实现土地利用的集中管控。

（三）加快集体产业结构升级

做好对集体经济产业升级的指导服务。要从宏观产业布局和不同区位功能高度，指导集体经济做好产业发展规划，加快低端产业退出后的集体产业结构调整升级，避免低水平重复建设。

按照"两类园区"思路，优化空间与产业布局。核心要明确镇村两级集体经济组织的分工协作。一是在镇一级发展软件、通信、设计等高科技类、金融或高端制造类产业园区，生成具备产业与功能集聚能力的小城镇内核；二是在村一级发展生产、生活、生态多功能的现代农业产业园区。打好国家现代农业示范区、国家农业可持续发展试验示范区、农产品质量安全示范区和国家现代种业自主创新试验示范区四张牌。重点在镇域范围内探索农用地的跨村统筹利用，打造农业全产业链。

培育集体经济新的增长点。一是以乡村集体经济为核心培育新型农业产业组织体系，落实乡村集体经济组织的土地占有和规划权、土地发包和调整权、收益权和处置权。二是修改完善《北京市征地补偿费征缴监督管理暂行规定》，通过信托、理财等多种方式，探索土地征占补偿金资本化经营新路径，建立健全与市场风险相应的容错机制，培育和保护企业家精神。三是围绕产业园区、重点产业功能区配建集体租赁住房。鼓励联村联营建设租赁房，统筹好农民上楼、市民需求、城乡生态环境等多因素。四是养老、卫生、环保、绿化等竞争性较弱的社区公益性事业主要交由村集体经济组织承揽。

（四）加快新形势下集体经济经营体制结构升级

通过村集体联营联建形成乡级产权主体，打造乡镇统筹核心。集体积累实力强的乡镇侧重在资产型统筹，推进资金资产联合经营，但大多数农村地区重点是进行资源型统筹，如工业大院整治需要跨村集中配置集约利用后的建设用地指标、山区地区重点要探索闲置农宅的资源整合开发等。关键是通过搭建乡镇统筹的产权主体，增强联合发展、统筹推进的力度，打破"户自为战、村自为战"发展格局，优化集体资产结构。从区镇层面着眼，鼓励强弱联建，统筹发展，提升集体资产存量配置效率，整合资金资产资源要素。主要涉及三方面：一是实施空间统筹经营管理，明确统筹片区，集中优化配置集体土地资源。二是组建乡镇土地资源联社或联营公司。各村以集体土地入股设立乡镇土地资源联社或联营公司，作为乡镇统筹工作实施平台。三是确定各村股权比例。按照各村人口、各地块所处区位、面积等要素，确定各村股权比例，并作为收益分配主要依据。

推进乡村两级集体经济组织的法人治理结构规范化建设。一是进一步理顺股东与资产之间的产权对应关系，实现资产"归位"，最终解决所有者缺位问题。原则上董事长由社区集体经济组织成员担任，经理人由董事会通过市场聘任方式确定。同时，制定股权管理意见、股权流转实施细则等专项政策。二是落实和规范"社"一级的特殊法人地位及其法人治理结构。经济合作社（股份经济合作社）由经管部门直接登记，获得进入市场的基本权利。既享有民事权利的资质，又承担民事责任的能力。同时，确保"社"一级坚持党支部的核心领导作用，并实施民主管理，一人一票。主要以改制后的乡村两级集体经济组织和乡级土地联营公司为重点，从党的领导、经管部门外部监督和内部治理机制建设三个层面，推进集体经济组织法人治理结构。重点是集体资产经营，优化资产结构，加快"资本化管理"。三是明确"社"与公司之间的关系。集体经济组织独资、控股或参股办企业，也可以采取专业合作社形式发展集体经济。四是公司层面法人治理机构。要按照《公司法》要求，推进集体经济组织下属总公司、专业公司和市场化公司等三类公司的法人治理结构建设。重点是融入市场经济，如股权开放式管理、扩大法人决策权、由董事会聘请职业经理人，稳步探索管理人员持股激励机制、监事会体制改革等。

要处理好乡村两级党政社企之间的关系，完善党的基层组织为核心的乡村治理体系。按照责权利匹配原则，协调好镇党委、镇政府与乡级农工商公司或村党支部、村委会和村集体经济组织之间的关系。党组织负总责，是领导主体；集体经济组织抓经济，是产权主体；镇政府是服务与监管主体，村委会重点做好社区服务工作，是服务主体，做到各司其职，有序分工。党支部书记原则兼任集体经济组织主要负责人，核心是乡镇政府或村委会，不能替代乡村两级集体经济组织直接决策。

（五）加强人才队伍体系建设

加强经管队伍和工作体系建设。针对农村经管队伍已经被严重弱化，人员缺编制，职能不明确等诸多问题，急需充实队伍，明确职责，纳入公务员管理，使之能够发挥对集体经济履行行政管理和指导服务的职能。经管部门应积极支持农村集体经济发展，认真研究集体经济发展中的各类问题，从政策、法规、财务、管理、金融、信息等方面为集体经济提供服务。健全经管队伍和工作体系，切实加强镇村集体资产的监督管理。

制定集体经济带头人培训规划。立足北京市乡村振兴实施总体规划，制定集体经济人才培养专项规划。通过统一组织授课、实地参观考察、专题解剖研讨、选好培训对象、鼓励老典型传帮带、从机关选派"第一书记"等方式，大规模培训集体经济经营管理干部，既要大公无私，又要有经营头脑，作为推进乡村振兴战略的骨干力量。

创新乡村集体经济组织人事管理规程。改革传统的村干部工资津贴的发放标准与方式，比照公务员体制，更改为等级支付体制。根据村集体经济经营效益和规模，划分为若干等级和级次，对照执行不同的工资津贴标准。鼓励镇级干部优先由村级提拔产生。

（六）弘扬集体主义价值观，培育集体主义文化场

加大集体主义价值观宣传。发挥中华民族优秀传统文化影响力，弘扬集体经济互助合作的文化精神，对农民形成强有力的舆论引导。

对村民形成集体经济文化场的约束机制。通过村规民约形式，让以集体主义为特征的优秀思想文化占领农村阵地，在农村内部形成大公无私的文化氛围和主流思想意识，用好乡风聚人聚心聚气。

夯实乡镇统筹、抱团发展的文化基础。通过集体主义观念的教育和影响，让农民抛弃

"小富即安""一亩三分地"思维方式，顺应社会化大生产背景下产权社会化的客观趋势要求，推进跨村联营、均衡发展。

（七）依托集体经济组织完成城镇化社区和新农村社区改造，彻底完成农村社会结构转型

城镇化社区改造。在镇中心规划区内的村庄，进行城镇化改造，建设农民保障房，推进农民集中上楼。发展城镇基础设施及公共服务设施建设，提高中心区城镇化建设水平。打造绿色智慧、宜居宜业的特色小城镇。

新农村社区改造。按照彻底重建、保留改造和环境整治三种类型打造美丽宜居乡村，尽量维持"一户一宅"庭院式格局，保留传统农耕文化历史文脉，同时完成公共基础设施和服务设施配套，使农民住宅由一般的居住功能扩展至乡村旅社的经营服务功能。

村集体作为集体土地所有者，利用村民自治机制降低土地整理成本，进而作为集体土地的产权主体与社会资本合作，有效整合资源要素，完成两类社区改造。从而，跨越农村社会结构的转型期，实现农业农村现代化的宏伟目标。

（供稿：北京市农村经济研究中心集体经济体制改革40年研究课题组
课题组组长：吴宝新
副组长：熊文武
成员：陈雪原、李理、郜蕙、李尧、孙梦洁、王洪雨、虞贞桢、尤颖洁、
阎建莘、刘鑫、孙琳临、张宇、王伟男、韩莹、李德先
执笔人：陈雪原、王洪雨）

推动乡村振兴战略必须乡镇统筹

——以北京郊区3 885个村庄为例

党的十九大提出乡村振兴战略，是一种基于一个个村庄联结起来的乡村地区发展战略，以从根本上化解长期以来我国城乡与区域发展不均衡难题。受多种因素影响，村庄发展路径势必具有鲜明的多样化特征，进而形成村庄之间的分化趋势，导致资源分配和利益结构失衡。村集体经济分化是村庄分化的基本表现形式。为此，本文以北京郊区为例，立足壮大集体经济，对村庄分化现状进行系统性科学分析和判断，为全国其他地区分类实施乡村振兴战略提供借鉴。

一、村庄间分化不断加剧，出现"低水平均衡陷阱"

以北京市郊区全部村庄2007年、2012年和2017年三个年度构成的约12 000个大样

本数据为基础，利用数理统计和因子分析方法，对京郊村庄间单维度指标差异、村庄间综合发展实力差异和村庄组间差异等不同角度进行了实证分析。在剔除空缺值、异常值以及消亡村庄后，共保留了 3 885 个村庄样本，可以满足对郊区村庄全景式扫描的基本要求。研究发现：

首先，村集体净资产与人均所得的绝对差距未能缩小且有所扩大，就业数量高值村庄出现就业量快速萎缩。2007 年北京市村集体净资产极差（最大值村与最小值村之间的绝对差值）为 25.54 亿元，而 2017 年为 40.58 亿元，极差扩大 1.59 倍；2007 年北京市村庄人均所得极差为 4.35 万元，而 2017 年为 11.74 万元，极差扩大 2.70 倍。此外，村分配人口（村集体经济组织成员数）数极差在 2007 年、2012 年、2017 年分别为 6 308 人、5 771 人、5 800 人，虽差距较大但较稳定。但是，村就业人数极差分别为 4 494 人、4 500 人、3 024 人，2017 年相比 2012 年快速下滑 33.8%，且主要是由于 2017 年就业人数高值村数值大幅度缩减造成，这可能与村庄人口加快老龄化、农村闲人现象增多，以及拆除腾退各类农村集体产业性质的工业大院、商贸物业等因素有关。

其次，村庄间景气指数的绝对差距显著，相对差异不断扩大，并已呈现出两极分化态势。采用经济状况（"财气"：村集体主营业务收入、村集体资产规模、人均所得）和人口规模（"人气"：村分配人口数和村劳动力人数）两方面指标测算村庄综合发展水平得分，构建"村庄景气指数"，分 2007、2012、2017 三个年度，对 3 885 个村庄景气指数进行大排队，并进行位次变动比较。发现：景气指数最高值与最低值得分差异极大，如 2007 年，石景山区金宝山投资管理公司得到最高分 0.537 6 分，而房山区蒲洼乡富合村最低分仅为 0.000 7 分，相差 768 倍；前 20 名村庄之间景气指数相对差距较大，倒数 20 名村庄之间相对差距较小。说明为数较少的强村各有各的"高招"，而数量众多的弱村情况却大致类似；景气指数得分较高的村庄，类似"独角兽"，提升速度远快于景气指数较低的村庄。从空间类型上观察，近郊村庄平均得分最高，与平原与山区差距快速拉开，平原村庄总体高于山区，但差距相对较小；三年间村庄排名名次浮动不大，大多数村庄名次上升和下降幅度不会超出 50 名，村庄两极分化趋于固化；村庄间景气指数相对差距仍在扩大。2007 年北京市村庄间景气指数的变异系数（相对差距值）为 2.345 1，2017 年则上升为 2.374 1。

最后，村庄综合发展水平呈"俱乐部收敛"，村庄发展的"低水平均衡陷阱"问题凸显。将 3 885 个村庄按照景气指数得分均分为高、中、低三个阶层，并分析了它们在 2007—2017 年十年间的动态演化。2007 年有 1 290 个高水平村庄，5 年后，有 87.11% 仍为高水平村庄，仅有 1.62% 回落为低水平村庄，10 年后，有 78.45% 仍为高水平村庄，仅有 3.95% 回落为低水平村庄；2007 年有 1 345 个低水平村庄，5 年后，有 83.12% 仍为低水平村庄，仅有 0.67% 发展为高水平村庄，10 年后，有 69.59% 仍为低水平村庄，仅有 3.57% 发展为高水平村庄。这说明如果继续维持"村自为战"的发展体制格局，低水平村庄已经难以单纯依靠自身力量摆脱落后状态而"永久"掉入"低水平均衡陷阱"。

二、村庄分化原因的剖析

第一，带头人与村班子能力水平。"火车跑得快，全靠车头带"。村庄发展好不好，关键看是不是有一个好的带头人和坚强有力的领导班子。根据北京市农研中心2016年村干部问卷调查发现，村支书能否连任与村集体经济发展具有显著的正向关系。窦店村从老书记仉振亮到新书记仉锁忠，数十年如一日，夙夜为公，不断实现集体产业结构升级。平谷区挂甲峪村老书记张朝起，30年如一日，带领村干部发扬不怕苦、不怕累的革命精神，修出了48公里的环山路，绿水青山变成金山银山。大兴区狼垡二村从老书记杨启功到现任书记刘秀泉，从土地股份合作到社区股份合作，再到现在的组建跨村联营公司，以改革促发展，集体产业空间不断拓展。由此，体现了村支书的社区企业家精神。

第二，村庄所在区位特点。作为特大城市的郊区，有城市功能拓展区、城市发展新区和生态功能涵养区，功能定位不同，产业业态不同，发展水平和趋向自然会有明显差异。主要有以下类型村庄：城市化类型，包括中心城、新城或外围组团周边进入城市规划建设范围区的村庄；城镇化类型，包括重点镇或一般镇中心区进入镇区规划建设范围内的村庄以及不在镇中心区独立完成城镇化的村庄；新村化类型，包括就地改造型村庄或具有自然生态或历史人文资源保护价值等特殊功能型村庄；空心化类型，多位于生态涵养区，向专业农场或护林点转化或经过村庄整治而消失。

第三，集体产业业态选择，即"无工不富"。能否从以粮为纲的农业经济阶段顺次跨入乡镇企业为主的农村工业化阶段和地产经济为主的城镇化阶段，进而向高端服务业转型，是村庄发展分异的若干关键点。根据郊区40个村庄专题调查，大兴区西黄垡村在1978年和1988年人均净资产均高于靠近平谷区政府所在地的和平街村，但是村内主要产业一直停留在农业领域，1998年之后被发展房地产开发和物业管理的和平街村远远超过。据2016年北京市农研中心问卷调查，"土地租赁"是集体主要收入来源之一的样本村占62.4%，其他分别为政府转移性收入（59.8%）、征占地补偿款（57.7%）、集体企业（29.6%）、乡村旅游（20.1%）等。

第四，土地资源利用效率。"户户点火、村村冒烟"发展体制条件下，土地产权碎片化，利用效率低，而负外部性较强，与首都功能不符合，越来越难以获得规划建设用地指标。特别是在一些绿隔地区，是否有规划建设用地指标直接形成了村与村之间发展动力的强烈反差。大兴区旧宫镇横跨一绿和二绿地区，通过镇级统筹，将19个行政村划分为4个片区，分别规划一个高端化的集体产业项目，集中开发，以点带面，既缓解了人口资源环境矛盾的"大城市病"，又促进了农民增收，人均分红水平由过去的6 500元提高到14 000元。就山区而言，历史欠账最多，建设强度最低，发展水平最落后，在规划建设用地指标限制则更为突出。

第五，集体经济体制差异。农村改革以来，家庭承包经营为基础的双层经营体制向着不同方向演变，主要形成家庭经营、社会资本经营和集体经济组织经营三种基本体制类型，对非集中城镇化地区影响明显。据北京市农研中心2014年全市农村集体土地资源清查，三种类型占经营农地比例分别为59.7%、19.2%和13.7%，平均经营规模分别为6.2亩、67.8亩和152.7亩。平谷区西营村通过整合农户土地资源，更新换代了果树品类品种，提高了土地流转价格，快速促进了农民增收。茅山后村通过土地交换整合，实现了"一户一田"，更是提出了2020年户均20万元的增收目标。

三、分类实施乡村振兴战略

（一）系统加强村干部队伍建设

立足北京市实施乡村振兴规划的总体部署，制定村干部队伍培养专项规划。通过统一组织授课、实地参观考察、专题解剖研讨、选好培训对象、鼓励老典型传帮带、从机关选派"第一书记"等方式，集约资源，培训乡村干部中的关键少数，既大公无私，又有经营头脑，作为推进乡村振兴战略的骨干力量。

创新乡村集体经济组织人事管理规程。改革传统的村干部工资津贴的发放标准与方式，比照公务员体制，更改为等级支付体制。根据村集体经济经营效益和规模，划分为若干等级和级次，对照执行不同的工资津贴标准。鼓励镇级干部优先由村级提拔产生。

鼓励村支部书记兼任村主任、合作社社长的同时，要鼓励连任，以保障发展项目和具体工作的持续性和连续性，并在社会保障、个人荣誉、政治地位、退休年限等方面制定差异化的配套支持鼓励政策。

（二）分区域类型推进集体土地制度改革，按照社会转型趋势配置土地资源

农用地方面。重点发展农业科技园区、休闲观光园区以及精品农业园区，并按照"三权分置"与"点状供地"政策，在土地规模化流转的同时，解决一二三产业融合中的配套设施建设。主要有两种土地流转形式：一种类似平谷区茅山后村，在农户之间进行交换整合，培育家庭农场；另一种类似平谷区挂甲峪、西营村，村集体经济组织完成土地流转集中后直接作为经营主体，或作为产权主体，与农民专业合作社、农业企业进行经营层面合作。

集体经营性建设用地方面。重点在二道绿隔地区，发展科技、金融、高端制造等二三产业园区。扩大乡镇统筹利用集体建设用地试点，完善制度政策体系。主要涉及主体组建、规划调整、确权颁证与抵押融资等。重点在规划指标核算、市场主体引入与土地增值收益分配方面进行探索创新。实施路径有集租房、"腾笼换鸟""零地技改"、异地购置物业等。

宅基地方面。主要发展养老、民俗、休闲、会议等。2017年发生的西红门镇新建三村火灾令人警醒，表明宅地改革不应滞后于非宅改革，要顶层设计，不分先后。主要是两个路径：一是在城市规划范围内的村庄，实施棚改或一级开发，如大兴区西红门镇新建一二三四村；二是在城市规划范围外的村庄，鼓励集体经济组织主导的自主改造，类似西红门镇的大生庄村。还有一些民俗旅游专业村，可以只进行配套改造提升，如怀柔区官地村。一些险村搬迁村，可以联合附近村的闲置农宅利用，抱团取暖解决规划指标问题，避免"两处占地"，如门头沟区西王平村、房山区黄山店村等。

征地。主要适合城市化地区。一绿地区鼓励农民以村集体单独或成立联合体，作为立项单位自征自用，如海淀区东升科技园二期建设；新功能区，如类似大兴机场

这样的国家重大项目地区，直接依照国家征地模式推进，同步解决核心区农民市民化问题。

（三）立足一二三产业融合，培育高端服务业

就北京市等特大城市郊区而言，产业结构表现在数量上的剧烈变动已经基本结束，产业发展的质量提升是当前的主要问题。总方向是要立足与城市服务功能的融合，从一般竞争性产业向以高端服务业为主的现代服务业转变，因地制宜发展文化创意服务、会议会展服务、医疗保健养老服务、生态涵养服务、都市服务型农业及竞争性较弱的基础设施维护和公共服务业。

做好对集体经济产业升级的指导服务。要从宏观产业布局和不同区位功能高度，指导不同类型地区的集体经济做好产业发展规划，加快低端产业退出后的集体产业结构调整升级，避免低水平重复建设。

按照"两类园区"思路，优化空间与产业布局。在镇一级发展软件、通信、设计等高科技类、金融或高端制造类产业园区，生成具备产业与功能集聚能力的小城镇内核；在村一级发展生产、生活、生态多功能的现代农业产业园区。

（四）完善乡村两级集体经济组织的经营管理职能

推进由"户自为战"的家庭承包经营体制向"村社一体，产权清晰"的新型集体经济体制转变。村集体经济组织为母体，深化产业分工，组建农业、物业、投资等专业公司作为经营主体，形成"社＋公司"组织架构。

由"村自为战"的集体经济体制向乡镇统筹体制转型。破解土地产权碎片化下社会化大生产与村级核算体制之间的矛盾。浙江省花园村，山东省南山村，江苏省华西村、永联村，贵州省塘约村，陕西省袁家村，西藏自治区卡如乡等国内许多地区，越来越多地出现了跨村联营联建的典型经验。中共中央、国务院印发的《乡村振兴战略规划（2018—2022年)》明确要鼓励经济实力强的村辐射带动周边村发展。当前，要着力加大联营公司（或联社）的法人治理结构建设力度，界定乡村两级治理边界。乡镇联营公司一般注册为有限责任公司，每村1名团体股东代表，并享有相应知情权和决策权。

乡村两级集体产权制度改革由"切蛋糕"的所有制改革向"做大蛋糕"的法人治理结构改革新阶段推进。社一级的特殊法人治理结构，具有封闭性特征，包括党的领导、内部民主治理与外部政府监管三个方面。公司一级的治理结构，具有开放性特征，主要按照《公司法》要求，与市场经济接轨。乡级集体经济组织要解决好镇政府、社（或乡镇农工商总公司）与下属公司之间，即行政主体、产权主体与经营主体的关系，实现"行政权、所有权与经营权"三权分置。

（作者：陈雪原，单位：北京市农村经济研究中心；
周雨晴，单位：中国农业大学经济管理学院）

北京农宅利用管理实践研究

近年来，以民宿产业的蓬勃发展带动农民收入提升为契机，农宅利用相关问题越来越热。特别是党的十九大提出乡村振兴战略以来，农村闲置宅基地和闲置农房的盘活利用得到各级政府的高度重视。当前，京郊利用农宅开展乡村旅游的市场需求大，农村居民利用农宅创收的积极性较高，如何在减量发展前提下，规范、合理利用农宅激活农民房屋财产权、增加农民财产收入成为各级政府急需考虑的问题。同时，京郊当前已经开展的农宅利用实践中，由于缺乏政策、制度支持、规范和管理，也出现一些利益不平衡、可持续动力不强等现象。

城乡发展处课题组自 2014 年开始关注农宅利用以来，一直对此问题进行跟踪研究，我们从最初的案例解剖，梳理总结出北京农宅利用模式，从引导区县出台相关政策到具体试点，走的是从实践到理论的总结再回头指导实践的过程。2019 年，课题组选取的主题是如何对农宅利用兴起的新业态进行规范化管理。

本课题梳理了京郊各区的农宅利用管理经验，旨在通过对京郊农宅利用管理实践中的经验、问题进行案例分析和总结，为北京市出台农宅利用、管理等相关规范性政策文件做支撑，并探索形成科学的农宅利用管理制度体系，助推全面深化农村改革。

一、探索形成科学农宅利用管理体系的现实意义

（一）农宅利用管理是城乡科学管理体系的重要组成部分

1. 农宅利用管理在城乡管理体系中愈发重要

当前，我国城镇化已经进入减速提效的转型发展阶段。农村宅基地的有效合理利用，实现宅基地与国有建设用地同等入市、同权同价，构建城乡统一的土地要素市场，可有效增加农民的财产性收入，对于提高农地资源的配置效率，保障农村集体权益和农民个人权益，破除城乡二元结构、促进城乡经济社会进一步融合发展，具有重要的现实意义。

2. 农宅利用管理为城乡融合创造空间和条件

加强农村宅基地利用管理，规范村庄建设，服务乡村振兴战略，加快城乡融合发展，有利于为农业农村现代化建设提供空间，合理安排布局新农村现代化的物质生活、精神生活、社会生活所需要的公共设施、公共空间，才能形成长期稳定的乡村振兴基地，促进城乡要素顺利流通。

（二）农宅利用管理体系形成是合理有序激活乡村闲置资源的重要保障

1. 实现土地的合理利用

将闲置的农村宅基地进行复垦，做到建设用地与耕地之间的增减挂钩，达到建设用地

与耕地保护的平衡，对于土地利用有极其重要的作用。宅基地入市的有条件松绑，不仅将缓解宅基地闲置现象，盘活农村存量土地资源，还会进一步放大宅基地价值，调动村集体经济组织的积极性，增加农民财产性收入。

2. 实现闲置资源有效整合开发

加强农村宅基地利用管理对于激活农村土地要素、盘活农民"沉睡"土地资产、保障乡村振兴用地需求意义重大。由于当前农村集体经营性建设用地供应不足，农村宅基地大量闲置或低效使用，乡村振兴与建设用地紧缺的矛盾突出。一大部分农村宅基地处于闲置状态，加强农宅利用管理，大量闲置的宅基地流转出来进行有效利用，形成集中连片的产业用地，实现闲置资源有效整合开发，将为村集体招商引资和产业落地提供重要支撑和保障。

（三）农宅利用管理体系是实现乡村振兴举措落地的主要抓手

1. 推动乡村规划有序落地

长期以来，我国村镇管理体系不够全面，在农村内部缺少详细建设规划，乡村整体布局和建设具有分散性和随意性。农村宅基地的整体布局非常分散，公共服务体系建设难度进一步增大，不利于农村基础设施的大力兴建，不能有效改善农村脏乱差的现象，农民生活水平的提升受到一定限制，农民生活质量的提升也受到一定限制。此外，农村宅基地的整体布局非常分散，粗放型的发展模式与社会主义新农村建设的实际需求不符合。所以，闲置农村宅基地不利于农村经济的持续发展，给农民生活福利也带来一系列负效应，这就要求进行科学的村庄规划，需要通过农村宅基地利用的有效管理循序渐进地改善现状，为农村生产生活提供便利条件。

2. 推动乡村产业高效发展

加强农村宅基地的利用管理，通过推动农村土地向大户、合作经济组织和龙头企业流转集中，实行规模化生产、产业化经营；通过集约高效利用好农村集体建设用地，探索农村集体建设用地整体流转。如，打造综合性乡村旅游项目，利用集体土地建设租赁住房，发展共享农庄，大力发展乡村民宿，探索建设新型农村社区、现代农业示范园、现代农业产业园区等领域，为城市资本下乡开辟道路，也为文旅产业土地利用提供新空间，从而推动乡村产业的高效发展。

3. 推动人居环境持续提升

过去，由于宅基地是村集体成员免费申请获得，缺乏统一规划和有效监管，导致宅基地布局混乱无序，公共基础设施难以覆盖，而宅基地上的农房参差不齐，杂乱无章，不少还存在私搭乱建和破坏生态环境的情形。通过加强农村闲置宅基地的有效利用管理，科学制定村庄、村镇规划，依照规划科学实施村庄迁并工作，合理利用存量和增量宅基地，科学管理宅基地，合理配置公共基础设施，优化居住环境，有效提升农民的居住品质和生活质量。

二、农宅利用管理研究的理论基础

（一）课题研究的概念界定

农村宅基地。关于农村宅基地的界定，目前有多种说法，最主流的观点认为农村宅基地就是针对农民这个特定的群体，在农村集体土地上建造用于农民家庭自住的房屋。这些观点大致包含了三方面的含义：一是体现了我国的土地制度，即宅基地所有权归集体所有。二是体现了农民的私权，即宅基地上的建筑物归个人所有。三是体现在农民享有使用权上。有人认为，农村宅基地不仅仅指居住的房屋，还应包括与农民生产生活相关的一系列生产用地及附属建筑物。然而在《中华人民共和国国家标准土地基本术语》中对农村宅基地进行如下描述："符合相关法律及审批要求，由农村集体经济组织出面，用于组织成员建设住宅及其附属物的，且不受到时间限制的集体土地建设用地的使用权"。多数人认同这一观点，本课题所指农村宅基地概念，就是用于满足集体经济组织内各成员需要，用来分配的集体土地，目的是实现成员内部家庭副业和生活需要的住宅用地和附属用地。

农村宅基地使用权。我国特有的一项独立的用益物权，是农村居民在依法取得的集体经济组织所有的宅基地上建造房屋及其附属设施，并对宅基地进行占有、使用和有限制处分的权利。它具有严格的身份性、无偿使用性、永久使用性、从属性及范围的严格限制性等特点。其取得方式有原始取得与继受取得，消灭形式有绝对消灭与相对消灭。农村宅基地使用权人享有权利并负担义务。

农宅利用。农户除自家居住外，通过出租或利用农宅开展各类经营活动获得收益的一种现象。

（二）农宅利用管理的法律政策基础

宅基地制度是我国土地制度的一项独特制度安排，既是农民住房保障制度的基础，也是农民集体成员权利的体现。1997年《中共中央国务院关于进一步加强土地管理切实保护耕地的通知》指出，实行占用耕地与开发、复垦挂钩的政策，农村居民的住宅建设要符合村镇建设规划；农村居民每户只能"一户一宅"且不超过限定标准，多出的宅基地依法收归集体所有。2004年《国务院关于深化改革严格土地管理的决定》指出，禁止地方政府擅自通过"村改居"等方式将农民集体所有土地转为国有土地；禁止农村集体经济组织非法出让、出租集体土地用于非农业建设；改革和完善宅基地审批制度，加强农村宅基地管理，禁止城镇居民在农村购置宅基地。同年，国土资源部印发《关于加强农村宅基地管理的意见》，要求严格实施规划、从严控制村镇建设用地规模，坚决贯彻"一户一宅"法律规定，加强农村宅基地的变更登记工作，依法、及时调处宅基地权属争议。同时，各地要因地制宜地组织开展"空心村"和闲置宅基地、空置住宅、"一户多宅"的调查清理工作。2013年11月党的十八届三中全会标志着我国进入全面深化改革新阶段，《中共中央关于全面深化改革若干重大问题的决定》明确要求保障农户宅基地用益物权，改革完善农村宅基地制度，有条件地推进农民住房财产权抵押、担保、转让，完善城乡建设用地增减挂钩试点。这一顶层设计为进一步解放和发展农村生产力、解放和增强农村活力，坚决破除宅基地制度创新方面的体制机制弊端提供了新的动力基础。2018年中央1号文件提出"探索宅基地所有权、资格权、使用权'三权分置'，保障宅基地农户资格权和农民房屋财产权，适度放活宅基地和农民房屋使用权"，为深化农村宅基地改革指明了方向，将事关农村宅基地"三权分置"改革推到了贯彻新发展理念、建设现代化经济体系的最前沿。

近年来，国家出台了相关政策带动农宅利用发展，建立农宅利用管理规范。如，2016年12月，国务院办公厅在印发的《关于完善支持政策促进农民持续增收的若干意见》中明确提出"鼓励农村集体经济组织与工商资本合作，整合集体土地等资源性资产和闲置农宅等，发展民宿经济等新型商业模式"。2017年中央1号文件强调总结农村宅基地制度改革试点经验，开始放活对空闲农房及宅基地管制，以提高宅基地利用效率，增加农民财产性收入。2017年底，党的十九大后首次召开的中央全面深化改革领导小组会议审议通过了《关于拓展农村宅基地制度改革试点的请示》，拓展了宅基地制度改革试点范围，延长了试点期限，并划出改革"红线"，即不得以买卖宅基地为出发点，不得以退出宅基地使用权作为农民进城落户的条件。2018年中央1号文件强调，扎实推进房地一体的农村集体建设用地和宅基地使用权确权登记颁证。完善农民闲置宅基地和闲置农房政策，探索宅基地所有权、资格权、使用权"三权分置"，落实宅基地集体所有权，保障宅基地农户资格权和农民房屋财产权，适度放活宅基地和农民房屋使用权。同时，文件再次强调了宅基地制度改革的底线，即不得违规违法买卖宅基地，严格实行土地用途管制，严格禁止下乡利用农村宅基地建设别墅大院和私人会馆。2019年9月，中央农村工作领导小组办公室、农业农村部印发《关于进一步加强农村宅基地管理的通知》，在切实履行部门职责、依法落实基层政府属地责任、严格落实"一户一宅"规定、鼓励节约集约利用宅基地、鼓励盘活利用闲置宅基地和闲置住宅、依法保护农民合法权益、做好宅基地基础工作等七方面提出了具体要求。

由此可见，国家层面已经创造了相应的政策环境，鼓励农宅开发利用，促进农民增加财产性收入，同时，逐步出台农宅利用管理制度，强化乡村规划和宅基地利用管理工作。

（三）国内外关于农宅利用管理的研究成果

1. 国外研究现状

我国实行土地公有制，土地所有权分为两种形式，一种是国家所有，另一种是农民集体所有。在国外，大多数发达国家或地区实行土地私有制，同时存在很大部分的共有土地。相比较之下，中国的农村宅基地性质是农村集体所有制，特殊的用地类型导致了国内外研究有很大差异，研究方向也不同。虽然不能直接借鉴国外研究成果，但对于我国的研究具有较大参考价值。国外的类似研究工作大多集中在农村居民点的用地问题研究，研究的主要方向是耕地资源保护和自然资源保护，用地规划管控和提升土地利用效率同农村居民点增长的关系。

国外专家分析认为，印度实行土地私有制，但为保障粮食安全，防止土地过分集中，印度严格土地流转和转变土地利用方式。而波兰由于下放了土地立法权，减弱了土地私人控制，农业生产也出现下降，随之导致农村居民点用地大量增加（Wasilewski A.，K. Krukowski，2004）。国外专家学者还对农村居民点增长对生态环境的影响做了大量研究。在美国和加拿大，由于人口增加和住宅需求大量增加，土地价值水涨船高，农用地被大量开发成建设用地，用于建设住房，极大地破坏了当地生态环境，不利于当地经济的可持续发展（Jerry Johnson，2001）。新德里因移民数量的增加，城市容纳能力有限迫使他们不得不在城市周边，用低廉价格在农业区附近购买住房，或者自己占用农用地修建房屋，新德里的农用地数量锐减（Volker Kreibich，2000）。在日本，虽然农地资源极其稀缺，但在现代化进程中，他们合理利用土地，有效使用耕地，农地得到了很好保护。

2. 国内研究现状

我国关于农村宅基地的研究重点是宅基地土地利用、宅基地利用管理及制度建设等方面，随着《中华人民共和国土地管理法》颁布实施，有更多学者开始研究宅基地使用权制度，研究主要有几大方面：

（1）有学者认为必须明确农村宅基地产权主体，建立农村宅基地使用权市场，部分学者认为有必要推行宅基地有偿使用，开放宅基地自由流转。

（2）为解决宅基地利用存在集约化程度高、闲置浪费等问题，学者们从法律法规、宅基地制度、宅基地管理、宅基地流转等方面展开调查研究，并提出解决问题的对策。

（3）关于农村宅基地政策和制度方面的研究，多数研究侧重于宅基地制度应考虑到政策的适用性。我国现行土地政策与农村的实际情况存在背离现象，因此，土地制度改革应当贯彻村级组织决定、县级审核、省市规划、加强监督原则。

（4）关于农村宅基地流转问题的研究，主要集中在是否采取有偿使用。农村宅基地无偿性使农民没有用地成本，进而尽可能多占土地，从而造成土地资源浪费。

（5）农村宅基地整理、置换、复垦方面的研究。制定相关法律法规、编制合理的整理复垦规划、拓展融资渠道，对推进宅基地整理、复垦有积极的促进作用。

总之，国内外关于农村宅基地的研究集中在宅基地使用权制度、法律体系建设等理论层面，针对农村实地调查和研究较少，现实中缺乏因地制宜的管理措施。因此，有必要通过对宅基地利用和管理情况展开调查研究，为高效集约利用土地提供依据。

三、京郊农宅利用管理的主要做法

（一）行政管理底线思维上的鼓励性政策为主

1. 市级出台政策给定底线

近几年，北京市政府相继出台了农宅利用相关的政策法规，以鼓励和支持农村宅基地利用及规范宅基地利用管理。如，2006年为贯彻落实《北京市人民政府办公厅关于明确界定本市国土资源管理行政许可事项政府职责权限的通知》和国土资源部《关于加强农村宅基地管理的意见》，切实加强和规范农村宅基地管理，促进宅基地集约合理利用，北京市国土局发出《关于加强农村宅基地审批管理有关问题的通知》，宅基地审批权上收区（县）国土分局，宅基地审批难度加大。为规范引导盘活利用农民闲置房屋工作，2018年3月，北京市政府印发由市农委等7部门联合制定的《关于规范引导盘活利用农民闲置房屋增加农民财产性收入的指导意见》，从范围确定、经营方式、规范管理、权益保护等方面为农民闲置房屋盘活利用划出"红线"，保障这项工作依法合规、符合实际。

2. 区级多举措鼓励农宅开发利用撬动乡村经济发展

一是出台管理法规，推进监管法制化。2019年8月，门头沟区发布了民宿政策"服务包"，梳理民宿项目申报、房屋流转、财政评审、建筑许可、联合开办等十余项全流程图解，制定合作协议模板，为民宿企业提供简明、清晰、操作性强的工具书。延庆区率先在北京市开展民宿规范化建设，制定并出台了《北京市延庆区精品民宿管理办法》《延庆区精品民宿标准与评定》《延庆区民宿联盟成员管理办法》等文件，有力促进了民宿产业规范有序发展。房山区政府在对全区农村闲置资源进行整体摸查基础上，形成了《房山区闲置农宅信息库》《房山区关于农村闲置农宅合理开发利用指导意见》等文件，为闲置农宅进一步开发利用指明方向和目标。

二是出台奖励政策，给予资金扶持。如，2018年，延庆区率先出台北京市首个民宿产业专项奖励政策，安排财政资金对全区精品民宿规模化建设、带动就业和带动低收入村户增收等三方面进行资金奖励，鼓励和引导社会资本进入延庆发展精品民宿。出台了《北京市延庆区金融支持全域旅游加快发展资金管理办法（试行）》《北京市延庆区关于乡村旅游贷款贴息政策的实施细则（试行）》等文件。怀柔区出台了《怀柔区促进乡村旅游提质升级奖励办法（试行）》，鼓励和扶持民宿旅游发展。该奖励办法规定，经专业设计公司、团队、个人设计，方案经区文化和旅游局认可，通过提质升级达到标准，按照怀柔区《乡村民宿服务质量等级划分与评定》标准，被旅游行业主管部门评定为银宿级或金宿级民宿的经营单位，给予奖励支持。银宿级民宿一次性奖励10万元，金宿级民宿一次性奖励12万元，极大调动了广大经营者的积极性，怀柔区涌现了一批如老木匠、莲石山房、岑舍等特色鲜明、拥有较强市场影响力的民宿品牌。此外，怀柔区与中国邮储银行北京分行、北京银行怀柔支行、北京农商银行怀柔支行签署了支持怀柔区乡村旅游业发展的战略合作协议，为怀柔区符合条件的乡村旅游村及旅游项目提供3年不超过50万元的全额贷款贴息支持，促进精品民宿发展。门头沟区与西城区结对协作，共同设立8亿元乡村振兴绿色产业发展专项资金，通过集成精品民宿发展政策服务包，打好贷款利息补贴、担保补贴等扶持政策"组合拳"，提高招商引资精准性，积极撬动社会资源资本，引入全国、全市优秀民宿企业及银行、担保公司，聚力打造精品民宿。

三是制定规范标准，提升服务质量。如，原怀柔区旅游发展委员会、区旅游行业协会民宿分会联合编制《怀柔区乡村民宿服务质量等级划分与评定标准》。该标准中对经营场地及建筑物的公共空间、客房、厨房及餐厅、配套设施分别针对银宿级和金宿级进行了详细说明，还对安全管理、卫生管理、环境保护、服务管理、运营管理、划分依据等多项内容制定标准。除此之外，标准中详细说明了民宿等级申报、评定委员会成员等内容，细化了金银民宿评审表和评分细则表等，用以规范和评价民宿各经营主体的服务质量。此外，延庆区出台了《北京市延庆区精品民宿标准与评定》，以规范服务标准、提升民宿发展水平。2019年8月7日，怀柔区渤海镇党委、政府发布了《民宿行业自治公约（试行）》，明确了渤海镇民宿经营规模、文化主题、等级评定、卫生标准、安全标准等行业发展规范标准。今后，民宿行业发展样样有对照、可衡量，可以最大限度保证镇域内民宿行业发展的整体品质，规范渤海镇乡村民宿经营行为，提升管理和服务水平。

3. 乡镇引进社会资本助力农宅利用落地生根

在推动农宅利用过程中，各郊区政府作为幕后引导者，手持"杠杆"，撬动社会各方资源有机运转，形成多种模式协同发展，带活整个产业。

第一种模式是政府主导规划，引入社会资本运营。该模式的实施路径是政府主导、农民主体、集体组织、企业融入的"四位一体"整合式发展。该模式的收益情况是集体经济组织可得到租金和运营收益，村民可得到租金、工资、分红和带动收益（农产品销售）等方面的收入。如，房山区提出了"农户＋合作社＋企业"三位一体的经营模式，建立了"农民出房、合作社入股、企业经营、政府管理服务"四位一体的闲置农宅运行机制，形成"政府主导、农民主体、集体组织、企业融入"的一体化整合式闲置农宅盘活利用发展路径。怀柔区田仙峪村现已改造完成3个乡村休闲养老社区，主要是在政府部门牵头下，村集体作为协助组织实施，引入资本和固定资产，由国奥公司负责养老社区的建设和运营。农宅专业合作社、村集体和公司三方按照一定的股权比例成立股份合作社。农民将来的收入主要包括房屋租金和经营收益分红。

第二种模式是集体牵头统一改造，引入企业开展运营。这种模式的实施路径是集体统一回收农宅、农民变股东、社会资本辅助运营的三位一体的共享式发展。该模式的收益情况是集体经济组织可得到租金和运营收益，农民则以股份分红收益为主、工资性收益为辅，农民住宅财产性收益水平较高。如，延庆区旧县镇东龙湾村"左邻右舍"民宿项目，就是在延庆区旅游委和旧县镇政府指导下，成立了北京妫川龙湾旅游专业合作社，依托周边的北京龙湾国际露营公园，打造"左邻右舍"精品民宿。村民将房子交给合作社，签订15年合作协议，装修运营不出一分钱，民宿改造所需费用都由合作社承担。民宿开业后根据入住率所获收益按比例给村民分成，没有闲置房屋的村民也可以来这些民宿工作，解决就业问题。经过两年多发展，民宿陆续推出8个小院，解决了11名村民的就业问题，平均月工资达2 700元，并上"五险"，未来会提供新的就业岗位10余个。而闲置农宅的农户每年可分红2万元左右，以现金入股的农户根据入股金额所占份额实现分红收益，这对于农民来讲是一笔不小的收入。此外，2018年5月，北京城建集团与密云区大城子镇下栅子村签订了"一企一村"结对帮扶协议书，对下栅子村进行产业帮扶和就业帮扶，为下栅子村量身定制帮扶方案，在下栅子村设计、投资、建设了特色民宿"大城小苑"，形成了"龙头企业＋专业合作社＋农户"的发展模式，打造美丽乡村旅游点。

第三种模式是社会资本投入，租赁农宅开展运营。该模式由农民与社会资本直接对接，农民将农宅出租给企业。这种模式的收益状况是农户在开发过程中只获得较低租金，而社会资本投入成本小、收益较高，村集体经济组织权益缺少保障。如，延庆区原乡里三司、原乡里水泉就是"公司＋农户"模式，以企业为投资主体，统一负责民宿的设计、建设和运营，村民通过租赁房屋和提供劳务获取收入。

此外，还有创客模式，通过出台政策，吸引新农人、本土人才等乡村创客返乡创业，投资建设个体精品民宿品牌。目前延庆区已吸引李荣霞、杨萌等一批创客返乡，分别在庙梁村、盆窑村等开发建设特色民宿。怀柔区渤海镇四渡河村精品民宿——岑舍，民宿主人是"北漂"回乡创业的"80后",用自家老宅改造了一个高端民宿,耗资不菲,用材考究,建造扎实。

(二)行业自治发展补充了市场活动的规范化

1. 行业协会搭建了企业和村集体与政府之间的桥梁

作为搭建企业和村集体与政府之间的桥梁,通过行业协会搭建平台,一方面及时将政府最新的政策方针、实际举措传达给各民宿经营者,帮助民宿经营者依法合规经营、用足用好政策;另一方面将行业内部的困难和诉求客观、准确地反映给相关主管部门,协调和争取政府层面的指导和帮助。如,2019年,门头沟区旅游行业协会正式成立民宿分会暨"民宿联盟",为北京市首个"民宿联盟"。其成立为门头沟区民宿企业提供了一个经验交流、信息共享和市场对接的平台,有利于整合各类社会资源,探索统筹民宿旅游发展和管理的新模式。同时,进一步创建渤海民宿产业联盟、渤海民宿论坛和行业公共服务平台,多角度、多层次地促进镇域创业就业、富民增收及乡村振兴,使民宿产业成为渤海经济发展的新亮点和增长点。此外,2017年、2018年,北京市首个民宿联盟、首个客栈联盟在延庆区相继成立,建立起民宿经营者资源共享、抱团发展的合作平台。民宿联盟对外整合行业力量集体发声、对内积极开展行业自律和争取政策支持,为民宿产业发展进行积极探索。2017年,首届北方民宿大会在延庆区召开,以"打开北方民宿的一把钥匙"为主题,南北民宿大咖来到延庆深入对话,探讨北方民宿产业发展之路,树立起了延庆区作为北方民宿发展"领头羊"的品牌形象。2018年,以"共谋发展,盛会场景下的民宿生态"为主题的第二届北方民宿大会召开,延庆民宿热度持续增温。北方民宿联盟也于同年正式成立,京津冀内蒙古四省区市的近50家与民宿产业相关的协会、企业等加入联盟。

2. 行业协会制定并执行行规行约和各类标准,协调企业之间的经营行为

组建行业协会,作为政府规范民宿发展的得力帮手。协助政府贯彻行业标准和制定行业规范、进行资格审定、开展行业监管、组织政策培训;开展民宿行业政策、人才、规划等方面研究,以规范行业发展、促进行业自律。如,北京市目前正加快建立相关行业协会,以形成市场规则,完善行业规范。一是依托行业协会进行组织、管理、创新及行业营销。二是依托行业协会进行行业标准制定、行业指南制定、行业人才培养、共性技术平台建设、第三方咨询评估等工作,补齐农宅利用和经营短板,整合区域资源形成合力。如,中国旅游协会民宿客栈与精品酒店分会在民宿行业的培训、服务、制度建设等方面,做了大量工作,通过组织大型品牌活动,开展系列化、体系化的行业标准化建设和自身组织建设等工作,形成资源合力,逐步推进农宅利用的规范和完善。

3. 行业协会对农宅利用中的服务质量、竞争手段、经营作风进行严格监督

在社会主义市场经济条件下,行业协会应是行业管理的重要方面,是联系政府和企业的桥梁、纽带,在行业内发挥服务、自律、协调、监督作用。同时,又是政府的参谋和助手,行业协会担负着实施行业自律的重要职责。近年来,各行业出现不正当竞争、诚信缺

失、产品质量瑕疵等问题，其中原因既有政府监管的失效，更有行业自律的缺失，行业协会没有充分发挥自律管理职能。北京市目前正加快建立相关行业协会。民宿行业协会围绕规范市场秩序，建立完善行业自律性管理约束机制，规范会员行为，协调会员关系，维护公平竞争，履行行业监督职能。开展信息服务、咨询服务、培训服务，帮助会员企业改善经营管理，加强会员企业交流与合作，为企业开拓市场创造条件，不断增强协会的凝聚力和影响力，并发挥桥梁纽带作用，协调好协会内外各方面关系，当好政府的参谋和助手，为产业发展创造良好的外部环境。怀柔区渤海镇研究制定了《渤海镇民宿行业自治公约（试行）》，渤海镇将以《公约》为指导，放宽市场准入，发挥政府引领服务作用，创新监管模式，推进民宿行业放管结合，促进民宿产业健康、规范、有序发展，从而培育一批特色鲜明、拥有较强市场影响力的本土民宿品牌。

（三）以道德规范和村规民约等手段实现德治规范

村规民约是我国传统文化的重要组成部分，是由村民会议制定的依法自我执行、自我管理、自我教育、自我约束的规章制度，在农村宅基地利用管理中发挥着重要作用。德治起到了"润滑剂"作用，既要借助道德手段提升村民的自治水平，又要结合乡村约定俗成的道德规范以及非正式规则，有效弥补法治不足，旨在营造、传承文明乡风民俗的氛围。

1. 注重沿承和保护宅基地的文化承载和生态文明功能

充分发挥闲置宅基地的资产增值功能，增加农民财产性收入的同时，也要注重沿承和保护宅基地的文化承载和生态文明功能。在利用闲置宅基地过程中，注重保持民俗民风，将民俗文化融入项目建设中，打造具有乡村特色的精品产品。如，房山区周口店镇黄山店村民宿群落在规划运营中以保护生态资源，保护绿水青山和田园风光，留住独特的乡土味道和乡村风貌为主旨，目前，"姥姥家""黄栌花开""云上石屋"等都已成为享誉京城的民宿品牌。

2. 利用村规民约引领乡风文明

在推进农宅利用发展进程中，制定村规民约逐步引领当地整体文明素质提高和民风的向好转变，同时引导来访游客文明出游，保护当地的自然景观和人文环境。如，延庆区唐家堡村制定村民公约，引领当地村民树立良好的民风、村风，养成保护自然景观和人文环境的意识，创造安居乐业的社会环境，维护社会稳定，为民宿、旅游等行业的发展创造了良好条件，促进当地经济发展。

3. 宣传合理利用土地资源的理念

我国土地资源的特点是"一多三少"，即总量多，人均耕地少、高质量的耕地少、可开发后备资源少。"十分珍惜、合理利用土地和切实保护耕地"是我国的一项基本国策。北京郊区应在严守红线前提下，保障重大基础设施、现代产业、民生实事等项目合理用地需求。应定期向村民宣传介绍自然资源国情、耕地保护和土地整治、永久基本农田保护、节约集约用地等知识，并就村民关心的农村宅基地政策法规、乡村发展规划、土地流转等问题进行解答，形成合理利用土地资源的理念。如，2019 年 6 月 25 日，门头沟区规划自然分局以"严格保护耕地，节约集约用地"为主题，开展第 29 个全国"土地日"宣传活动，进一步引导社会公众牢固树立珍惜和合理利用土地的理念，增强全社会的土地资源忧患意识，进一步加强土地管理工作。

四、京郊农宅利用管理中存在的问题

（一）农宅利用管理体系不健全

1. 法律制度和管理机制不够完善

一是法律制度有待完善。《土地管理法》和一些地方出台的宅基地管理办法对农村宅基地的管理虽然做出了规定，但比较宏观，仅仅是在现有《土地管理法》和"国发 28 号"等文件规定范围内所做的具体规定，操作性不强，实际上某些方面还不够完善。如对闲置宅基地，多占宅基地处理、处罚没有做出具体规定，对宅基地审批后长时间不动工建设如何处理也没有规定，其他如审批程序复杂漫长、宅基地流转程序等都处于探索阶段，还没有形成简单透明的制度，地籍管理和相关法律责任都需要进一步具体规范。没有明确的政策依据，一定程度上也束缚了农宅利用管理和经营的创造性。二是地方法规滞后，难以有效监管。地方政府未能及时根据现行的相关法律法规政策，结合本地实际情况，制定出台可操作性的农村宅基地管理办法，不能有效管理农村宅基地利用相关工作。如，由于缺乏执法依据，民宿存在"规模小、分布散、管理弱"的特点，难以对其进行治安、消防、卫生、环保、食品安全等方面的规范管理。三是缺乏有效的部门协调机制。如，民宿定义和标准无法明确界定，功能定位不清晰，绝大多数民宿行业处于无监管部门、无经营许可证、无法开具发票的"三无"状态，在消防和安全等方面存在一定的风险隐患；各相关部门之间未形成一套行之有效的协调机制，致使政府的扶植政策、优惠措施，乃至民宿的健康发展目标极易落空。

2. 资源未有效整合，品牌建设力度不够

部分农村在宅基地利用方面，缺乏带动相关产业发展的资金，融资较困难；另有部分村庄的投融资机制不够多样和灵活高效，加上回收周期长，收入来源单一，没有做到一二三产业融合发展，乡村旅游、民宿等产业链条短；部分农宅利用形式缺少民族和文化特色，同质化现象突出，民宿旅游相关项目的体验性和独特性没有相应传递出来。由于部分民宿经营者不是当地人，不能很好地挖掘文化内涵，导致民宿服务质量不高，缺乏温度和品位，品牌建设滞后，创新创意不够；部分地区尚未出台适合本地的旅游民宿业服务规范标准，也没有成立民宿行业协会，没有组织开展质量评定与分级工作。

3. 村民对农宅利用的思想观念滞后

一方面，基层组织政策宣传不到位。由于基层乡镇政府对宅基地管理重视不够，且带有较大随意性，对农民建房的有关法律法规条文宣传不够，长期只局限于一般号召而没有制定具体落实措施的做法，使得为数较多的村民缺乏与宅基地相关的法律意识，甚至认为自己对宅基地享有充分任意的使用权，且大多数村民珍惜土地资源的意识淡薄，未能充分认识违法占地建房和多占宅基地问题的严重性。另一方面，受农民根深蒂固思想的严重羁绊。村民受传统思想和封建迷信的束缚，认为老宅乃祖宗流传基业，他们宁愿住在功能已经完全衰退的旧宅基地之中，也不愿意将其合理流转，让出宅基地是大不孝和不敬，这种想法在农村很普遍且难以改变，给推进宅基地流转利用带来很多阻碍。

（二）缺乏规划，区域发展不平衡

一是政府对农村宅基地用地缺乏长远规划，对相关产业发展格局缺乏宏观指导。如，京郊地区大部分尚未出台针对民宿发展的相关规划，民宿产业发展无据可依，处于自我发展状态，有"遍地开花、一哄而起"现象，未形成具有相当规模和较高知名度的民宿集聚发展区域，民宿分布零散，这种无序状态下建起来的民宿，多数不符合区域科学布局和合理适度发展要求，致使民宿产业发展动力不足、收入不稳、前景不明。二是未对农宅利用项目的相关配套产品资源进行统一规划。有些地区民宿发展可配套的旅游资源较为零散，对游客的吸引力不大，仅靠单一住宿项目吸引客源能力有限，而有些地区选址在旅游资源丰富的地区改造民宿，依托附近特色资源条件，延长产业链条，实现农村一二三产业融合发展，对游客的吸引力很大。三是未对农宅利用项目配套设施进行统筹谋划。有些地区基础设施建设不齐全，公路、公厕、网络、市场、停车场、指示牌、供电供水等有待完善。有些地区随着民宿粗放型发展，游客增多带来了大量的生活垃圾，而提供食宿服务的民宿也增大了日常排污量，对景区环境和乡村环境造成了巨大的压力。

（三）缺乏有效监管

1. 经营监管缺失

目前，国内民宿产业仍缺乏明确的概念界定和统一的管理标准。民宿是个外来概念，国际上没有统一定义，国内也无统一标准。经营者本身讲不清楚，政府职能部门也无相关规定或说明。因此，无法将专业酒店、饭店等从民宿中区分开来，也易将农家乐、家庭旅馆、青年旅舍等同于民宿，由于民宿定义和标准无法明确界定，功能定位不清晰，绝大多数民宿处于无监管部门、无经营许可证、无法开具发票的"三无"状态，在消防和安全等方面存在一定风险隐患。

2. 服务质量标准缺失

行业最基本的服务标准（如环境卫生、治安、消防等标准）缺失使一些经营者在成本控制、能力有限等情况下，在硬件配置、相关用具清洁消毒以及配套服务上不能给消费者带来良好的消费体验。如果任由造成不良消费体验的农村宅基地经营泛滥，长此以往将给本地民宿的整体经营带来口碑差等不良影响，不利于行业发展。

（四）人才规模和素质偏低

1. 农村人才规模和素质较低

由于农村本土人才持续流出，且多为素质相对较高的青壮年劳动力，农业从业人员年龄偏大、素质较低，留乡务农的大多在 60 岁左右，初中及以下文化程度占 90% 以上，现有人才队伍规模和素质难以带动农村相关产业发展，依靠农村劳动者素质促进结构调整、产业升级十分艰难；部分村领导缺乏村庄整体发展规划思路，无法从根本上对村庄的现实状况进行有效的规划管理和建设，导致村庄出现布局结果混乱、各项资源不到位、规划管理滞后等问题。

2. 农村人才供给增长速度缓慢

农村人才流失严重，入不抵出。由于现阶段农村公共服务仍相对缺乏，创业创新环境较差，资金、风险保障、技术服务等配套设施支撑不足，农业农村的吸引力不强，农村外出务工人员持续增加，流入农村的人才相对较少。

3. 从业人员缺乏专业培训和指导

农宅开发利用的经营者虽有部分是高学历、高素质的新一代经营者，但大部分还以当地农民为主，未经过专业培训和指导，经营理念和工作方式相对较落后。如，部分民宿经营者将民宿等同于传统的旅馆和招待所，仅仅为游客提供基本的饮食和住宿，这种单调服务形式并不能让游客对民宿项目所在地的风土人情、特色产品、文化内涵进行充分了解。另有部分雇用的工作人员由于没有经过系统培训，服务意识淡薄，服务不够规范，难以满足当前多层次民宿旅游消费者的服务需求。

五、建立科学农宅利用管理制度的政策建议

（一）完善农宅利用管理体系

在农宅利用管理体系中，法治保障了农村宅基地合理有序利用，是前提；行业自治明确了农村宅基地利用标准，是基础；德治推动了乡村和谐文明发展，是内在动力。建立部门法治、行业自治、村社德治"三治融合"的农宅利用管理体系，顺应新形势下农村宅基地发展趋势，形成社会合力，有效发挥各自作用，共同促进农村宅基地合理有效利用，推进新时代的美丽乡村建设和乡村振兴战略实施。

1. 部门法治

政府可通过出台农宅利用发展的扶持政策，加大专项资金扶持力度，形成一系列管理规范，组建工作领导小组，为行业健康发展提供充分土壤、水分和阳光，将"野蛮生长"转为向集聚化、正规化、精细化、产业化方向发展。一是出台扶持政策。加大对民宿经济项目用地保障和政策扶持力度，优先安排民宿经济项目建设用地指标，并对有一定规模民宿经营户数的乡村建设旅游配套设施或游客接待中心等给予适当补助，对资源禀赋较好、市场前景广阔的精品项目予以重点扶持，在金融、财政、税收优惠等系列扶持政策方面深入研究，通过开发"农宅贷""民宿贷"等特色金融产品，设立农房盘活招商奖励等，激发地方政府、村级集体经济组织、农户和民宿投资经营主体的积极性，促进农宅盘活和民宿发展。二是制定管理规范。建议因地制宜出台具体操作办法、农宅利用管理办法，从政府层面有序推动盘活闲置农宅工作的规范、有序、有效开展；应出台相应的民宿服务评定标准，推动精品民宿评级制度，在大力推进全市民宿合法化发展的同时，引导民宿经济与乡村旅游向特色化、市场化、产业化、规模化、规范化、品牌化方向发展。三是组建领导

小组。通过成立农宅利用管理工作小组，设立民宿管理办公室，协调处理农宅利用相关项目在经济发展过程中碰到的各种问题，积极学习国内外先进地区的经营管理方法和运作模式，结合本地实际摸索出适合自身的宅基地利用发展新模式。四是引进社会资本，积极探索适合本地农宅利用发展的模式。鼓励企业或者个人租赁国有、村集体资产发展个性化民宿、规模化民宿，民宿电商化营销，特色乡村通过合作社经营发展规模化民宿产业。

2. 行业自治

行业协会是行业的自我管理组织，反映行业的市场诉求，维护行业相关人员的权利，应协同政府相关部门加强行业日常管理工作，如制定标准、分级评定、定期考评、职业培训、日常监管、对外营销、行业交流等，当好农宅利用相关行业发展的"领路人"。一是制定行业规范与标准。各区尽快成立专业的民宿、旅游等行业协会，制定相关行业准入标准及行业服务规范，发挥行业协会在行业标准制定、行业指南制定、第三方咨询评估等方面的作用，统一行业标准，提升行业发展质量水平，强化政府、行业协会和经营者三方联动。二是组织活动，搭建交流平台，实现资源互通共享。借助行业论坛、旅游推介会等会展平台以及多样化的旅游宣传活动，不断提升民宿旅游品牌的知名度和美誉度；搭建信息交流平台，有效实现监测调查、分析预测、市场导引、推介营销等功能；利用新媒体形式，举办各种宣介活动，或在报刊、电视、电台等传统媒体，或在网络、微博、微信等新媒体平台进行本地区旅游业（可重点推介民宿业）整体形象的宣传和推介，树立典型示范项目，扩大行业影响力。三是加强人员培训指导，提高从业人员素质。协会可自发成立民宿学院，定期组织针对乡村旅游点、民宿经营管理的人才培训，持续推进品质提升和规范管理。此外，应加强社区环境整治、文化遗产挖掘以及人文知识和生态环境解说等方面培训。

3. 村社德治

德治在农宅利用管理体系中有着举足轻重的地位，对规范村民行为，调整农村社会关系，振兴乡村发展具有重要的作用。无论是法治还是自治，都要通过德治来体现和引导，才能有效破解在乡村治理中法律手段太硬、说服教育太软、行政措施太难等长期存在的难题。一是树典型，促文明。通过向村领导人、村民推介全国农宅利用及管理的典型案例，围绕探索宅基地利用模式、法制管理的新路径，创新村民德治方式等内容，选取代表性案例，引导制定村规民约，摒弃落后观念及保守攀比思想，切实提高乡村德治水平，促进乡风文明。二是利用多种形式的活动发扬新风尚。村里可组织村民参与有关宅基地合理利用的文化宣传活动，或针对农村实际，通过各种形式的节目编演，表扬村民中的好人好事，批评村民中的不良习惯和不良风气；或开展党建活动，如党建展板、宣誓墙等宣传党的知识和政策。总之，采取各种有效形式激发农村传统文化活力，不断丰富乡村文化生活，使风清气正、向善向上的舆论导向推动自我教化，形成良好的村风民俗，发扬社会新风尚，为发展农村宅基地利用的相关产业项目创造良好条件。三是注重环境保护，不占用新地块，要改善院落环境，做好基础设施建设工作，完善排水、排污系统。同时，禁止发展环境污染产业。

（二）科学规划，引领区域发展

科学规划是农村宅基地有效管理的前提，因而必须加紧制定农村宅基地管理规划，并采取有效措施推进各项规划的贯彻实施，形成目标明确、布局合理、定位科学、特色鲜明的宅基地利用发展规划。

1. 依法推进宅基地管理各项规划的制定

根据《城乡规划法》以及《村庄和集镇规划建设管理条例》等规定，镇应当制定镇规划，并积极推进乡规划和村庄规划的制定，而规划区内的乡、村庄建设应当符合规划要求。因此，宅基地管理必须规划先行，积极推进农村宅基地管理中各项规划的制定，尤其是村庄规划的制定。对此，相关政府及其土地管理、规划与财政主管部门应积极参与规划的制定，通过提供技术与人力支持以及安排专项资金等方式，支持集体经济组织和乡镇人民政府制定乡镇规划和村庄规划。

2. 坚持各项规划制定过程中的民主性和科学性

一方面，宅基地管理中的各项规划与集体经济组织成员的权益有着密切关联，因此在各项规划制定过程中，应确保程序的民主性，调动村民参与的积极性，征求和尊重民意，以确保规划制定程序的合理性；另一方面，应确保宅基地管理规划内容的科学性。在程序民主的基础上，应保障内容的科学性。为此，应根据区位以及经济条件的不同，明确规划的不同内容，引导和鼓励村民建房向小城镇和中心村集中；应合理确定农村居民点的位置与规模，按照方便群众和适度集中原则，确定居民点的选址和具体规模，合理调整乡村布局；应强化农村居民点生产、生活配套设施的建设，以改善村民生产生活条件，以此引导村民建房由分散型向集中型转变，实现规划管理的目的。

3. 保障各项规划间的协调统一

在土地利用总体规划编写过程中，应充分考虑农村宅基地建设用地的布局与规模，为制定各项村庄规划提供空间。而在村庄建设等规划的编制过程中，一方面应合理确定居民点以及生产生活设施的布局，使建设规划与土地利用规划相衔接；另一方面也应考虑乡村的合理布局，使村庄规划与区域规划以及乡镇规划相衔接，从而实现城乡协调发展的目的。

4. 开发地方特色的产业，并完善产业链

一方面，对郊区现有农村宅基地进行摸底排查，并根据自然景观、人文环境、村庄条件等，研究制定全镇农宅产业发展的布局规划，明确重点发展区域，充分考虑产业布局、人口集聚、土地利用、生态环境保护等内容，深入挖掘文化底蕴，不搞同质化，形成目标明确、布局合理、定位科学、特色鲜明的产业发展规划，引入民间资本，以行业标准进行整片规划建设，开发具有独创性及深厚文化内涵的示范项目。另一方面，产品业态及功能布局上，以乡村民宿开发为纽带，引导开展多元业态经营，拓展共享农业、手工制造、农副产品加工、电商物流、养生养老、健康体育等综合业态，打造乡村民宿旅游综合体，形成规模集聚效应，完善产业链，拓展价值链，有效发挥乡村民宿带动效应。

（三）改进京郊农宅利用管理监管方式与手段

1. 摸清农宅底数，建立信息平台

摸清空闲农房底数、掌握农民意愿，是当前一项紧迫任务，也是制定政策、推进分类施策的基础工作。引进国内领先的大数据公司，建立"闲置农房云端平台"，深入农村实地收集闲置农房信息，构建空闲农房信息数据库，为有出租意愿的农民提供农房外租挂网服务。同时，借助 GIS 与 VR 等新技术，将闲置农房可视化，使工商企业、城市居民等有租赁需求的群体，能够直观清晰地了解农房现况及周边情况。

2. 创新监管工作机制，加强日常监管

强化对存在治安消防安全隐患民宿的整改，积极主动地向民宿经营者宣传防火防盗等安全知识，联合旅游、住建、公安、消防、市场监管、环保等部门加强对民宿的服务质量、安全管理、消防设施、食品卫生、环境保护等的监管，形成"经常性检查＋节假日突击检查"工作机制，确保有序发展，实现规范经营。

（四）加强人才培养，提升服务质量

1. 探索吸引下乡人才的特殊政策

建设人才用房，优惠提供给返乡下乡人才使用，整理农村闲置宅基地后新增的耕地和建设用地，重点用于鼓励和支持乡村人才创业创新，鼓励和吸引返乡下乡人员以入股、合作、租赁、协作方式，开发农村宅基地发展乡村旅游、休闲民宿、文化创意、农村养老等经营性活动。

2. 加强培训乡村规划及经营管理人才

一是针对领导干部，加强乡村规划管理能力的培训。强化乡村振兴规划引领，树立规划先行理念，培养乡村规划设计人才十分紧迫。要加强地方各级干部特别是乡镇村干部的规划知识和设计理念培训，明确乡村振兴规划和村庄建设规划的要求，提高科学谋划和组织开展规划编制的能力。二是针对经营者，加强经营管理能力的培训。积极对接职业院校和培训机构，组织开展民宿业主和服务人员的经营理念、营销策划、管理服务技能、安全生产、法律法规等方面知识和技能培训，提高服务质量和经营档次。切实帮助民宿经营者与当地公安、消防和医疗部门以及保险企业建立应急救援机制，提高安全防范意识和应急处置能力。

3. 营造有利于乡村人才成长和施展才干的良好环境

优良的制度环境、人文环境、社会环境是激发乡村人才成长和发挥作用的沃土，加强农村文化建设和法治建设，树立和强化尊重人才、珍惜人才的价值导向，营造和维护人才干事兴业的公平环境。

（作者：赵雪婷，单位：北京市农村经济研究中心城乡发展处；

康林园，单位：北京市民生智库信息咨询有限公司）

关于北京市农村宅基地改革管理的
几个问题研究

近年来，北京市农村经济研究中心城乡发展处一直开展以新型城镇化为核心的调研；同时，围绕农村宅基地制度改革和北京郊区通过农宅利用增加农民收入等方面进行了重点研究。通过调研发现，农村宅基地制度和利用中的矛盾和问题非常集中，这是在整个土地制度和管理体制大背景下所产生的。本文从农村宅基地管理制度的演变与特征、京郊农村宅基地管理实践中的几个问题以及农村宅基地制度改革的思考探讨等三方面进行简要分析。

一、农宅管理制度的演变与特征

新中国成立以来，农村宅基地经历了从农民私人所有到集体所有、农民使用的历史性变化，其管理和使用呈现出越来越收紧的态势，整个历程大致可分为五个阶段：

（一）新中国成立初期农村宅基地私有制度（1952—1961 年）

新中国成立后，在土地改革中分配土地的同时，没收地主多余房屋分配给少数贫雇农，使其居住条件有所改善。1952 年，北京郊区完成了房地产登记发证，向农民颁发了《北京郊区土地房产所有证》，证书明确印有"为该户全家私有产业，有耕种、居住、典当、转让、赠予等完全自由，任何人不得侵犯"。这个时期实行的是宅基地农民私人所有的政策。该阶段为农业农村经济恢复发展时期，宅基地归私人所有，最大限度地保障了农民的居住权利，维持社会稳定发展。

（二）人民公社化中期"六十条"宣布农村宅基地归生产队所有（1962—1981 年）

该阶段是积极探索努力提高农业生产率时期，宅基地归生产队所有，首次明确提出了宅基地的概念，对宅基地所有权与使用权进行划分。1962 年 9 月，中共八届十中全会通过的《农村人民公社工作条例修正草案》（即"六十条"），改变宅基地私有制，宣布宅基地归生产队集体所有，不准出租和买卖；同时承认房屋归社员私有，可以出租买卖，从此确定了宅基地与地上房屋"一宅两制"特点。

（三）改革开放后宅基地管理逐步规范化（1982—1997 年）

党的十一届三中全会后，农村出现了建房高潮，同时发生了乱占滥用耕地，在承包地上盖房等问题。1981 年起连续出台村镇建房用地管理条例政策文件，强化农村宅基地管理制度，主要有 1982 年的《村镇建房用地管理条例》和 1986 年出台的《土地管理法》。这一时期的政策仍允许某些非农人口（回乡落户的离休、退休、退职职工和军人，回乡定居的华侨）无偿或有偿使用农村宅基地。

（四）宅基地政策持续收紧时期（1998—2006 年）

20 世纪 90 年代后期开始，随着市场经济发展，城乡人口流动加速，宅基地管理不断加强，使用权流转不断收紧，该阶段对农民房屋的交易对象开始进行严格限制，取消和禁止城镇居民购买农村宅基地和农村房屋，具有典型的管制型和限制性流转特征，形成了我国宅基地制度"集体所有，农民使用，一户一宅，福利分配，免费使用，无偿回收，限制流转，不得抵押，严禁开发"的基本特征。其中，标志性事件是 1998 年全国人大常委会通过《土地管理法》，规定"农民集体所有的土地的使用权不得出让、转让或者出租用于非农业建设""农村村民一户只能拥有一处农村宅基地"。

（五）宅基地权利结构的改革探索阶段（2007—2013 年）

2007 年《物权法》颁布，明确了农村宅基地的用益物权属性，宅基地权利的制度安排初步形成体系，拉开了国家严格宅基地管理制度下的宅基地权利结构的探索完善之路。此后，国家在继续严格宅基地管理的同时，开始不断完善宅基地的权利结构。2008 年，党的十七届三中全会《关于推进农村改革发展若干重大问题的决定》提出："完善农村宅基地制度，严格宅基地管理，依法保障农户宅基地用益物权。"

（六）党的十八大后全面深化宅基地改革（2014 年至今）

新世纪以来，对农村宅基地管理和改革有明确提法的有 12 个。2014 年之前，1 号文件对于宅基地的关注，主要在于管理、整治和确权颁证等；自 2014 年中央 1 号文件提出宅基地"三权分置"改革思路后，此后几乎每年都会有所推进。如 2015 年提出"改革农民住宅用地取得方式，探索农民住房保障的新机制"；2017 年提出"探索农村集体组织以出租、合作等方式盘活利用空闲农房及宅基地，增加农民财产性收入"；2018 年中央 1 号文件则首次提出了宅基地的所有权、资格权、使用权"三权分置"，落实宅基地集体所有权，保障宅基地农户资格权和农民房屋财产权，适度放活宅基地和农民房屋使用权。该阶段农村宅基地管理的主要特征：在所有权方面，严守宅基地集体所有的底线，农民可以依法无偿取得宅基地；在使用权与流转方面，积极探索适度放活农户宅基地资格权和房屋使用权，探索宅基地"三权分置"，激活宅基地的金融属性，盘活农村闲置宅基地和闲置农房市场。

二、京郊宅基地管理过程中存在的主要问题

从农村宅基地管理制度本身来看，我国缺乏统一、规范、全面、系统的农村宅基地法律法规，目前包括《宪法》《土地管理法》《物权法》《民法通则》及一些规章中涉及到农

村宅基地，但所占分量很小，内容有的笼统模糊，存在不少法律空白和明显缺位。本文中不对农村宅基地权属界定、无偿使用难以为继、有偿退出机制建立、使用权流转探索等问题展开说明，仅就调研过程中遇到的基层较为关注的热点问题简要分析。

从宅基地管理实践看，村民和基层干部较为关注的问题主要集中在村庄规划不到位、农宅利用管理制度存在缺陷两个方面。

（一）村庄规划不到位

具体表现为：一是村庄建设规划和土地利用总体规划衔接不畅且规划滞后，上下位规划在规划期限、编制办法、用地规模和指标控制等方面存在差异，规划管理体制未能理顺；长期不搞村镇规划。不少村庄逐渐向外扩展，在老村之外又建新宅，占地面积越来越大，老宅基地闲置越来越多。二是规划不科学。只注重新房整齐统一，因地设宅，忽视了对旧宅的改造利用，没有解决好住宅和商品用房问题。三是因分家造成一宅多户房屋无法翻旧盖新，村内宅基地杂乱无章，乱建现象较严重。现实情况中，因规划不合理造成局部农村宅基地短缺的现象较为普遍。如，由于受土地资源和规划控制的限制，局部宅基地短缺问题突出，有的地方最长已经有十几年不再新批宅基地。一部分青年结婚申请宅基地，但没有指标。有些近郊村、土地已被占光，无地可分。

（二）农宅利用管理制度存在缺陷

1. "一户一宅"政策制度存在缺陷

《土地管理法》关于宅基地数量的规定，主要针对初始取得宅基地而言，并未禁止村民以其他合法合规方式占有另外一处宅基地。《土地管理法》第 62 条规定："农村村民出卖、出租、赠予住房后，再申请宅基地的，不予批准。"但这并不意味着不允许村民出卖、出租住房。且《继承法》《物权法》等相关法律明确规定农村住宅可以继承，按照"房地一体主义"原则，村民完全可以合法获取另外一处宅基地。"一户一宅"政策自身的缺陷，影响了现实操作。主要导致的问题有：一是农村宅基地闲置问题。农村人口生育较早，随着生活改善和医疗技术革新，人的寿命不断提高，"三世同堂"乃至"四世同堂"成为普遍现象。以"三世同堂"为例，按照"一户一宅"政策，此大家庭可拥有至少 3 处宅基地，若此大家庭合户居住至少造成 2 处宅基地闲置。二是农村宅基地超标。根据《北京市人民政府关于加强农村村民建房用地管理若干规定》（1997 年修订）的文件中规定：村民每户建房用地标准，由各区、县人民政府根据本行政区域的情况确定，但近郊区各区和远郊区人多地少的乡村，每户宅基地最高不得超过 0.25 亩；其他地区最高不得超过 0.3 亩。1982 年以前划定宅基地，多于本规定用地标准的，可按每户最高不超过 0.4 亩的标准从宽认定，超过部分按照乡村建设规划逐步调整。然而在现实中宅基地使用超标情况较多，产生原因也多种多样，有历史遗留，有政策变动引起，有使用者自己开垦，有违规占用。超标占用的宅基地是开展宅基地确权的一大难点，需慎重处理。

2. 审批管理制度存在问题

现行宅基地审批管理政策与现实要求脱节，导致地政管理绩效受到直接影响。

一是审批环节烦冗。目前，审批环节多、手续繁、周期长，且横跨国土、建设和规划等多个部门。同时，基层政府受人力财力限制，审核过程往往只做形式审查。

二是重审批、轻监管。宅基地审批环节烦冗，使得地政管理部门忙于审批而轻视监管。即便是监管环节，也未涉及集约节约用地的指标上限控制、中间过程管理的程序以及实地竣工勘验等内容，导致运用行政手段促进土地资源精细化管理、宅基地集约节约利用的能力发挥不足。

3. 农村宅基地限制流转制度存在问题

尽管在法律上没有赋予宅基地出租、转让和市场交易权利，但事实上，大量的农民宅基地已经进入隐性市场并且呈普遍化、多样化趋势。宅基地上的农房一般以租赁、买卖、合作建房等多种流转形式存在，限制宅基地流转的政策往往流于形式。从经济合理性来看，宅基地自发流转有着十分广泛的市场基础。宅基地以及闲置农房的隐性入市，不仅解决了农村集体经济组织成员的财产收入问题，也缓解了进城人口居住问题，降低了城镇化成本。但是，这种宅基地的自发入市行为与现行法律直接冲突。

另外，不少农民在经济利益驱动下，农村集体土地非法入市，农民私自非法转让、出租宅基地和房屋给本集体经济组织以外的人员的行为时有发生。绝大多数转让、买卖房屋问题都为私下协议，未办理合法手续，形成了事实上的"小产权房"。宅基地隐形交易加剧了土地权属混乱和产权纠纷，增加了土地管理难度。

4. 农村宅基地退出机制缺失

一是缺乏引导村民主动退出宅基地的有效机制。我国现行法律对宅基地的取得原则、标准、审批权限和程序作出了规定，但宅基地收回政策过于原则性，收回程序和补偿标准缺乏具体规定，导致可操作性不强，更缺乏引导村民主动退出宅基地的有效机制。如，对部分长期在城镇稳定就业且户籍关系已脱离农村的人员在农村占有的宅基地，长期闲置的农村住房是否可以收回等实际问题未作规定，"少批多占""未批未建"等历史遗留问题较多，目前尚无有效的解决方案，导致宅基地资源不能有效配置。

二是缺乏鼓励村民主动退出宅基地的补偿机制和激励机制。宅基地退出并未出现在现行法律规定之中，在农村社会保障不足、宅基地无留置成本的情况下，村民对退出宅基地缺乏安全感，不愿在未得到合理补偿的情况下退出宅基地。同时，大量已在城市定居，或打算迁移到城镇长期居住的村民，其合法拥有的宅基地使用权不能入市交易，宅基地的财产权益难以实现，这既不利于我国新型城镇化发展，客观也加剧了宅基地用地紧张。

三、宅基地制度改革的思路与探讨

（一）强化农村宅基地规划管理

规划是搞好农村宅基地管理的基础。应结合当前新一轮土地利用总体规划修编工作，抓紧编制完善乡（镇）土地利用总体规划。要按照统筹安排城乡建设用地的总要求和控制增量、合理布局、集约用地、保护耕地的总原则，合理确定城镇和农村居民点的数量、布局、范围和用地规模。各级政府应按照《中华人民共和国城乡规划法》规定，编制村庄建设规划，与土地利用总体规划做好衔接。村庄建设规划要以当地经济社会发展规划和土地利用总体规划为依据，以旧村庄为依托，优化村庄内部用地结构，充分利用村内各种废弃地、闲置地，合理布局公共设施用地、生产用地、道路用地和宅基地。

（二）完善宅基地利用管理制度

1. 严格制定用地标准，规范完善审批程序

（1）严格制定宅基地用地标准。结合本地资源状况，按照节约集约用地原则，充分发挥村自治组织依法管理宅基地的职能，加强对农村宅基地申请利用的监管。农民新申请的宅基地面积，必须控制在规定标准内。对于宅基地的保障功能应设有底线，分配标准可以是人均居住用地面积或户均居住用地面积。建议在农村平原地区和山区应有差异，山区可适度放宽标准。

（2）规范和完善审批程序。恪守从严管理、服务于民原则，简化宅基地审批程序，减少审批次数。涉及农用地转用审批报备的，根据各地实际情况，规范审批行为和报批程序。

2. 进一步巩固落实集体土地所有权，有序开展农村宅基地确权登记颁证工作

（1）北京市农村宅基地管理需明确界定所有权界限，集体所有土地归哪级集体经济组织所有，落实到具体处置权。

（2）有序开展农村宅基地确权登记颁证工作。以 1997 年修订的《北京市人民政府关于加强农村村民建房用地管理若干规定》为依据，对全市农村宅基地所有权和使用权进行界定和规范。2013 年起，国家开始新一轮的"房地一体"确权登记工作，应及时做好宅基地确权登记工作，积极探索多种工作模式。

（3）鼓励宅基地有偿调剂，满足农户住房需求。建议出台宅基地有偿调剂的试行办法，在有条件的村集体进行试点，鼓励宅基地在本村集体经济组织内部或者在村集体经济组织之间开展有偿调剂，使有需要的农户可以改善住房条件。

3. 保障宅基地资格权与适度放活宅基地使用权

（1）对集体经济组织成员进行界定，他们依法享有使用农村宅基地的资格权。

（2）在宅基地置换整理节约出建设用地和依托宅基地进行开发利用时，在集体和农民之间建立合理收益分配机制，既要能够保障集体经济组织所有权，也要保障农民资格权权益，操作层面体现在收益分配上合理设置集体和农民的股份份额。

4. 建立宅基地差别化有偿使用与有偿退出机制

实行差别化的有偿使用宅基地，主要分为三类：

（1）农村本集体组织成员的宅基地继续采取无偿永久使用制度。

（2）集体组织成员使用宅基地超过规定面积的，需缴纳超额使用费。

（3）非本集体经济组织成员买受农村房屋使用宅基地的，可以认作其与房屋所在的集体经济组织建立了土地租赁关系，应向集体经济组织交纳宅基地有偿使用费。

建立宅基地有偿退出制度需围绕明晰退出前后的宅基地权属关系，以宅基地登记制度为基础，制定退出主体条件，尊重农民意愿，建立起宅基地退出补偿机制等方面的配套

措施。

（作者：季虹、赵雪婷，单位：北京市农村经济研究中心城乡发展处；
康林园，单位：北京民生智库信息咨询有限公司）

海淀区北部农村地区构建
新型城市形态研究

围绕全国科技创新中心核心区建设，海淀区农村改革发展已取得显著进展，乡村业态转型升级持续推进，农村集体经济不断壮大，以特色小镇、一镇一园带动的城、园、村、山、水、林、田、湖融合的北部地区新型城市形态初步形成。新版《北京城市总体规划（2016—2035年）》明确了海淀要建设成为具有全球影响力的全国科技创新中心核心区、服务保障中央政务功能的重要地区、历史文化传承发展典范区、生态宜居和谐文明示范区、高水平新型城镇化发展路径的实践区。2018年2月，海淀区委十二届七次全会指出，当前海淀区已经进入从园区运动到构建新型城市形态的深度转型期，深化构建新型城市形态是我们在新时代支撑和引领首都"四个中心"功能建设必须破解的重大课题。

相比南部地区，海淀北部农村地区（包括温泉镇、西北旺镇、苏家坨镇、上庄镇）构建新型城市形态的可塑性更强，具有空间大、弹性足的特点。北部农村地区取得了哪些成效，存在哪些不足，下一步如何发展？针对这些问题，课题组对北部四镇的相关工作情况进行了调研，特别是对已取得较好成效的工作经验进行总结，形成如下报告。

一、工作开展情况

（一）以规划引领构建新型城市形态发展路径

北部四镇农村地区以规划引领构建新型城市形态的发展态势已经初步显现。温泉镇以"推进社会治理体制创新、推进集体经济模式创新、推进城市管理机制创新"，完善城乡治理新体系（"三创一体"）；以打造有品质的城乡形态、有品位的美丽乡村、有品格的乡风文明的"三品融合"新形态，建设美丽乡村新面貌；以树立"生态和谐""生产和谐""生活和谐"的"三生和谐"新理念，培育高质发展新动能。苏家坨镇以建设国家运动休闲特色小镇等功能性特色小镇为引领，详细编制了村庄规划、全域旅游策划方案和镇域产业布局方案。西北旺镇以构建城市治理体系和提升治理能力，实现精治、共治、法治的系统性创新平台为目的，与百度共建"智慧西北旺"，努力实现镇域全感知、全互联、全分析、全响应、全应用的智能化升级。上庄镇以丰富的文化、良好的生态为本底，系统深入融合到海淀区整体经济社会发展战略。

（二）统筹城乡产业发展促进产城融合

以产城融合布局城乡产业是当前北部四镇构建新型城市形态的突出特征。目前，已经初步形成温泉创客小镇、苏家坨镇国家运动休闲特色小镇。西北旺镇、上庄镇对接中关村科学城的科创特色小镇正在逐步形成。产城融合的主要方面包括：第一，充分融入全国科技创新中心建设，围绕中关村科学城北区建设，发展科技、文化、生态等高附加值产业。以温泉创客小镇为例，小镇一期19万平方米"双创社区"已开始运营并取得阶段性运营成果，成立中关村创客小镇投资管理公司，建立和发展天使投资、创业投资等风险投资体系，通过3 000万元创投引导基金，引导社会资本向科技创新领域聚焦。截至2018年底，创客小镇一期建设完成，已有8个孵化器，与594个创业团队签订合作协议，2 021户创客人才签约入住，公寓入住率达73%，吸引创客人才近5 000人。第二，以职住平衡统筹生活空间和工作空间。温泉镇创客小镇积极发展全国首个创客人才公租房项目，探索职住平衡新路径，为创客提供低成本工作空间、网络空间、社交空间和资源共享空间。第三，优化营商环境，完善服务经济建设，持续推进"放管服"改革，加快政务服务"一网通办"，打造"一站式"综合服务平台。制定《温泉镇服务经济建设奖励办法》，成功引进中铁建、葛洲坝、万科三家大型产业项目。第四，深化农村土地承包经营制度改革，将农用地化零为整，由集体经济组织统一经营或者与企业合作发展都市型现代农业，以高品质"六次产业"对接城市人群现代消费需求，增强城乡产业联系，努力形成城、园、村、山、水、林、田、湖融合的田园城市。

（三）集约利用集体建设用地促进城乡要素融合

深化农村集体建设用地经营方式改革是打通城乡要素自由流动的重要途径。北部四镇通过探索统筹利用集体产业用地，盘活集体产业用地资源，推进以土地要素为载体实现城乡产业资本要素全面对接，将"一镇一园"作为高新科技园区和现状保留村庄之间的桥梁，促进城乡资源互补，活化地区生态资源，突破土地破碎化程度高、缺乏纵向轴带联系的困局。对不符合首都功能定位的业态坚决进行清退调整，集体产业优化升级加快。目前，苏家坨、西北旺、温泉三镇"一镇一园"项目的规划指标释放取得突破，集体经济组织统筹集体建设用地开发，保障北部地区集体产业发展和农民长远利益。

（四）以提升农村人居环境促进城乡生活品质融合

围绕提升乡村生活品质，将乡村打造成为体面的、高品质的生活圈，北部四镇重点在改善人居环境、提升公共服务水平等方面探索了有效路径。一是打造美丽乡村，建设记得住乡愁的田园城市。苏家坨镇七王坟村按照自然村落布局，以绿色生态节能技术对村民住宅进行原址改建二层围合院落，积极发展小型旅游度假酒店、文化聚落和高端休闲农庄，促进村民居住条件、生活品质和公共服务水平同步提升，有效保留了村庄原始肌理和历史文脉，最大限度留住了乡情乡愁。温泉镇启动了白家疃村、温泉村美丽乡村建设工作，制定了任务分解方案。上庄镇启动了罗家坟、东马坊、梅所屯3个村的建设任务。西北旺镇按照相关要求，加强基础设施建设和社会综合治理。二是全面完成"煤改清洁能源"工程，率先实现无煤化。2016年，通过"煤改电""煤改气""连接热源"等方式完成北部3个镇26个村煤改清洁能源15 267户，并完成北部9 054户农宅节能门窗改造。2017年通过分户"煤改电"、分户"煤改气"、燃气锅炉房集中供暖、电源热泵集中供暖、空气源热泵集中供暖、连接周边热源集中供暖等方式，完成北部11 505余户清洁能源改造工作，实现村庄无煤化。三是提升农村基础设施管护水平。分阶段探索实施村庄准物业化管理，在村庄基础设施养护、保洁、垃圾清运、社会治安、控违等方面，引入专业物业公司进行管理，将基础设施纳入智慧化管理系统，聘请第三方公司开发农村基础设施动态管理和精细化管理系统，及时更新相关数据，定期组织实地检查，不断提升农村地区公共服务水平。

（五）优化农业空间促进城乡生态融合

北部地区充分挖掘山水林田湖的生态优势，与城市、镇域生产生活空间对接，形成生产、生活、生态相融的良好田园城市生态空间。一是完善耕地保护和生态补偿机制。调高农田生态补贴标准。一般农田补贴标准由每年1 300元/亩，调整到每年1 500元/亩。永久基本农田补贴标准由每年1 500元/亩，调整到每年2 500元/亩。根据北京市有关要求，北部地区共划定永久基本农田约1万亩，全部实现"落地块、明责任、设标志、建图册、入图库"，涉及4个镇27个行政村。二是深入推进农业"调转节"。以示范展示、科普体验等方式，将高科技渗透在休闲、生态、智慧等农业形态中，重点发展京西稻、果业、蔬菜及花卉，规模养殖全部疏解退出。按照土壤、水污染防治任务要求，推进减肥减药，实施节水灌溉、精准施肥，推进"化学农药零使用"，加强农产品质量监管。三是拓展农业功能。整合涉农领域科技资源，支持农事教育基地建设，实现农教融合发展，举办樱桃文化节，促进农耕文化创意产业发展。

（六）以公共服务均等化促进城乡生活融合

大力推进城乡教育、医疗、社保等方面基本公共服务均等化，从有序实现"全覆盖"向全面实现"均等化"迈进。一是促进优质教育资源均等化。北部地区高水平均衡化教育强区建设稳步开展，学区制改革和集团化办学取得积极成果。人大附小承办亮甲店小学，永丰中心小学并入清华附中永丰学校，大幅度提高乡村教师待遇。二是医疗卫生服务机构布局逐步完善。涉农地区已设置三级医院1家、一级医院3家、社区卫生服务中心10家、社区卫生服务站49家、村卫生室14家。返聘退休医学专家到社区卫生服务机构出诊和带教，有效提升家门口的诊疗服务水平。三是以城乡统一的就业与社会保障政策促进职业身份体面化。城乡居民养老保障制度实现全覆盖。2017年实现新农合与城镇居民基本医疗保险制度整合并轨为城乡居民基本医疗保险。2018年1月1日全面启动实施《北京市城乡居民基本医疗保险办法》，实现持卡就医实时结算。四是加快推进整建制农转非。按照"成熟一个、推进一个"原则，积极申请农转非指标，筹措人员接收安置费用，创新超转人员接收资金缴纳方式。西北旺镇5个村（唐家岭、东北旺、东玉河、六里屯、马连洼）、温泉镇全部 7 个村、苏家坨镇苏一二村、上庄镇西马坊村，共计 14 个村 9 635 人完成整建制农转非。

（七）深化集体产权制度改革促进生产关系融合

壮大集体经济是海淀区北部农村地区带着资产进城、构建新型城市形态的重要支撑。经北京市推荐、农业部审定，海淀区成为 2017—2018 年度全国农村集体产权制度改革试点单位，北部地区加快推进相关改革。主要做法是：第一，完成村级组织账务分离，由区财政保障村级基本公共服务支出。第二，建立健全股份经济合作社股权管理、示范章程、薪酬管理、产权流转交易等方面的制度，规范股份经济合作社运行管理，完善集体经济收益分配制度。第三，加强党对集体经济的领导，把党建工作要求写入示范章程，明确换届选举政策规定，坚持由上级党组织提名选举产生集体经济组织负责人。第四，推进党务、村务、财务三公开，强化民主决策、民主管理、民主监督。第五，完善农资委运行机制，加强征地款等"三资"管理，开展集体经济组织审计、考评等工作。第六，创新推进镇级产权制度改革。温泉镇通过设立团体股，由各村股份社作为镇级股份社的团体股股东，创新利益平衡机制，实现农民带着资产进城，保障了股东的长远生计。

（八）以创新社会治理机制促进城乡治理融合

北部农村地区社会治理在农村城市化进程中面临转型和挑战，亟须创新社会治理模式适应新变化。西北旺镇与百度签署合作协议，通过百度人工智能、大数据、云计算等技术，建设"智慧西北旺"。温泉镇、苏家坨镇围绕加强腾退回迁社区治理探索善治模式，重点构建了党组织"一核领导"，集体经济管理体系、社区服务管理体系"两翼齐飞"，各类组织互动合作、人民群众广泛参与的新体制，积累了"坚持党的领导、实行社经分离、构建公共平台、引入城市文明、留存乡土亲情"五大经验，实现了社会治理体制由行政主导转向多元共建，实现为集体经济松绑解扣以及进一步提升公共服务质量的经济社会双重效益。对于没有腾退上楼的村庄，则实施村庄治理社区化，推进城乡基本公共服务一体化，切实提升公共服务水平，加快由传统农村管理体制向村居融合共建管理转变，逐步建立适应城市化进程的基层治理体制机制。

二、主要问题

（一）区域发展高度依赖传统路径

北部部分镇村依然对"瓦片经济"存在发展路径依赖，农村经济发展的支点不稳定，与科学城融合发展的程度不深。北部集体经济总量偏小、产业层次较低、规划限制因素多，一镇一园等产业项目尚处于建设期，创新要素融合度不高。目前，村级层面基本都是房东经济，主要依靠出租集体土地和房屋获取租金。一些村因为腾退疏解，租金收入下降明显。一些尚有征地补偿款结余的村，资金增值收益单一，主要是银行存款和委托贷款的孳息，尤其是一些村开展了整建制农转非，导致利息收入锐减。同时，农民就业增收的能力不强，城乡居民可支配收入差距明显。农民收入增长依赖转移性收入，其工资性收入、财产性收入、经营性收入增速较缓，一些人"吃拆迁饭"，思想观念落后于城市化进程。农转非人员就业岗位与就业意愿存在不匹配等问题，职业技能培训有待加强。

（二）农村人居环境建设任务艰巨

北部地区现状村庄普遍存在人居环境较差问题，突出表现在垃圾污水、私搭乱建、停车占道、便民服务缺失、建筑风貌不协调等方面，功能空间布局有待优化，精细化管理能力和公共服务水平需要提升，一系列与群众生产生活密切相关的基础设施发展滞后，村庄规划建设需待上位规划出台后进一步衔接。农村人居环境，直接影响着人民群众的获得感和幸福感，上级已经部署开展美丽乡村建设，如何在北部地区尽快落地，是我们面临的硬任务。

（三）农村改革需要继续深化

北部地区的一些村股份社，存在未按股份分配、未按期换届等"改制未转制"问题，需要进一步规范内部机制建设，加强党对集体经济的领导。一些村，村股份社仍与村委会账务合一，不利于客观反映集体资产经营情况和公共管理服务资金使用情况，也不利于开展内部民主监督和外部必要的行政监督，需要尽快实施村级组织账务分离。一些村的城市化程度很高，已完成产权制度改革和农转非，有必要及时撤销村委会建制。实现全区整建制农转非，是区委区政府既定目标，但苏家坨镇、上庄镇的大部分村没有征地款，农转非资金筹集难度大，相关政策需要创新调整。一些村的绝大部分土地已被征或绝大部分农民已办理农转非，难以依法在人、地之间建立承包关系，亟待明确相关政策，土地承包确权与经营中存在的问题合同也需要尽快加以清理规范，促进地区稳定与发展。

三、政策建议

海淀区是首都中心城区，将建成具有全球影响力的全国科技创新中心核心区。海淀北部农村地区是中关村科学城北区，是建设核心区的重要组成部分，要深化落实"两新两高"战略，以改革开放再出发的奋斗姿态开启新时代再创业新征程，当好高质量发展标杆、打造高品质典范城市，成为高水平新型城镇化发展路径的实践区。

（一）支持北部四镇突出特色实现产城融合

围绕中关村科学城建设，将"一镇一园"作为科技创新产业、文化创意产业、农业"六次产业"的载体和桥梁，以村庄或村庄组团为基本建设单元，完善基础服务设施，促进城乡资源互补，活化地区生态资源，承接优质科创、文创产业资源，推进集体经济转型升级，打造城、园、村、山、水、林、田、湖融合的田园城市。相关部门需尽快推进创客小镇等特色产业项目，在项目建设审批、优质医疗教育公建设施配套、金融税收扶持等方面给予支持。探索按照各村腾退进度同比例释放集体建设用地指标相关政策，努力形成高端高效科创产业服务体系，将优质企业和优秀人才留在本地发展。创新征地补偿款等集体资产保值增值方式，做好风险防控和投资项目选择，引导集体资本向科创领域聚焦，支持集体资本参与核心区重点项目建设。

（二）扎实推进美丽乡村建设

按照蔡奇书记关于打造美丽乡村建设北京样本的指示，加快形成海淀区美丽乡村建设样本。落实《北京城市总体规划（2016—2035年）》，完成分区规划，进一步明确北部地区的规划定位，确定保留村庄和拟腾退村庄名单。对保留村庄，按照"美丽乡村"目标进行系统性建设，留足各创建村庄前期调研、实地勘察、方案编制的时间，形成一个包括基础设施、公共服务、产业发展、农民增收、社会治理等内容的规划设计方案。对拟腾退村庄，当前主要是按照"环境整治"目标进行建设，控制资金投入额度，对基础设施适当补充、修缮，开展垃圾分类试点，重点解决"脏乱差"问题。整合村庄宅基地，引导支持村民出租宅基地，承租集体公租房或已上楼村民的富余住房，逐步挖掘村庄科技服务空间，发展具有地方文化特色的"四合院"，把乡村打造成为市民向往的美好家园。深入推进乡情村史馆建设，在城市化进程中保留传承乡愁遗产。借势西山永定河文化带和大运河文化带建设，统筹北部四镇文物和文化资源，加强保护利用和非遗传承，打造一批地区文化符号，形成文化科技融合的知名标志。

（三）加大农转非力度全面推进城乡一体化

海淀区农村城市化是大势所趋，区委区政府多次强调"加快推进整建制农转非，努力实现农业户籍人口全部成为有资产、有职业的城市居民"。在市级相关政策和转非费用计算标准不调整的情况下，针对北部四镇农转非任务，需大胆创新，调整完善相关政策，大力筹措所需资金，争取早转、快转、早日实现"全转"工作目标。充分考虑上庄镇、苏家坨镇等剩余村庄集体经济实力比较薄弱的客观情况，在支持通过相关开发建设项目实现征地农转非的同时，考虑通过征收部分生态林地、安排公益建设项目等途径予以支持。

（四）完善镇村公共服务圈

围绕中心村和镇，加大农村社区服务中心、卫生服务站、连锁便民店等公共服务设施建设，建立健全长效管护机制，实现一刻钟公共服务圈全覆盖。推进苏家坨镇前沙涧和北安河片区配套教育医疗设施建设。扩大优质教育规模，逐步实现优质教育在北部农村地区全覆盖。在具备条件的村庄推广"物业化管理，一站式服务"等新型管理模式，通过委托专业物业管理公司负责村庄保洁、绿化、安保等管理与服务。提升农村基层政务服务水平，推进"互联网＋政务服务""一网一窗一次"改革，推动政务服务事项网上咨询、网上受理、网上审批、网上办结。

（五）加快农业转型升级

整合区域内农林高科技优势和农用地的区位优势，以化学农药零使用为突破口，建设绿色农业示范区，将海淀打造成为全市农业领域科创中心。以农用地点缀田园城市，营造现代田园空间，逐步实现"科技化、休闲化、精致化"，对接城乡居民现代消费需求。培育新型农业经营主体，开展空壳专业合作社治理，解决好谁来种地的问题。前瞻性应对城市化进程中土地承包关系变化问题，以确权确利方式落实集体农用地的所有权、承包权、经营权"三权"分置，引导承包土地经营权向集体经济组织等经营主体流转，提高土地规模化、集约化水平，发展适度规模经营。尽快解决土地承包确权及经营中的突出问题，建立整建制农转非后农用地经营管理机制，防止基层治理纠纷，维护农村社会稳定。

（六）深化农村综合改革

深化集体产权制度改革，支持苏家坨镇、上庄镇、西北旺镇完成镇级改革，探索党对集体经济加强领导的有效方式。加强农村公共管理服务体制机制创新，加大财政投入力度，剥离集体经济组织承担的公共服务管理职能和相关费用，为建立适应农村城市化进程的基层治理体系奠定基础。支持撤村改革，积极调整基层组织设置，撤销一批城市化程度高的行政村建制，保障相关工作紧密衔接、相关体制平稳过渡，切实提高公共服务水平。建议撤村后3年内继续保留区财政对村委会的相关拨款，由各镇统筹使用。推进农业行政执法创新，精简执法机构，理顺执法体制。以党的建设引领促进农村经济社会创新发展，加快形成党的领导、村民自治、社会参与有效结合的社会治理新格局。加强农村人才队伍建设，培养一批本地化的党建、财务等专业干部，引进一批为我所用、合理流动的高端人才。

（供稿：北京市海淀区课题组）

贵州省开阳县"水东乡舍"
盘活闲置农宅调研报告

近年来，随着民宿产业蓬勃发展，民宿这种作为乡村非标准住宿的新型业态，已经跟随乡村旅游业呈现爆发式增长，迅速进入大众视线，成为乡村经济增长的一个新产业。党的十九大提出乡村振兴战略，农村大量闲置的农房得到青睐，闲置农房盘活利用受到高度重视，将已有闲置农房重新改造打造成民宿，不仅有效激活了闲置农房，也充分调动了农村剩余劳动力的积极性。民宿的发展不仅使农村农业的发展结构得到了调整，也使得农民的收入得到增加，推动了农村经济的发展，也对美丽乡村建设起到了助推作用。"水东乡舍"是由贵州水东乡舍旅游发展有限公司开发，通过利用闲置农房以及自留地等资源，充分融入水东文化以及当地特色，将农房重新设计打造，为游客提供高品质、有农家生活气息的休闲度假民宿。

一、水东乡舍开发背景

近年来，开阳县大力实施旅游扶贫，全面实施景区带动旅游扶贫工程、旅游项目建设扶贫工程、乡村旅游标准化建设工程，带领群众走上了一条"绿色致富"之路。"水东乡舍"项目是开阳县委县政府实施乡村振兴战略，践行城乡"三变"改革试点项目之一，也是开阳县"大旅游"建设重点项目。该项目依托开阳青山绿水资源、当地自然景观及乡村资源，结合开阳水东文化，对农村闲置房、闲置土地进行充分利用改造升级。一方面，为游客提供居住品质高、可充分融入农家生活的休闲度假民宿；另一方面，通过"闲置房改经营房、自留地改体验地、老百姓改服务员，保青山留乡愁"的"三改一留"模式建设，使农民每年都能获得固定收入和分红以及其他收入，农民增收致富，深入助推旅游精准扶贫。

（一）良好的地理优势，交通便利

开阳地处黔中腹地，南距贵阳66公里，北距遵义110公里，距贵阳龙洞堡机场43公里，是贵阳与黔北中心城市遵义的重要节点，交通较为便捷，贵开高等级公路使开阳县融入贵阳市一小时经济圈，四条高速（贵遵高速复线、贵瓮高速、开息高速、开瓮高速）连通开阳，三条铁路（贵开城际快铁、川黔铁路支线、久长至永温货运支线）一个港口使开阳客货运输高效通达。开阳十里画廊位于贵阳市与开阳县之间，离贵阳市40公里，距开阳县城20公里，云开二级公路南江匝道口位于十里画廊起点，贵开城际快铁南江站离十里画廊9公里，即将开通的贵遵复线禾丰匝道口位于十里画廊中段，同时伴随着贵州县县通高速、省内交通网络日益完善，十里画廊旅游发展迎来"高速快车道"。

（二）环境优美，具备良好的开发条件

"水东乡舍"位于开阳县十里画廊景区首段"中国民族特色村寨"龙广村，这里是水东文化的发源地，风景旖旎，民族文化丰富多彩。拥有国家AAAA级旅游景区——南江大峡谷，不仅能够让游客体验原生态峡谷景观，绝美的自然风光以及丰富多彩的体验项目，同时也能体验到世代生活在清龙河流域的少数民族不一样的民族风情。沿清龙河畔的10余个自然村寨组成了著名的"十里画廊"，这里不仅能观赏到具有特色而且原始的自然风光，也能够享受到"住农家屋、吃农家饭、干农家活、享农家乐"的乐趣。

二、水东乡舍管理模式

（一）采用"公司＋投资方（第三方）＋农户"的"622"模式

水东乡舍项目以"622"模式进行打造、运营管理，让投资人、平台企业、农户均成为股东。具体操作流程是：公司企业负责搭建平台即水东乡舍平台，农户以闲置房屋和土地进行入股，平台负责引入投资入股（预计一个农房20万元），平台对入股的房屋、土地进行统一改造并经营。经营后获得收益按照投资人60％、农户20％、平台企业20％分

红。整个流程中，平台负责对所有的民宿进行经营管理，而农户只需提供闲置房屋、土地，投资人只需要投入资金，就可以按照"622"的模式参与分红。

农户如何入股一栋房？水东乡舍平台负责收集农户闲置农房，经过平台统一评估后，平台与农户签订入股协议，平台将农户闲置房屋进行对外公开，引入投资人进行投资入股。农户可以参加"三改一留"培训，由平台统一进行岗前培训，由"农民"角色转换为"服务员"，为游客提供优质服务。

投资者如何拥有一栋房？投资者可在平台开发范围内，通过回收后的闲置农房进行筛选，选择其中的一个或者多个农房作为自己的投资对象，经由平台代为设计及造价评估，投资者选定方案后，与平台签订投资合作协议，由平台进行改造服务。投资人享有已改造好房屋20年的使用权和经营权，并可以根据自己意愿保留一间作为自己旅游休闲和养老之用，剩余房间交由平台统一经营管理。保留的房间具有很大的灵活性，可以完全根据自己的需要决定是否需要出租。按照一年100天进行出租，房间可出租间数为4间，一间房单价为200元进行保守估算，一年将会有8万元总收入，去除各项成本后净利润5.4万元，按照比例分红后，实际得到收益32 400元，按照一个农房投资20万元计算，回报周期在6年左右。

（二）打造"i乡舍"App平台

贵州水东乡舍旅游发展有限公司充分利用互联网技术，为投资人、农户、游客搭建服务平台，推出了"i乡舍"App平台，该平台包括游客端、投资人端和农户端，也为民宿共享提供了新的发展路径。

游客端的功能十分丰富，游客可以直接通过App进行订房办理入住，预定后将会获取动态二维码，这是打开房门的"钥匙"，可以设定导航前往预定民宿。同时，也可以对景点景区进行网上购票，预订当地特色农产品手工艺产品、"找乡愁"特别项目、特色服务等，通过手机就可以畅行在乡村内，满足"吃住行游娱购"各类需求。

投资人和农户端实现订房、订农产品信息的实时共享，使得收益分红能够及时核算，分红返利实时提现，三方App数据实时共享，可直接避免了分红不均、返利不明的隐患，保障了各方利益。同时，通过整合周边农业基地，配套实施"回家拿菜"农产品共享项目，为投资人及市民提供会员制农产品供货平台，实现城乡要素资源、农旅互动的共享空间，促进"三变"改革通过互联网平台实现公平透明化、规模共享化。

（三）利用"1+N"扶贫模式促进农民增收

"1+N"扶贫模式：引入扶贫资金，通过打造一栋乡舍，辐射N户贫困户，实现大旅游推进大扶贫战略实施。

运营扶贫：公司基于"互联网+旅游+乡村振兴"扶贫，是国家级扶贫示范基地，在打造开发的过程中将扶贫这块也一起做了起来。乡舍平台从20%的收益分红中，拿出1%用于社会扶贫，通过调研方式，根据实际生活及家庭情况精准扶贫，对象一般为低保户或者孤寡老人。同时，利用平台让更多游客参与到乡舍扶贫的事业中来。

游客可以通过 App 平台发布自己的需求信息，已经注册过 App 的村民看到游客发布的需求信息后，村民在有条件或者可以满足游客需求时，通过 App 平台进行线上抢单，为游客提供特色服务获取收益。如，某位游客今天想吃顿当地的农家特色菜，游客只需要在 App 平台上发布一条信息，村民看到信息后，可以进行抢单，为游客提供食材并进行烹饪，送到或者去村民家品尝美味，村民会获得这顿饭菜的收益。或者游客想上山游玩，但因不熟悉当地地形环境，游客可以在 App 平台上发布一条有偿信息，村民看到后可以抢单，带领游客上山游玩，行程结束后，获得相应收益。农户平台所打造的一系列增收渠道，通过房屋、土地获得的分红、特色服务获得收益以及服务员工资等各项收益，根据保守估算，可以实现每户年均增收 70 000 元，极大改善了农民收入，充分调动了农民积极性。

三、水东乡舍开发模式的优点与制约分析

（一）主要开发模式特点

"贵旅·水东乡舍"以农村宅基地、自留地经营权为切入点，推进城乡要素资源双向流动，为乡村经济发展注入"城市"活力，建立健全城乡融合发展机制和共享平台，加快推进城乡共荣共享，三权分离，促进城乡融合发展。

（二）主要开发模式优点

1. 促进农民增收

水东乡舍自 2017 年开始筹建，到 2018 年 5 月第一家民宿开业，已经改造了 54 间，到 9 月，已经有 60 间左右改造完成。水东乡舍平日入住率为 30%～40%，周末入住率达到 100%。村民可以通过平台拿到满意的房屋分红，游客数量增加，农产品销售，具有当地特色的服务订单也随之增加，村民通过抢单可以获得一份收益。在"三改一留"模式下，村民经过培训后统一上岗，解决了当地村民就业问题，同时拿到工资。自项目启动以来，沿线农户累计入股 150 余户，涉及龙广村、长红村、马头村、王车村等区域，吸引社会入股资金 2 800 余万元，政府配套支持 1 500 余万元，带动了当地老百姓就业 160 余人，预计项目完成后，可以使当地至少 500 户贫困户脱贫。

2. 极大调动村民的积极性

得益于线上平台的推广使用，实时抢单加入，村民可以通过 App 抢单，以很轻松的方式获得收益，使村民的积极性得到很大提高。再者村民通过"服务员"角色转变，公司统一培训后上岗就业，为游客提供优质的服务，使村民从繁重的农活中解放出来，轻轻松松切切实实提高了收入。

（三）主要运营模式的制约

1. 民宿从业者素质偏低，民宿缺乏特色

"水东乡舍"从业人员素质参差不齐，对民宿管理发展产生一定影响，对于人才方

面的培养管理是各行业都要注意的问题，尤其是对于服务业来说更是非常重要。虽然"水东乡舍"农户经过一定培训后上岗变身服务员，对农民收入增加很有益处，但也可能引发一些服务不规范现象。由于当地农户的文化素质偏低，可能不能很好满足顾客的需求，对待入住的游客，可能会有消极的服务态度，给游客留下不好的印象，从而影响口碑。

民宿的投资者对待民宿大都定义在"住"这个层面，没有将民宿的设计打造与村寨的民族特色完美结合起来，应该与当地的风俗文化相结合，打造具有本土特色文化气息的民宿。

2. 基础设施条件进一步完善

水东乡舍的民宿是经过闲置农房改造而来，虽在周边环境和欣赏自然风光上具有一定优势，但在住宿条件、周围噪声、卫生、安全等方面存在一定不足，可能无法再次吸引游客前来选择入住。可进一步对当地安全卫生等条件进行改善，从而让游客打消顾虑。

3. 缺乏宣传力度

水东乡舍的宣传大都局限于贵州，对省外宣传渠道较少，利用互联网平台的宣传规模较小，影响也比较小，达不到预期宣传效果。水东乡舍的旅客绝大部分来自贵州当地，少部分游客来自外地，宣传范围小，外地游客了解较少，制约了水东乡舍的发展。

四、对策与建议

（一）加大培养力度，提高从业人员素质

民宿作为一个新型的旅游住宿形式，是发展乡村旅游的重要内容，是助力实施乡村振兴的重要渠道。水东乡舍应结合当地情况，凭借自身优势，大力组织员工进行相关技能培训，定期管理考核，不断提升员工素质。可以引进相关人才，对民宿管理者进行合作培训，从而不断提升民宿的体验服务，留住客源。

（二）完善基础设施建设

由于大多数民宿位于村庄内，可以加开旅游路线和观光车直达民宿，保障自驾出行的游客停车方便。加大对基础设施的投入，在满足标准的同时最大程度融入当地特色，保证水、电、卫生、安全等方面的基本需求，从而打消游客的顾虑，能够开心快乐地游玩。

（三）加大推广宣传力度

在大数据时代下，可以利用"互联网＋民宿"理念，借助互联网优势，与民宿管理经营结合起来，提供更方便的服务。重视互联网和 App 平台游客提出的反馈建议，用于完善经营管理。对待不同需求的客户群体进行精准营销，选择不同的营销策略。对于其他方面的宣传，可以通过网络、电视等各种渠道和平台，投放宣传片，吸引更多游客，提高自己知名度。

五、对北京的启示

（一）北京民宿管理采用更多信息化手段

现代科学技术的不断发展，越来越多的信息化手段更加完善，对于民宿的管理是个利好消息，可以采用 App 平台等信息化手段，将资讯、收益等各种信息进行公开化、透明化，保证各方权益，从而减小并避免各种纠纷。

（二）基于信息化加强管理手段

通过 App 等各种信息化手段加强对各环节监管，保证各方权益不受侵害，对挤压、垄断等不合理现象进行网上举报，加大惩处力度，绝不姑息。

（作者：赵隆飞，单位：北京农学院；

苑云，单位：北京市民生智库信息咨询有限公司）

农业农村信息化发展

北京市农村经济发展报告 2019

2019 年北京市农业农村信息化发展报告

2019 年在北京市农业农村局统筹指导下，系统各单位和各相关区农业农村局以习近平新时代中国特色社会主义思想为指导，全面贯彻党的十九大精神及中央经济工作会议、中央农村工作会议精神，围绕实施乡村振兴战略，以智慧乡村、数字农业农村发展评价工作、物联网技术为抓手，加强调查研究，深入推进农业农村信息化建设实践，全方位探索数字农业农村发展的实践路径，提升农业农村信息化建设水平，为全市农业农村现代化高质量发展提供强劲支撑和动力。

一、北京市农业农村信息化发展环境

（一）国家层面

2019 年全国农业农村工作紧紧围绕全面建成小康社会总目标进行部署，围绕实施乡村振兴战略谋篇布局。1 月，中共中央、国务院发布《关于坚持农业农村优先发展做好"三农"工作的若干意见》，其中重点提到要实施数字乡村战略。深入推进"互联网＋农业"、重要农产品全产业链大数据建设、"互联网＋"农产品出村进城工程、信息进村入户。2 月，农业农村部等七部委联合印发《国家质量兴农战略规划（2018—2022 年）》，其中包括加快数字农业建设。鼓励对农业生产进行数字化改造，加强农业遥感、大数据、物联网应用，提升农业精准化水平。力争到 2022 年，农业主要品种全产业链数字化覆盖率达到 30％。5 月，中共中央办公厅、国务院办公厅印发《数字乡村发展战略纲要》，对我国数字乡村发展的战略目标及重点任务做出了重要指示。7 月，农业农村部发布《农业农村部办公厅关于全面推进信息进村入户工程的通知》（农办市〔2019〕12 号），对各省市信息进村入户工程做出了明确的部署要求。12 月 25 日，农业农村部、中央网络安全和信息化委员会办公室印发《数字农业农村发展规划（2019—2025 年）》，加快数字技术与农业农村经济深度融合。

（二）市级层面

1 月 24 日，北京市政府发布《北京市乡村振兴战略规划（2018—2022 年）》，提出强化乡村信息化基础支撑，实施数字乡村战略，推进"智慧乡村"建设和"信息进村入户工程"，开发适合"三农"特点的信息技术、产品、应用和服务。1 月 31 日，北京市科学技术委员会、北京市农业农村局、北京市园林绿化局、北京市水务局印发《强化创新驱动科技支撑北京乡村振兴行动方案（2018—2020 年）》，提出以"高端、高效、高辐射"为导向，以农业高端研发、产业链创新和现代服务业引领为重心，大力提升农业高端服务、产业链创新和先导示范功能。7 月 23 日，北京市农业农村局发布《中共北京市委农村工作

委员会 北京市农业农村局关于成立市委农工委市农业农村局网络安全和信息化领导小组的通知》（京农发〔2019〕26 号），成立市委农工委、市农业农村局网络安全和信息化领导小组，全面加强全市对农业农村信息化工作的领导，提升农业农村信息化水平。12 月 23 日，北京市农业农村局印发《2019 年北京市数字菜田建设实施方案》，在房山、顺义等 9 个区以政府购买服务、政企合作等方式，开展数字菜田项目建设。通过实施智慧化生产环境监控服务、智慧农事履历标准化服务、精细化投入品管理服务，推进设备自动化控制管理服务，各有关区实现菜田信息化应用覆盖率≥30%。

二、北京市农业农村信息化发展现状与成效

（一）积极探索数字农业农村发展方向

1. 首次开展北京市数字农业农村发展水平评价工作

2019 年 2 月 26 日，农业农村部信息中心发布《关于开展 2018 年度全国县域数字农业农村发展水平评价工作的通知》（农信息〔2019〕12 号），首次在全国组织开展县域数字农业农村发展水平评价工作。评价指标包括三大类 13 项一级 27 项二级指标，从发展环境、基础支撑、信息消费、生产信息化、经营信息化、乡村治理信息化、服务信息化 7 个维度对 2018 年全国县域数字农业农村发展水平进行综合评价。旨在运用互联网技术和信息化手段，运用绩效管理的理念方法，打造县域数字农业农村发展"指挥棒"，不断地强弱项、补短板、增优势，推动县域数字农业农村快速健康发展。市农业农村局会同市城乡经济信息中心积极落实，以区为评价单位，积极组织 13 个涉农区开展评价和创新项目填报工作。包括培训、数据采集、填报、审核、汇总、评分、上报等。共计审阅各区报告和材料 80 多份，处理各项数据 1 万多条，计算排名 30 多次。4 月 20 日在农业农村部"2019 中国农业展望大会""2019 全国县域数字农业农村发展论坛"上，农业农村部信息中心发布《2019 全国县域数字农业农村发展水平评价报告》。北京市城乡经济信息中心荣获 2018 年度全国县域数字农业农村发展水平评价工作优秀组织奖，丰台区、平谷区、昌平区荣获"2018 年度全国县域数字农业农村发展水平评价先进县"，北京市平谷区智慧蛋鸡物联互通数字农业创新项目、延庆区"智慧沟域＋信息进村入户"建设项目、怀柔区智慧乡村创新项目、朝阳区智慧乡村建设项目荣获"2018 年度全国县域数字农业农村发展水平评价创新项目"。

2. 首次开展北京市数字农业农村发展水平评价研究

把北京市数字农业农村评价工作进一步深化拓展到与研究结合，立足北京城市总体规划、乡村振兴战略和美丽乡村建设要求，市城乡经济信息中心和农业农村部信息中心、北京农业信息技术研究中心合作，对 13 个区 27 项指标数据进一步进行审核、清理，与全国平均水平、东部地区、全国排名前 100 前 500 的县域相比，结合京郊和上海、浙江、湖南等典型调研，在总结国内外数字农业农村发展先进经验的基础上，系统评价了北京市数字农业农村发展现状和水平，并进行了各项指标的比较研究，分析出北京市及各涉农区发展数字农业农村的优势和短板，总结了北京市建设数字农业农村的五种模式，提出了北京市

发展数字农业农村的主要路径、建设重点以及对策建议，形成 12 万字研究成果。研究指出，北京数字农业农村发展有自己的优势和特色，但和全国平均水平和先进相比，也有明显差距和不足，仍需大力度推进。

3. 多手段多领域强化农业农村大数据应用

北京市农业农村局开展"农业农村大数据实践应用研究课题"，对局机关处室、局属单位、系统单位、涉农区的业务职能和已有信息系统建设情况，未来业务发展的系统建设及数据需求，已有非系统类数据情况等进行实地调研，形成《农业农村大数据实践应用研究报告》和《北京乡村振兴大数据平台的总体建设方案》，明确全市农业农村大数据建设思路和构架。继续建立农产品信息监测链条，研发了农产品市场信息采集、行情分析、预测、预警、来源流向分析、"菜篮子"工程等多个信息系统，日采集全市 20 个批发市场五大类 700 多个品种的上市量、价格等行情数据，年信息采集量 500 多万条。继续开展生猪产业大数据试点建设，搭建北京市生猪大数据平台，全面梳理生猪产业相关的数据及运行系统，提供"一张图"及数据查询共享服务。北京市城乡经济信息中心继续加强北京市涉农信息资源平台建设，已接入 14 个农业农村领域信息系统的数据资源，累计 109 个数据目录，154.7 万条数据，构建了村情综合信息服务和休闲农业信息服务专题。进一步丰富京郊休闲农业客流行为分析手段和方法，继续对京西幽岚山风景区和延庆区智慧沟域景区客流的数量、特征、轨迹等行为信息进行采集与分析，构建京郊休闲农业客流行为分析指标体系，形成客流行为分析报告。北京市农林科学院农业信息与经济研究所构建了苹果、香蕉、荔枝、柑橘和芒果五个单品种的全产业链大数据平台。北京农业信息技术研究中心创制了具有自学习能力的农技全科智能语音问答服务机器人，构建了设施园艺工厂智能服务大数据平台，支撑育苗自动化管理、保姆式智能 AI 种植指导、质量安全监控、农业知识分享等智能服务。

4. 涌现一批优秀的新技术新产品新模式

为贯彻落实习近平总书记网络强国战略，以信息化引领驱动乡村振兴战略实施，根据农业农村部信息中心《关于征集数字农业农村新技术新模式新产品的函》（农信函〔2019〕27 号）要求，北京市农业农村局面向北京市征集一批未来 3～5 年有推广价值的数字农业农村新技术、新模式和新产品，以促进农业信息科技成果转化为生产力，为乡村振兴和农业农村现代化提供强有力的信息化支撑。11 月 19 日，农业农村部信息中心发起数字农业农村新技术新产品新模式项目征集最终评选结果于"2019 数字农业农村新技术展望论坛"正式公布。北京奥科美技术服务有限公司"北京智慧农业综合服务平台建设与运营"，北京天安农业发展有限公司"北京智慧农业综合服务平台建设与运营"，北京守朴科技有限公司"乡村治理信息化平台运营服务模式"，北京中农信达信息技术有限公司"农业时空大数据及云平台一体化"，北京北菜园农业科技发展有限公司"北菜园智慧农场管理系统的应用"等 35 个项目入选。内容涉及智慧农业、智慧农场、乡村治理、"互联网＋农技推广"、物联网推广应用、无人机、智能控制、大数据等，从全方位、多领域探索了数字农业农村发展的实践路径，提升了农业农村信息化建设，加快了全市农业农村现代化高质量发展。

（二）持续深化农业生产智能化

1. 实施京郊数字菜田建设

为加快农业信息技术应用，促进蔬菜产业高质量发展，助力北京农产品绿色优质安全示范区建设，菜田信息化应用列入市财政 2019 年农业改革发展专项转移支付资金预算任务清单。2019 年 12 月，北京市农业农村局制定印发《2019 年北京市数字菜田建设实施方案》，推进京郊数字菜田项目建设，明确了指导思想、建设目标、建设任务、资金安排、保障措施、进度安排及报送材料、服务标准。大兴区、顺义区等 9 个区以政府购买服务、政企合作等方式，实施基于互联网技术的"数字菜田"服务，通过实施智慧化生产环境监控服务、智慧农事履历标准化服务、精细化投入品管理服务、推进设备自动化控制管理服务，各有关区实现菜田信息化应用覆盖率≥30％。项目计划于 2020 年完成，目前正在积极推进实施中。

2. 继续强化物联网应用服务能力

以北京现代农业物联网应用服务平台为依托，继续从优化完善平台功能，规范园区数据，农场服务等方面加强平台的运维，深化"农业物联网＋农场服务＋渠道对接"信息服务模式，促进物联网技术在农业园区（企业）应用推广。平台完成 2018 年项目绩效自评工作，完成新网址（http：//bjnywlw.cn）变更、解析和部署工作。平台接入农场数量 640 个，农业设施 2 万亩，使用物联网设备的农场达到 112 家，安装传感器 1 647 个，摄像头 1 009 个。累计为 344 家农场提供四季田景拍摄服务，拍摄全景图 5 779 张，访问 37 万人次，转发量达 10 万余次。在"资源地图"模块新增"气象地图"子模块，集成北京市近 30 年（1986—2016 年）气象历史数据，包括空气温度、湿度、光照、降水量、昼夜温差、积温等气象数据。进一步丰富传感器（气象站）、摄像头、智农宝溯源感知摄像机、样本方设备等物联网设备数据接入，规范农业园区（企业）基础性数据信息，提高数据分析能力。全年服务农场 190 次，涵盖农场 104 家。平台使用绿色履历的农场达到 584 家，总印刷量达到 183 万枚，绿色履历访问次数 1 684 万次。通州金宏帝怡园、北京中农富通园艺有限公司、北京锦绣大地农业生态园、密云区北京悦民嘉誉种植园、本忠盛达种植专业合作社、金泽方舟（北京）农业科技有限公司、丰台区阳光瑞禾休闲采摘农庄等农业园区（企业）通过使用自动控制设备，智能电子秤等，节省人工 30％，对账精准度提高 20％。

3. 智能装备加大研发与应用

北京农业信息技术研究中心创建了具有自学习功能的农艺与控制参数动态协同知识模型和数据库，提高设施生产智能化生产效率和水平，在国内率先系统性创制了设施园艺工厂全流程智能化管控技术装备体系。同时还研发了具有无人值守，可见光、热成像、声纹信息等多模信息融合分析能力的禽舍蛋鸡健康状况巡检机器人，实现基于生理和行为多角度禽舍蛋鸡异常巡检。北京市农林科学院农业信息与经济研究所应用物联网数据高效传输和数据精准分析技术，研发并推广应用种鸡育种数据平台，在大兴保种场、百年栗园等进行了大范围的推广应用。顺义区北郎中在花卉和果蔬基地安装联网监控系统、智能视频操控系统、二维码产品溯源系统和移动应用 App，产量增加 30%、各种投入品减少 20%以上，实现了智能化生产和管理，综合效益增加 25%以上。其在内蒙古新建设的种猪场，大力引进智能化物联网设备，投产后预计节约 20%的人工成本，实现猪肉的全程电子追溯。

4. 智慧农业示范应用成效显现

北京市农业农村局建立"智慧农业联合实验室"，联合农业科研院所和高新技术企业，在智慧农业关键环节、关键技术上进行攻关，内容包括设施农业环境监测和智能控制、农作物虫害识别、农产品追溯系统的研究等。开展 2019 年北京市信息进村入户工程智慧农场建设（一期）项目，研发北京智慧农场管理平台包含 1 个 Web 前端、1 个管理后台、1 个微信小程序，项目在 6 家农场、40 栋设施温室内应用示范 18 种智能控制模块和日光温室控制应用平台，形成一套现代智慧农场整体建设方案，示范农场智能化水平明显提高，农场节省人工 33%，每亩每年产量提高达 11.4%，使用人员的满意度达到 98%。平谷区"国庆礼桃"利用"溯源平台＋智能硬件"智慧舱的科技手段监控大桃生产，智慧舱硬件设备自动采集土壤温湿度、光照、降雨量等生长环境数据，记录水肥管理、病虫害防治等农事信息；产后采摘、分拣、仓储、运输全流程实现实时产品定位及实时视频监控，真正做到了平谷"国庆桃"一物一码，有码可依。在庆祝新中国成立 70 周年的招待会上，带有硕大"70"标识、单果重 500 克以上、甜度超 13 度、预定日期恰好达到九五分成熟的"国庆礼桃"，成为一道独特的餐桌美味。北京北菜园农业科技发展有限公司实施智慧农园项目实现有机菜线上线下销售相结合，展现品牌个性化优势。北菜园向华联 BHG、华润 OLE、京东 7FRESH、沃尔玛等 50 家高端商超的有机蔬菜指定供应商日供货量 1 500 千克左右，销售额达 4.1 万元，占销售总额的 50%。同时，成为京东商城、中粮我买网、本来生活网等电商平台和中、农、工、建四大银行线上商城平台合作方。2019 年，实现销售额 2 100 万元，产品商品率提高了 40%，实现农户增收 125.46 万元，农户土地流转费 51.7 万元，种植合作社农户入股资金分红 5.27 万元。

（三）加快推进区域农业经营网络化

1. 积极对接优化农业电商发展环境

各区积极推动电子商务企业、农业龙头企业、合作社与社区开展合作，拓宽销售渠道、促进优质优价，提升农产品标准化、品牌化水平。顺义区出台《顺义区促进电子商务产业发展办法》《印发〈顺义区促进电子商务暨五类进口商品指定口岸业务发展办法〉的通知》等，对电子商务包括网上销售农产品网络销售额 5%的奖励。平谷区制定《平谷区 2019 年"互联网＋农产品"产业扶持政策》，对购置大桃自动化分拣、包装设备，购买、租赁集装箱保温库、设立物流揽收点以及电商人才培训、电商销售优秀桃农等给予资金支持，进一步优化电商销售大桃发展环境，吸引更多人加入电商销售队伍。创新示范"互联网＋渠道"建设，搭建企业商品流通标准与生产标准闭环，应用电子商务为农户提供技术指导、生产服务、大桃销售全流程的"保姆式"服务，带动农民专业合作社、专业大户发展网络化经营，拓展线上销售渠道，实现农户增收。2019 年，平谷区电商交易额同比增长 35.3%，其中"互联网＋大桃"销售 1 750 万千克，销售额 2.8 亿元，促农增收 1.23

亿元。平谷大桃成功入选中国农业品牌目录 2019 农产品区域公用品牌，品牌价值评估结果为 101.84 亿元，成为全市唯一在十七届中国国际农交会上推介的名特优新农产品。

2. 着力提升完善农业电商基础平台

北京市农林科学院农业信息与经济研究所打造"智农宝农产品电子商务平台"，整合合作组织及村企业 64 家，提供入驻、宣传、销售等服务，展示推广特色产品及资源 168 个；推广面积达到 6 万多亩，累计产生新增纯收益 2 200 余万元，辐射京郊 80％的区以及河北张家口、承德、唐山的数十个生产基地。助推优质农产品进社区，通过直销、团购、预售等多种手段，形成 O2O 立体化营销，实现累计销售量 20 多万单。房山区借助互联网解决农产品滞销问题，利民恒华"皇城货郎"电子商城采用"O2O＋F2C＋会员制"模式，全年实现销售收入 4 500 万元。通州区依托国际种业科技园区和金福艺农集团，实现资源统一管理和产业化升级，加强产地预冷、集货、分拣分级、包装、仓储等基础设施建设和资源优化配置，加快农业电商标准研究制定及推广应用。顺义区分享收获（北京）农业发展有限公司大力发展"互联网＋农业"的社区支持农业 CSA 模式，2019 年分享收获食物社区电商平台完成年度销售额 500 万元，分享收获大地之子线上线下体验活动完成活动收益 100 万元，两项占总收入 50％。北郎中农工贸集团与荷兰黛丽芙菊花育种有限公司和二十四（北京）网络科技有限公司合作，共同组建智能化花卉物流配送中心，搭建网络销售平台，鲜切菊 75％以上通过互联网销售到全国各地。

（四）有效促进农村管理高效化

1. 智慧乡村提前完成"十三五"建设目标任务

2019 年智慧乡村建设继续列入市财政 2019 年农业改革发展专项转移支付资金预算任务清单。北京市城乡经济信息中心制定方案，明确各区建设任务、建设内容、组织实施、相关说明、进度安排及报送材料等要求，强调体现村庄特色，加强与北京市"百村示范、千村整治"工程等"三农"重点任务有机结合，注重点面结合，分类推进，促进数字乡村建设落地应用，提升村庄的发展水平，形成区域示范带动。6 个区（大兴、密云、通州、门头沟、昌平、怀柔）49 个村完成 2018 年项目的验收培训工作，5 个区（大兴、通州、昌平、密云、怀柔）落实了 2019 年项目的建设任务和资金。经过多方共同努力，到 2019 年底，智慧乡村建设已提前完成"十三五"全市建设 200 个智慧乡村的目标任务，全市智慧乡村建设数量 235 个，涉及 13 个区 92 个镇。其中，完成建设 216 个，在建 19 个。乡村精准治理和惠民服务更加多元。昌平区南口镇率先探索全镇域智慧乡村建设新模式；75 个村应用"晓村务"微信小程序，提供在线党务学习、便民服务、信息发布、微社交、监管、数字村史馆功能，实现人居环境治理、书记信箱、物业报修等在线互动，并组织村民开展环境保护竞赛、爱家爱村、信息技术等线下活动与培训；延庆区张山营镇、顺义区大孙各庄镇、通州区西赵村、肖庄村、大灰厂村等搭建歌华高清电视云平台，定制了村内专属生活圈。

2. 镇域智慧乡村建设取得新突破

昌平区南口镇积极探索智慧乡镇建设，从零散的点状分布向集中连片的片状分布转化，实现 28 个行政村全覆盖，搭建了区—镇—村—村民四级网络服务平台和运营服务体系，多个业务系统组成的镇级智慧治理架构，为区政府、镇政府、村委会、村民不同主体提供"互联网＋系统服务"，建设内容到应用拓展等方面有了新的发展，实现了智慧乡村到智慧乡镇的突破，对乡村治理水平、服务村民生产生活有了新的提升，在京郊率先探索了村镇整体推进数字化、智能化村镇治理新路径。如，在提升镇域综合治理能力和水平方面，在重要沟域和流域布控 12 个点位防汛监测设备，实时采集水量、水位数据，并与镇级监管平台对接，通过手机微信推送的方式，将汛情预警推送给村委会，节省了劳动力，也避免了现场监测人员的意外风险，为汛期提供指导及防汛预警。镇政府、28 个村和 11个社区以及对口支援的 2 个镇（内蒙古太仆寺旗红旗镇和阿鲁科尔沁旗巴拉奇如德苏木）搭建和接入了视频会议系统，实现全网会议、分组会议、点对点会议、应急重大活动保障和远程培训，半小时之内召集完毕，提高了行政办事效率。仅 2019 年 9 月，南口镇利用视频系统组织 28 个村和 11 个社区召开双月度工作会议，参会人数达 240 余人。

3. 服务煤改清洁能源和美丽乡村建设

顺义区赵全营镇率先利用市级清洁取暖管理平台，建立市长热线、一键报修、接单/抢单、监测管理、统计分析等运营服务。平台将管辖区全部中标企业或维修机构近 200 家厂商纳入平台，满足百姓（农户）、维修师傅、技术专家、调度运营人员、客服人员等不同应用主体需求。维护人员在接到村民电话后实现 2 小时上门服务、4 个小时解决问题。其中，提前预警，优化运行降低了故障率和投诉率，2019 年 2 月 14 日（中雨雪），平台利用大数据提前调整除霜运行策略，预警低压故障 29 次，降低故障率 81％。并与 12345市长热线实现无缝对接，即诉即接，接诉即办，未诉先办。全面提升了受理服务水平，实现了"事事有反馈，单单有结果"。同时降低了故障率，提高了服务效率，降低了 12345热线投诉。

北京美丽乡村建设管理平台将农村街坊路、农村照明、农村（公厕）、农村（户厕）、村庄绿化、太阳能浴室、污水处理站、农村供水、垃圾处理、农村公益设施等数据录入台账，实现台账审核、台账按村统计、汇总统计、汇总图形分析、人口状况分析等功能。平台覆盖 13 个区，177 个镇，3 481 个村，构建了覆盖市、区、镇、村四级的美丽乡村建设管理的"基础台账"，为摸清业务底数、数字化监管、科学决策提供了数据支撑。

4. 信息进村入户工程聚焦精准帮扶

自 2017 年全市全面推进信息进村入户工程，制定《北京市全面推进信息进村入户工程的实施方案》，结合实际积极整合涉农资源，汇聚社会力量，融合技术渠道。经过三年的实践，建立了线上线下相融合的全资源、全产业链服务模式，初步探索出一条满足农村发展、农业增效、农民增收的有效途径。全市已建标准型益农信息社 227 家，专业型益农信息社 604 家，覆盖率为 27％。2019 年，村级益农信息社提供公益服务 6.34 万次，主要包括通过短彩信发布、村群提供政策咨询 0.67 万次、技术咨询 1.53 万次、市场信息2.61 万次、技术培训 1.53 万次。187 个村级益农信息社电子商务交易额 2 270.18 万元，农产品上行 605.6 万元、生产资料下行 561.34 万元、工业品和生活必需品下行 1 103.24万元。北京市信息进村入户工程大数据平台实现北京进村入户工作成果的多维度统计、汇总以及立体化呈现，为信息进村入户工作的整体推进和宏观决策提供了有力支持。延庆区探索"整区推进信息进村入户工程"，87 家"益农信息社"通过移动互联网、大数据和农业专家、信息员，将信息化服务延伸到村，拓展到户，为村民提供公益服务、便民服务、电子商务服务和培训体验服务，提供公益服务、便民服务 38 120 件，为村民每月提供 10 万元左右生活必需品，依托京味商城、放心购、微信群等帮助南窑村销售土豆种 1.5 万千克、太平庄村草莓 1 250 千克。

5. 各区加强业务管理平台系统建设

朝阳区围绕农业物联网技术应用、农产品及农业生产资料电子商务、信息进村入户、农业信息化企业等 4 个方面 94 项指标，开展朝阳区农业农村信息化发展情况调查监测。丰台区开发了农村集体经济组织预算管理软件和征地补偿费管理软件，加强对全区农村集体经济组织财务和征地补偿费专储账户的管理，提高农村集体经济组织民主化程度和水平，加大区级监管力度。顺义区筹备建设本区农业投入品监管平台和农产品安全追溯系统，实现对农资生产、流通、支付、使用、发放补贴款各环节的全程监管，打造覆盖全区的监管与服务网络。房山区建设房山区农村集体经济合同规范化管理平台，实现规范合同管理业务、优化合同管理流程、实现合同统计分析、整合农村集体经济合同信息资源，实现农村集体经济合同的动态网络化管理，23 个乡镇 1.3 万份合同已完成扫描录入工作。

（五）提升丰富公共服务便捷化

1. 扎实推进"互联网＋政务服务"

北京农业农村局网站收到报送信息 3 533 条，发布信息 3 056 条，向中国农业信息网政务网站报送信息 3 336 条，向全国联播频道首页推送信息 478 条，同比上升 23%，首页采用率 45.4%。在地方频道浏览量中北京位列第 10 名。北京"三农"舆情监测 3.2 万条，同比上升 65.2%；发布舆情日报 228 期，摘录新闻 4 833 条，同比上升 26%；敏感信息推送 2 430 条，同比上升 34.3%；共制作舆情月报 11 期，舆情季报 4 期，公开出版《2018 北京市"三农"网络舆情报告》。北京市城乡经济信息中心"乡慧"微信公众号发布 44 期 171 篇文章。其中，原创文章 100 篇，占比 58.5%，同比上升 20.5%。累计阅读量 11.6 万人次，同比上升 78.9%。组织线上线下活动 31 次，参与 4 622 人次，同比上升 107%。朝阳区《朝阳都市农业》微信公众号推送 86 期，注重动植物疫病防控、农产品质量安全、都市型现代农业等特色领域信息宣传，打造信息服务特色品牌，最高阅读人数近 9 000 人。海淀区农业农村局微信公众号全年编辑刊发 126 期，412 篇文章，其中被"北京海淀"微信号转载 3 篇。

2. 多平台支撑精准信息服务

北京市农林科学院农业信息与经济研究所开发"呲呲农技"App 和北京农科热线系列移动终端应用系统。开展"呲呲农技"App 应用宣讲培训 24 次，培训 3 830 人次，累计发放宣传册 3 345 册，日活跃量 1 000 人左右，用户数量较上年增加 6.3 倍。12396 科技服务热线积极推进科技服务融媒体平台建设，形成集"京科惠农"头条号、百度知道、网站、微信群、微博、QQ 群、App 等于一体的新媒体服务传播矩阵。"京科惠农"头条号粉丝数量 5 100 人，2019 年增加粉丝量 3 410 人，同比增加 2 倍，推送农业技术图文信息 215 次，累计阅读量达 864 655 次，其中单篇累计阅读量 12.8 万次，解答问题 102 个。北京移动农网继续为基层提供农业生产、防灾预警、气象信息等服务，全年发送实用信息 2 499 万条，月均发布数量在 208 万条。朝阳区开展农业宣传信息管理系统建设，包括素材采集、编辑管理、审核管理、发布管理、微信专题管理、农业宣传数据分析、综合管理、信息员服务等子系统，加强宣传工作信息化管理，提升宣传工作效率。海淀区开发"海淀甜园"小程序，用于海淀农民丰收节期间宣传和互动抢票活动。门头沟区以中国美丽休闲乡村、全国休闲农业与乡村旅游星级企业（园区）和农事节庆活动为重点串联，打造多种农事节庆活动，借助市级媒体平台，以微信文章推送等形式，先后推介 10 余家休闲农业观光园，提升门头沟农特产品知名度和影响力。平谷区推进"凤英工程·云上镇罗营"建设，部署提供新闻资讯、政务服务、便民服务、特色旅游等 4 类服务项目（包含 80 余细项）的智能服务终端设备"多能合一"智慧灯杆。推广即刻到家便民服务，为 10 个村 1 002 户老人免费安装智能终端设备——智身宝一键通。即刻到家爱老助残惠民服务已向大华山等镇延伸，受到山区群众的广泛认可和好评。创新推进虚拟药房建设，启动药品配送到家服务。怀柔区建设村庄旅游微信公众号，定期发布宣传软文，拍摄乡村航拍全景，对外展示乡村美景、乡村特色，积极推动乡村旅游民宿等产业发展。

3. 加速农业信息服务智能技术产品升级

北京市农林科学院农业信息与经济研究所推进人工智能技术在农业信息服务领域的深度应用研究。在资源内容方面，提供实用技术、新品种新装备、农业百科、农业文化等问答服务，并对资源内容进行可视化呈现；在语音理解方面，通过对识别结果分析和意图猜测机制，提升了人机对话的效果；在视频通讯方面，初步实现了 12396 专家网络视频通话，咨询解答能力进一步增强。研制面向农业自然科学知识传播的科普机器人，农技推广的"农科小智"技术服务机器人，面向农业园区观光的"花智人"导览机器人，推动了传统农业信息服务向智慧农业信息服务升级，并通过系列科普活动进行成果宣传推广，取得良好反响。

三、北京市农业农村信息化面临形势

（一）新变革

近年来，随着乡村振兴战略、数字农业农村战略实施，巨头及资本的不断投入，我国农业已逐渐完成由传统农业向机械自动化农业转变，物联网、互联网技术的探索应用，结合 5G、人工智能、区块链、云计算和大数据等新兴技术的驱动，智慧农业运营条件逐步成熟，应用模式也在不断完善。

2020 年 3 月，中央政治局常务委员会进一步提出要"加快 5G 网络、数据中心等新型基础设施建设进度"。"新基建"一词应运而生，即以 5G、人工智能、工业互联网、物联网为代表的新型基础设施，本质上是信息数字化的基础设施，其特点在于支持科技创新、智能制造的相关基础设施建设，更加侧重于突出产业转型升级的新方向，无论是人工智能还是物联网，都体现出加快推进产业高端化发展的大趋势。

智慧农业的成长同样需要新基建的支撑，万物智联，重塑物联价值体系。智慧农业生产将对农业整个产业链条提供更完备的信息化基础支撑、更透彻的农业信息感知、更集中的数据资源、更广泛的互联互通、更深入的智能控制、更贴心的公众服务，最终实现 AI 农业、无人农业，使农业步入产业化、规模化、智能化的发展阶段。

（二）新要求

2019 年底，农业农村部、中央网络安全和信息化委员会办公室印发《数字农业农村发展规划（2019—2025 年)》，为我国数字农业农村的发展提出了指导思想与目标，是未来五年农业农村信息化工作的规划指南。文件提出要以产业数字化、数字产业化为发展主线，以数据为关键生产要素，着力建设基础数据资源体系，加强数字生产能力建设，加快农业农村生产经营、管理服务数字化改造，强化关键技术装备创新和重大工程设施建设，推动政府信息系统和公共数据互联开放共享，全面提升农业农村生产智能化、经营网络化、管理高效化、服务便捷化水平，用数字化引领驱动农业农村现代化，为实现乡村全面振兴提供有力支撑。2020 年 1 月 2 日，中共中央、国务院印发《关于抓好"三农"领域重点工作确保如期实现全面小康的意见》，继续提到加强现代农业设施建设，依托现有资源建设农业农村大数据中心，加快物联网、大数据、区块链、人工智能、第五代移动通信网络、智慧气象等现代信息技术在农业领域的应用，开展国家数字乡村试点。

新版《北京城市总体规划（2016—2035 年)》中指出，加强城乡统筹、实现城乡发展一体化的部署策略，利用信息化手段推进新型农村社区建设，打造美丽乡村，构建覆盖城乡、优质均衡公共服务体系，建设均衡完善的便民服务网络，提高包括城乡规划、资源配置、基础设施、产业、公共服务、社会治理全方位的城乡发展一体化水平。中共北京市委、北京市人民政府印发《关于抓好"三农"领域重点任务确保如期高质量实现全面小康的行动方案》的通知，提出首都"三农"领域重点任务，指出首都"三农"工作要准确把握"大城市小农业""大京郊小城区"市情农情，强化责任、狠抓落实，统筹做好新冠肺炎疫情防控和农村改革发展稳定各项工作，集中力量完成打赢脱贫攻坚战和补上全面小康"三农"领域突出短板两大重点任务，持续抓好美丽乡村建设、重要农产品稳产保供和农民增收，扎实推动农业农村高质量发展，全力维护农村社会和谐稳定，不断提升农民群众获得感、幸福感、安全感，确保乡村振兴战略科学有序实施。新的要求为全市农业农村信息化工作指明了方向。

（三）新机遇

2020 新年伊始，一场突如其来的新型冠状病毒感染肺炎疫情牵动着全国人民的心。全国上下众志成城，万众一心，共同抗击疫情。面对疫情防控的严峻形势，互联网、大数据、人工智能等现代信息技术，打破时空界限，24 小时不间断、全方位服务，助力疫情防控。北京市积极应对疫情防控工作。1 月 30 日，北京新型冠状病毒肺炎疫情地图上线试运行，通过可视化的地图形式，在北京市政务数据资源网向公众直观展示北京市各区累计确诊病例、累计治愈数量及当前疫情分布等情况。并提供数据公开与数据下载服务，方便相关企事业单位开展疫情数据的开发应用，力争汇聚更多社会力量，携手并肩，共克时艰。海淀区注重发挥科技优势，及时对接人工智能、生物医药等领域高科技企业及高校院所、科研机构，推动新技术新产品研发应用，充分发动辖区内的科技企业从疫苗研发、快速检测试剂盒研发、大客流体温检测、政府紧急指挥调度系统、小型芯片隔离人群体温监测仪器等领域切入，快速研发调试，推出旷视 AI 测温系统、智能外呼系统等产品，为疫情防控提供坚实的科技支撑。一批农业园区（企业）积极利用自身渠道优势，采取线上线下多种途径，保障市场供应，齐心守护市民"菜篮子"。京郊各镇、村及时通过智慧乡村建设系统平台、微信推送、电话宣传、电子显示屏、乡村大喇叭、无人机、广播等宣传疫情防控知识，提高群众疫情防控意识，提升农村疫情防控效率和水平。数字经济、数字技术得到发挥发展，作用凸显，为数字农业农村发展提供了新的机遇和发展空间。

（四）新挑战

1. 统筹协调发展的格局亟须优化调整

一些单位、部门、涉及区正在机构改革过渡时期，职能定位尚不明确，业务协调沟通、项目推进受到一定阻力，业务协同性明显不足，统筹缺少坚强的抓手；市级通过转移支付的方式，为各区的信息化建设争取到政策，但在实际操作过程中，存在资金不足，不到位现象，一些重点工作执行无法保障，出现地区间发展不平衡的现象。

2. 数字农业农村发展引领驱动作用发挥不充分

主要表现对业务支撑力度不足，融合不深，在厘清思路，找准突破点方面还需加强，尤其是在乡村治理和公共服务领域，信息化、数字化对资源要素优化配置和集成的效能、需求挖掘不充分，适应首都"三农"特点的信息技术、产品、服务和应用不够丰富，智慧乡村缺少长期运维资金和措施，社会参与农业农村信息化发展的机制尚未形成。

3. 数据资源开发利用明显不足

自身业务直接产生的数据相对较少，各单位、部门间对履职过程中产生的数据资源缺乏梳理，存在底数不清的情况；按照国家和北京市相关要求，跨部门的数据资源共享、面向社会的数据开放尚未形成有效机制，资源利用价值挖掘不深入。

四、北京市农业农村信息化发展未来展望

2020 年是全面建成小康社会目标实现之年，是全面打赢脱贫攻坚战收官之年。2020 年农业农村信息化工作要以习近平新时代中国特色社会主义思想为指引，全面贯彻党的十九大和十九届二中、三中、四中全会精神，贯彻落实中央经济工作会议精神，抓住实施数字乡村战略、首都绿色创新发展等契机，以不断提升数字农业农村高质量发展为主线，以巩固网络安全保障为基础，以信息化手段推进农业高质量发展，保持农村社会和谐稳定，提升农民群众获得感、幸福感、安全感，全面服务于首都乡村振兴战略实施。

（一）提升数字农业农村发展水平

发挥信息化的扩散效应、溢出效应、普惠效应和基础支撑作用，不断提高京郊智慧乡村、智能农业发展质量，提升数字农业农村发展水平，加快推进农业农村现代化。按照数字乡村战略的要求，强化京郊智慧乡村建设与应用的指导服务，提高建设内容的针对性和实效性；对已建智慧乡村开展应用情况监测；对市级智慧乡村示范村组织开展硬件设备巡检、系统平台功能优化，村民信息能力培训等工作；利用新媒体，加强京郊智慧乡村宣传推广力度；总结村级建设与应用经验，探索乡镇级智慧乡村建设模式，提升数字乡村发展的集约性、高效性和全面性；推进数字菜田建设，提升蔬菜生产标准化、规范化、数字化、精准化水平和质量安全水平；继续提升北京物联网应用服务平台服务能力，优化完善平台功能，规范基础数据信息，增强平台统计分析与数据运营服务，从不同层面、不同领域为园区生产经营与决策提供服务与数据支持，加强平台安全保障，促进物联网技术在"三农"领域应用。

（二）加强电子政务支撑服务

以保障各项工作顺利稳定运行为目标，不断提高对市级平台系统和网站、机房和网络、终端和设备的运维服务质量，加强信息资源建设、提升数据利用价值。持续完善办公内网门户，提高规范性、便利性；做好农村土地确权颁证系统、农村实用人才系统等业务系统的运行保障；继续开展信息系统入云工作；依托涉农信息资源平台，继续整理汇聚信息资源，建设农业农村大数据中心，开展数据挖掘与应用服务；配合开展政务数据资源目录体系和目录链建设工作；继续做好市农业农村局系统单位政府投资信息化项目申报管理工作；提高运维服务保障规范化水平，开展机房、网络、服务器、网络安全设备等的日常运维，终端安全巡检和视频会议保障工作。

（三）提高网络安全保障能力

遵循有关法律和规章制度，完善网络安全体系和制度建设，规范落实网络安全等级保护各项要求，加强对关键信息基础设施和重点部门的安全防护和检查，提高保障能力、应急处置能力和态势感知能力建设。加强市农业农村局系统网络安全体系建设，完善规章制度，强化信息通报机制；开展网络安全等级保护定级、备案、测评等工作；加强渗透测试、风险评估、代码审计等工作，对发现的安全风险进行整改加固；加强重点时期网络安全保障，完善应急预案、开展应急演练，加强监控值守，提高态势感知和应急处置能力；开展网络安全培训，对重点部门和关键领域进行网络安全检查，组织攻防演练，提高实战化能力。

（四）加强调查研究

以编制"十四五"时期相关规划为契机，摸清摸实发展现状、总结提炼典型经验，梳理分析形势要求、有效提供对策建议。按照《数字乡村发展战略纲要》《数字农业农村发展规划（2019—2025 年)》《北京市乡村振兴战略规划（2018—2022 年)》等的要求，梳理实施乡村振兴战略背景下的信息化需求，科学制定"十四五"时期北京市数字农业农村发展规划；开展北京乡村治理数字化研究、智慧休闲农业平台建设等课题研究；持续加强"三农"舆情监测与分析，不断提升监测质量和服务水平。

（执笔人：刘军萍、马俊强、常剑、丛蕾，单位：北京市城乡经济信息中心）

北京市数字农业农村发展水平评价研究

2019 年农业农村部信息中心组织开展了首次全国县域数字农业农村发展水平评价工作。以绩效管理理念和方法，从发展环境、基础支撑、信息消费、生产信息化、经营信息化、乡村治理信息化、服务信息化等 7 个维度 13 个关键指标对全国县域数字农业农村发展水平进行了评价。北京市积极落实，以区为评价单位，开展了数据采集填报工作，有效样本量覆盖京郊 13 个涉农区（朝阳区、海淀区、丰台区、门头沟区、房山区、大兴区、通州区、顺义区、昌平区、平谷区、怀柔区、密云区、延庆区），3 909 个行政村。以 2018 年度数据为基础，依据全国县域数字农业农村发展水平评价指标，北京市城乡经济信息中心、北京农业信息技术研究中心合作，进一步对北京市数字农业农村发展水平进行了分析评价和各项指标的对比研究。基本结论是北京市数字农业农村发展已经起步，多项指标高于全国和东部地区平均水平，在建设实践中，逐步形成了北京优势和区域建设特色，但仍处于发展机遇期，与全国先进区域相比差距明显待提升，需要大力支持和强力推进。

一、北京市数字农业农村建设成效初显，发展机遇广阔

近年来，北京市持续推进智慧乡村、智慧农园、信息进村入户工程、农业物联网试点示范、涉农信息资源平台等建设，数字农业农村建设逐步形成了一定特色与成效。以智慧乡村为例，2015—2018 年度，全市已建智慧乡村 181 个，实现了 13 个郊区全覆盖，不断探索数字农业农村建设发展路径，初步形成了乡村治理型、生产经营型、休闲农业与乡村旅游型、城乡结合型、区域建设型等建设类型，涌现出了一批典型应用模式和案例。

（一）乡村治理型

主要利用信息化手段推动乡村的村务治理、党建治理、环境治理、服务治理等乡村治理智慧化，推动乡村德治、法治、自治"三治一体"。例如利用"晓村务"微信小程序搭建村民互动平台，建设镇—村两级的视频会议系统和 OA 办公系统实现政务互联互通，安装智能防汛设备建设平安乡村等。

（二）生产经营型

通过生产、经营、管理全程数字化，构建统一的"数据化"生产经营管控体系。目前重点应用在农业资源管理、生产过程管理、采收过程管理、电子商务等几方面。如顺义区绿兴特食用菌合作社通过全程物联感知实现精准种植，延庆北菜园通过全过程数据分析实现精准运营，北郎中花木中心通过整合网络销售平台促进产品销售。

（三）休闲农业与乡村旅游型

通过互联网提供的技术、云资源和大数据分析，改造和创新休闲农业与乡村旅游生产模式、经营方式、营销渠道和融资模式。目前多以"微信公众号推介＋营销＋园区信息化＋移动支付"为主要建设内容。

（四）城乡结合型

这类村庄信息化建设重点主要体现在公共服务、村庄办公等领域，综合运用信息技术手段与平台，通过资源整合、信息服务、流程优化等路径促进乡村公共服务普惠便捷、村集体管理服务工作提质增效。例如"智慧草桥"、优服物业管理、OA办公系统等。

（五）区域建设型

主要采用信息化手段突破物理距离限制，通过区域统筹协调，促进整个区域产业发展和治理水平的提升，其突出特征体现在资源整合和"共建共管共享"。例如延庆"智慧沟域"、南口"智慧乡镇"等。

二、北京市数字农业农村发展总体水平较高，仍面临诸多挑战

（一）北京市数字农业农村发展有优势和特色

数据显示，北京市数字农业农村发展呈现管理服务机构完善、互联网普及率高、畜禽养殖信息化程度高于作物种植和设施栽培等特征。13个涉农区均设立了区级农业农村信息化管理服务机构，城乡居民互联网普及率近80％，电商服务站点覆盖一半以上的行政村。2018年农产品网络销售率达到15.27％，城乡居民人均电信消费额超千元，畜禽养殖信息化程度达67.73％，远高于作物种植和设施栽培信息化应用率，农产品质量安全追溯信息化应用率达到31.61％。分别有30％左右的行政村实现了党务、村务、财务公开信息化应用。

与全国平均水平、东部地区平均水平、单项指标全国排名前100和前500县域平均水平比较发现，北京市数字农业农村发展在组织服务机构、人口互联网普及、城乡居民信息消费等方面基础较好，生产经营信息化也有了一定程度的发展。2018年，城乡居民互联网普及率近80％，11个区高于全国平均水平和东部地区平均水平，7个区达到90％以上；城乡人均通信消费额1 041元，高于全国平均水平，是后者2.05倍，朝阳区、海淀区、

通州区、顺义区、昌平区 5 个区达到 1 000 元以上，高于全国前 100 县域的平均水平；畜禽养殖信息化程度达到 67.73%；农产品质量安全追溯信息化利用率达到 31.61%，高于全国和东部地区平均水平，房山区达到 100%；电商服务站点覆盖一半以上的行政村，农产品网络销售率达到 15.27%；分别有三成左右的行政村实现了党务、村务、财务公开信息化应用，海淀区、丰台区党务、村务、财务公开信息化应用率达到 100%。

（二）北京市数字农业农村发展差距明显待提升

北京市数字农业农村发展总体较好，但各区发展水平差异较大，发展不平衡问题较为突出。北京市数字农业农村发展总体水平的指数测算结果为 52.21，有 4 个区发展水平高于全市水平，9 个区发展水平低于全市总体水平。其中，丰台区数字农业农村发展较为突出，综合指数测算结果为 75.57，远高于其他区；其次是海淀区、昌平区、平谷区、顺义区、房山区、延庆区，测算的综合指数处于 40~60；朝阳区、通州区、密云县、怀柔区、大兴区和门头沟区的数字农业农村发展综合指数测算结果处于 30~40。信息化财政投入、生产经营信息化以及服务信息化三个方面在各区间差异最大。

与数字农业农村发展先进区域相比，北京市在财政支持力度、生产、经营、乡村治理、服务等领域信息化应用等方面仍存在明显差距。2018 年，全市各区平均农业农村信息化财政支出额仅为 771.69 万元，略高于 616 万元的全国平均水平，远低于 4 403.89 万元的全国排名前 100 名和 1 721 万元的前 500 名县域的平均水平；信息技术在农作物种植、设施栽培、水产养殖中的应用率分别为 21.63%、20.31% 和 2.09%，与全国排名前 100 和前 500 的县域之间差距甚远；利用互联网技术和信息化手段实现党务、村务和财务公开的行政村占比分别低于全国平均水平 31.73 个、34.95 个和 28.05 个百分点，这三项指标全国排名前 100 和前 500 的县域则基本实现了全覆盖；信息进村入户村级信息服务站覆盖率仅为 8.03%，而全国和东部地区达到一半左右，而全国排名前 100 和前 500 的县域基本实现了全覆盖。电商服务站覆盖率仍低于全国平均水平；农产品网络销售率和农产品质量安全追溯信息化应用率与这两项指标的全国排名前 100 和前 500 之间仍存在一定差距。此外，实地调研发现，北京农村仍存在 4G 网络和无线 WIFI 覆盖不足、带宽不够、信号不稳、各主体数字化认知和信息化应用能力不足等问题。北京市要推进各区数字农业农村平衡、快速发展，赶上并超越目前发展先进区域，仍面临较大挑战。

三、农业农村数字化转型已成为国内外发展趋势

（一）国外实践

美、英、德、澳、日等国家或侧重某一方面，或全面发展，在信息化基础建设、生产信息化、经营信息化、服务信息化等方面取得了大量实践经验，对北京市数字农业农村建设在发展精准农业、推广轻便型智能农机和机器人、培育壮大数字农业新业态、建设农业农村大数据中心、数字化基础设施建设等方面具有重要启示意义。

1. 信息化基础建设

主要体现在政策推动基础设施建设和完善的数据库支撑。如英国政府启动"家庭电脑倡议"计划和"家庭培训倡议"计划，推动网络化进程，农村地区手机普及率已达100%；100%的农场使用计算机，网络连接率大于99%；超过50%的农民可以从信息化中获利。德国2016年发布"数字战略2025"，预计投入100亿欧元建立千兆网络未来投资基金解决农村联网的"最后一公里"问题。

2. 生产信息化

生产信息化方面，以农业物联网、智能机械和自动控制系统、轻型农业机器人支撑的精准农业是主要发展趋势。如日本研制出了一系列育苗、扦插、嫁接、果蔬采摘、农药喷洒、施肥和移栽等多种农业生产机器人。美国超过80%的大农场和20%的美国耕地都应用物联网技术实现了精准农业模式。此外美国、新加坡等国还形成了垂直农业等新型都市农业模式。

3. 经营信息化

建设重点主要体现在农业产后的交易管理、质量追溯和农场运营等领域。如日本利用数字技术、传感技术和远程控制技术建立了一种全新的农业运营模式。消费者可以通过与农场签订合同获得土地的使用权，然后根据自己的喜好进行蔬菜种植。澳大利亚政府建立了以大数据技术为依托的畜产品质量安全追溯系统——国家牲畜标识计划（NLIS），可以实现对动物个体从生到死全过程的追踪，保证农产品质量、促进农产品的销售。

4. 服务信息化

突出体现在数字化教育培训和乡村数字治理体系建设。如美国各州、学区和学校通过有计划开展数字化学习，形成以农村K-12学校学生的在线混合学习为代表的乡村数字化教育模式。韩国政府建立了多媒体远程咨询系统，利用先进的便携式摄像机、无线通信设备、网络会议系统等载体对农民进行田间演示教学和农村夜校教育。

（二）国内实践

浙江、上海、湖南等国内数字农业农村发展领先区域在顶层设计、农业数字化转型、农村电商发展、推进方式、机制完善、水平评价等方面的实践经验对北京市数字农业农村发展具有重要参考价值。

1. 浙江省

一是分层、分步开展数字农业农村建设与提升；二是以服务为导向，促进各类主体普及应用数字技术，如，浦江县石埠头村为促进村庄电子商务发展，引进了浙江菁华电商培训机构，德清庆渔堂农业科技有限公司构建了基于物联网的智慧渔业生态服务平台，为合作养殖户提供智慧养殖服务；三是搭建信息化平台和服务体系，提高政务服务水平，如"浙江农民信箱"的应用；四是建立基层数据采集与服务可持续机制；五是建立党员网格化管理与服务体系，充分发挥党员作用。

2. 上海市

上海市在农业数字资源整合共享方面和园区先进技术应用方面取得突出的成绩。一是上海市农委建立农业大数据采集、共享与应用机制，实现上海农业数据资源的收集与共享，目前完成了45个系统的资源编目，制定数据标准规范140项，编制了《上海农业数据资源目录》，统一了数据标准；二是应用数字农业技术，综合物联网、互联网、区块链、AI等先进技术，实现智能化、自动化全程贯穿于种苗繁育、播种移栽、种植生产、采后初加工、产品追溯、废弃物处理等环节。

3. 湖南省

湖南省因地制宜，在农产品品种选育、生产、销售、品牌打造等环节应用信息化平台和系统，极大地推动了当地特色农业的发展。一是创新数字农业农村发展机制，如安化县政府创新性提出了建立离岸孵化中心的思路，借助长沙的区位优势，为安化黑茶的发展提供服务与支持；二是因地制宜，开展数字农业农村建设，中方县以刺葡萄为主导产业，当地政府通过全国电子商务进农村综合示范项目，与惠农网合作，通过举行产销对接会等刺葡萄节系列活动，提升中方刺葡萄产业品牌知名度，助力刺葡萄销售；三是依托云上茶叶、华莱生物大型龙头企业示范带动，助推农业提质增效；四是产研结合，促进先进科技研发与落地。

四、北京市数字农业农村发展路径及对策建议

基于目前发展现状，结合国内外发展经验，立足市情农情，下一步，北京市按照乡村振兴战略总体要求，全面贯彻结合北京城市总体规划和实施乡村振兴战略，准确把握北京"大城市小农业""大京郊小城区"的市情、农情和城乡发展规律，以建设美丽宜居乡村、智慧绿色乡村为抓手，充分发挥北京科技创新资源优势，逐步推进生产经营、休闲旅游、乡村治理等农业农村领域数字化转型，全面提升乡村经济社会信息化应用水平。将北京市建成全国数字农业综合试验区、智慧城乡融合先行区以及全国数字农业农村创新中心。为促进该目标的实现，针对目前存在的财政支持力度、信息化基础设施、主体应用能力较弱，生产、经营、服务、乡村治理等领域信息化与应用水平还较低等问题，下一步需进一步强化数字农业农村发展顶层设计和财政支持，完善农村地区数字化基础设施，着力提升各类主体数字化认知与应用能力，加强农业农村数字科技的研发与应用体系建设，建立规范的农业农村数据采集、分享与应用机制，分类、分层、分步推进数字农业农村建设。

（执笔人：李瑾、常倩、常剑、郭嘉，
单位：北京农业信息技术研究中心、北京市城乡经济信息中心）

京郊"互联网＋服务"发展典型模式浅析

2018年、2019年中央1号文件明确提出实施数字乡村战略。北京城市总体规划和美丽乡村建设对城乡融合发展、缩小城乡基本公共服务差距、补齐农村基本公共服务短板提

出新要求。自 2015 年以来，京郊以智慧乡村建设为抓手，推进"互联网＋服务"在村镇的应用，与区域功能定位、经济发展程度相融合，形成有代表性的发展优势和特色。涌现出一批典型应用模式和实践案例，初步形成"互联网＋村镇整体推进""互联网＋乡村产业""互联网＋乡村生活""互联网＋休闲农业与乡村旅游"等服务模式，互联网公共服务普惠成效显现。

一、"互联网＋村镇整体推进"服务模式

（一）模式内涵

"互联网＋村镇整体推进"服务模式，是指针对一定区域，以移动互联网、社交网络媒体、大数据、云服务、人工智能等技术为支撑，采用信息化手段突破物理距离限制，通过区域统筹协调，促进整个区域产业发展和治理水平的提升。突出特征体现在资源整合和"共建共管共享"。

（二）主要应用场景

主要体现在两个方面：一是区域经济发展。依托山区沟域经济发展带，以打破行政界线的自然沟域为基本单元，将散落的村庄用信息化手段串联起来，按照一定生产关系组织生产、分配、交换、消费，关联地理位置、历史人文和特色资源等，采用"共建共管共享"的方式，形成特色产业链，最大限度促进区域资源价值实现和农民增收。二是区域乡村治理。以市、区、乡镇为单元，通过资源统筹，集约建设，利用信息技术建设区域内全覆盖的乡村治理和公共服务体系，促进区域管理效率提升和公共服务普惠便捷。

（三）典型案例

南口镇属于昌平区西部半山区镇，智慧乡村建设实现 28 个行政村全覆盖，在京郊率先探索了村镇整体推进数字化、智能化村镇治理新路径。主要做法：①防汛智能化。重要沟域和流域布控 12 个点位防汛监测设备，对雨量数据进行实时监测，并与镇级监管平台对接，为汛期提供指导及防汛预警。②会议远程化。镇政府、28 个村和 11 个社区以及对口支援的 2 个镇（内蒙古太仆寺旗红旗镇和阿鲁科尔沁旗巴拉奇如德苏木）搭建和接入视频会议系统，实现全网会议、分组会议、点对点会议、应急重大活动保障和远程培训，半小时之内召集完毕，提高了行政办事效率。③办公自动化。逐步实现各村提交文档材料电子化管理，在线签章，提高山区村庄办公效率。④管理精细化。统一规范"菜单式"工作流程，每项工作任务细化列出清单，村"两委"干部对照清单任务，逐项完成。⑤开展人居环境监测。利用物联网在人居环境、垃圾分类、厕所革命、秸秆治理方面与村级美丽乡村治理服务平台结合，镇统一管理使用。⑥提升公共服务。在线发布党务、村务、财务三公开，提供报修、就业、社保、医疗、培训等方面的便民服务，实现乡村人口、资源等资料数字化存储。⑦线上线下开展文明村、文明家庭、星级文明户、五好家庭等活动，促进乡村文明建设。

二、"互联网＋乡村产业"服务模式

(一) 模式内涵

"互联网＋乡村产业"服务模式,是指以信息和知识为核心要素,以农业生产经营(大田种植、设施园艺、设施水产、设施养殖)为载体,以农业信息感知与获取技术为基础,按照工业发展理念,通过农业物联网、大数据技术、人工智能与村庄特色生产经营全过程、全要素相融合,实现农业生产全过程的信息感知、定量决策、智能控制、精准投入、个性化服务,具有信息感知自动化、生产过程智能化、生产流程标准化、农业经营信息化、农机装备在线化等特点,是促进村庄农业产业向数字化、现代化转变的主要模式。

(二) 主要应用场景

本模式多见于具有一定规模、较高附加值的设施园艺(如花卉、草莓、果菜等)(种植面积≥200 亩)、设施养殖小区(奶牛养殖、蛋鸡养殖)(奶牛存栏≥100 头;生猪出栏≥500 头;蛋鸡存栏≥20 000 羽;肉鸡出栏≥50 000 羽)、基地与休闲园区,如房山琉璃河镇周庄村慧田蔬菜种植专业合作社的菊花种植基地、顺义北郎中花卉中心、延庆小丰营村北菜园农业园区等。

(三) 典型案例

顺义区赵全营镇北郎中村,常住人口 4 000 人,农业人口 1 646 人。村内主营种猪养殖、花卉种植、面粉加工等。主要做法:①物联网监控平台。在花卉公司和果品产销中心建立智能温室安装物联网监控系统、智能警务视频监控系统、二维码产品溯源系统和移动应用 App,以及水肥一体化、温湿度、光照自动化控制技术,利用物联网技术和信息管理系统提升企业的管理水平。蝴蝶兰反季节培育成功率提高到 95％。②电子商务。与荷兰黛丽芙菊花育种有限公司和二十四(北京)网络科技有限公司合作,共同组建智能化花卉物流配送中心,整合国内、国际优质花卉资源,面向国内外市场,搭建网络销售平台,打造北郎中鲜切菊品牌。北郎中花木中心鲜切菊全部采用网络销售,每年花卉销售量增长率超过 30％。

三、"互联网＋乡村治理"服务模式

(一) 模式内涵

"互联网＋乡村治理"服务模式,是指以健全村内信息化基础设施为基础,以移动互联网、社交网络媒体、大数据、云服务、人工智能等技术为支撑,利用信息化手段推动乡村的村务治理、党建治理、环境治理、服务治理等乡村治理智慧化,推动乡村德治、法治、自治"三治一体"的模式,具有治理主体多元化、治理工具社会化、治理技术智慧化、治理流程便捷化等特点。

(二) 主要应用场景

本模式在京郊智慧乡村建设中均有应用，在基层管理方面，主要体现在基层党建、"三资"管理、治安管理、村务公开、人口信息采集、计划生育服务、流动人口与出租房屋等内容的信息化管理；在村民自治方面，主要通过微信公众号、微信群、村务管理平台等方式，搭建村民参与乡村治理的平台与渠道，提高村民自治水平；在环境治理方面，部分村庄实现了基于业务系统的信息化管理、自动化信息采集与智能化预警，但总体说环境治理的信息化仍是乡村治理信息化的薄弱环节。

(三) 典型案例

门头沟区妙峰山镇陈家庄村，村域面积 6 750.7 亩，常住人口 500 多人。村庄耕地少，村民收入主要来自外出打工、养老金、村集体分红等。主要做法：①信息化基础设施。建立了 7 个无线 WIFI 点位覆盖，村庄主要区域 WIFI 覆盖面积占到 95%。②村庄治安视频监控。已覆盖村庄主要道路和村委会等重点公共区域，安装摄像头 43 个。安保监控系统可以实现村域 24 小时的全程监控。③微信村务管理平台"晓村务"小程序。设置大家说、党务、公共服务、乡村治理等板块。该村定制开发了环境自治板块，把村庄垃圾清理分为不同的片区，每个片区负责人清理后拍照上传，村委会借此监督管理，鼓励提高村民参与环境治理。④村庄档案管理。通过信息化电子档案，对乡村的人口、住房管理信息进行电子化管理。

四、"互联网+乡村生活"服务模式

(一) 模式内涵

"互联网+乡村生活"服务模式，是指以满足村民生活需求为导向，以促进乡村生活便捷化、智慧化、普惠化为主线，推动村民生活富裕、普惠便捷与乡风文明，运用移动互联网、社交网络媒体、综合信息服务平台、大数据、多媒体、数字影院、数字图书馆、益农信息社/信息服务站、养老驿站等设施、平台，通过资源整合、信息共享、信息服务等在乡村益民健康养老、科教文卫等领域实现乡村生活普惠便捷的智慧乡村服务模式。尤以信息进村入户试点村、城镇化水平较高以及村民信息化意识较强的近郊、城乡结合部村庄为主，具有基础设施信息化、村民交流社交化、日常生活便捷化、信息服务共享化、村民自治主动化等特点。

(二) 主要应用场景

本模式在京郊智慧乡村建设中均有涉及。如大兴区东辛屯村智能广播系统，实现语音留痕、分区广播、定时广播等智能广播功能，有效提升了信息传播能力。大兴区赤鲁村成立了北京市第一家居家养老服务中心，为村民提供用餐、健康体检、康复咨询等服务，实现了"老有所依"。大兴区赵庄子村建设一站式服务大厅、社区卫生服务站、老年活动中心、社区菜园、益民农村社工事务所等社区服务设施与机构，探索了农村社区化建设模式。昌平区八家村作为信息进村入户试点村，依托益农信息社以及"智慧八家村"歌华有线电视云服务平台，为村民提供便捷的生产生活信息服务，实现"村民小事不出门、大事不出村"。大兴区通过整合 12316、农技通、移动农网、政民通等资源，搭建惠民村级信息服务站（平台），年提供农业信息咨询服务 9 000 余人次，年发送农业科技类和天气预警类等短信 300 余万条，为全区 135 名全科农技员提供植保农药等服务。

（三）典型案例

大兴区魏善庄镇赵庄子村，村域面积 2 185 亩，现有户籍人口 409 人，农业人口 321 人。村民收入主要来自平原造林的土地流转以及外出务工。通过智慧乡村建设，探索"室外无线 AP＋无线广播＋义工服务＋社区综合治理与服务"建设模式，推动乡村治理"三治合一"，提高村庄凝聚力，丰富村民生活。主要做法：①智能化基础设施。布局室外无线 AP 系统，为村民提供便捷的上网服务；建立无线广播中心，推动应急信息传播的实时化；村庄主要道路和路口安装 14 个监控摄像头，安排专职人员进行实时监控；LED 屏显示系统为村民准确、快速了解村务、环境等信息提供便捷渠道。②智能化菜园监管系统。依托村庄义工制度，建立村庄菜园打卡系统，将其与菜园、超市结合，依托指纹识别系统记录出工时间，对村庄菜园义工进行在线管理，提升了村民参与义工服务的积极性，营造了村民"共劳动、共产出、共享用"的"和谐淳朴人文美"氛围。③社会化网络媒体。通过村民微信学习群开展学习培训交流，帮助村民提高计算机、手机应用技能，80％以上的村民掌握了智能手机、微信等使用方法，微信成为村内生产生活信息交流共享主渠道。④建立益农一站式服务大厅，实现了村民日常生活服务"不出村"。

五、"互联网＋休闲农业与乡村旅游"服务模式

（一）模式内涵

"互联网＋休闲农业与乡村旅游"服务模式，是指以休闲农业与乡村旅游产业基础设施信息化为基础支撑，以宣传推介与营销渠道电商化为主线，将"互联网＋"融入休闲农业与乡村旅游的设计、研发、生产、融资和流通，改造和创新休闲农业与乡村旅游生产模式、经营方式、营销渠道和融资模式，融合带动智能农业、精准农业、智慧旅游、农村电商、移动支付，形成乡村新产业、新业态。这种模式具有增强用户体验、实现供需精准对接、宣传推介与服务方式多样化等特点。

（二）主要应用场景

本模式以"微信公众号推介＋电商营销＋园区信息化＋移动支付"为主要建设内容，

多见于具有较强休闲农业与乡村旅游资源优势的村庄，尤其是门头沟、怀柔、密云、平谷等远郊区以及具有休闲农业优势的近郊农业园区，也是市场化程度相对较高的模式。如平谷区西柏店村，怀柔区下坊村、青石岭村、北宅村，房山区黄山店村，密云区蔡家洼村，门头沟区水峪嘴村，大兴区东兴屯村等。

（三）典型案例

怀柔区下坊村与青石岭村结合村内特色旅游资源，在提升村内无线 WIFI 覆盖、视频监控等基础上，结合电商平台、智慧乡村微信公众号进行宣传推介，开通移动支付功能，为游客提供便捷的消费环境。主要做法：①提升信息化基础设施。两个村均实现了公共区域、消费区域的无线 WIFI 全覆盖，为游客提供基于二维码扫描的智能化 WIFI 服务。在村环线和重要节点设置高清视频监控、车流量监控，为游客营造安全舒适、生态宜居的民宿环境，下坊村还建立了室外环境监测站，对水质、PM2.5、负氧离子、风速、风向、空气温度、空气湿度、光照强度、降水量等环境信息进行实时监测，通过网站、显示屏等为游客提供信息。②网上宣传推介。两村建立游客微信公众号"青石岭旅游村""下坊旅游村"。应用 360 全景、航拍、视频等展现村容村貌、旅游特色资源。青石岭村建立了民俗户群，用于民俗户间信息交流共享。微信公众号提供网上商城功能，游客可实现景区在线订购与景区特色产品在线购买。依托微商平台，游客消费采用支付宝、微信等电子支付结算方式。③村务管理与村民服务平台。两村均建立了面向村民的村务管理微信平台、微信群、企业微信公众号。下坊村微信公众号"北京市怀柔区宝山镇下坊村经济合作社"面向村民，提供村务动态三公开、在线服务、便民服务、村务数据管理服务。

（执笔人：常剑、常倩，单位：北京市城乡经济信息中心、

北京农业信息技术研究中心）

北京智慧绿色乡村建设研究

绿色是乡村建设的底色。"绿色"既是指绿色生态环境，又是指绿色发展。其中，绿色生态环境是人类生存发展的依托，着眼于生态文明建设；绿色发展是永续发展的必要条件和人民追求美好生活的价值诉求，着眼于发展方式转变。

智慧是乡村建设的支撑。当前，新一代信息技术创新空前活跃，不断催生新技术、新产品、新模式，建设数字乡村作为国家的战略重点和优先发展方向，加速农业生产智能化，普及农村信息服务，提升农民生活智慧化便捷化水平。乡村的信息化发展，为乡村治理、公共服务、产业转型升级提供智能、绿色、融合等新型发展模式，从而引领乡村向智慧、高质量发展。

一、北京乡村智慧绿色化发展的优势与不足

（一）优势

1. 生态环境治理力度大

中共北京市委、市政府先后召开"深入推进疏解整治促提升促进首都生态文明与城乡环境建设动员大会""全市生态环境保护大会"，制定了打赢蓝天保卫战三年行动计划、新一轮百万亩造林工程、水污染防治等工作方案，健全生态保护补偿机制，划定全市生态保护红线。

制定了《关于推动生态涵养区生态保护和绿色发展的实施意见》，加大市级财政对生态涵养区的转移支付和资金保障力度，明确把扩大生态环境容量、提高生态环境质量作为其首要任务，努力将生态涵养区建设成为展现北京历史文化和美丽自然山水的典范区、生态文明建设的引领区、宜居宜业宜游的绿色发展示范区。

2. 绿色化发展有特殊优势

绿色生态优势。北京郊区、特别是山区，承载着重要的生态屏障和水源涵养功能，天然具有开展绿色化发展的优势区域。2013 年北京农业的生态服务价值年值为 3 449.78 亿元。其中，生态与环境价值年值为 1 809.48 亿元，占总价值的 52.5%。

多功能优势。北京乡村在农产品有效供给与应急保障、宜居城市和生态建设等方面，发挥着重要的基础性作用，其生态、生产、生活及文化传承等功能和价值日益突出。

基础设施优势。2013 年北京市交通运输投资 756.5 亿元，公共服务业投资 502.5 亿元，分别占固定资产投资额的 37.5%、24.9%。这些投资大多用于北京乡村的交通和农业生产条件的改善。

惠民政策优势。2014 年北京乡村农林牧渔总产值达到 420.1 亿元，农村居民人均纯收入 20 226 元。北京从实施"新三起来"、建设美丽智慧乡村、人居环境整治、厕所革命、垃圾分类等建设内容，全面提升了乡村的人居环境和村民的获得感。

3. 智慧化发展条件较成熟

管理服务机构完善。2018 年全国县级农业农村信息化管理服务机构覆盖率为77.70%，北京市 13 个涉农区均已设置了农业农村信息化管理服务机构，为农业农村信息化建设提供了组织机构保障。

宽带和网络覆盖面广。目前北京市所有行政村已实现光纤和 4G 网络全覆盖，重点行政村宽带接入速率达 50M 以上，重点交通干线和景区实现连续覆盖。

互联网普及程度较高。2018 年 13 个涉农区互联网普及率达到 79.24%，高于全国平均水平（64.54%）和东部地区平均水平（67.10%）。

城乡居民信息消费基础较好。2018 年 13 个涉农区城乡居民使用移动、联通、电信网络的人均信息消费额达到 1 041.42 元，高于全国平均水平 507.53 元。

信息化建设有基础。搭建了农科城农业科技大数据中心，构建了"4 大基础库＋10 大主题库＋N 个服务库"的数据库体系；搭建了农业物联网平台，并接入农场基地数量 645个，开展了智慧乡村和智慧农园建设，并取得了一定的成效。

（二）不足

1. 生态文明建设相对滞后

北京的郊区、特别是山区，承载着重要的生态屏障和水源涵养功能，但整体的生态文明建设水平还需要进一步提高。与日新月异的城市发展相比，郊区的供水管网、污水管网、垃圾清运网、电网、乡村路网、互联网等基础设施建设急需加强，与绿色化相关的节能、新能源、碳减排等绿色发展领域的标准、统计、法规等基础工作尚不健全，相关基础设施与服务能力的投入保障力度仍存在不足。

2. 信息化投入力度较弱

2018年北京市县均农业农村信息化财政支出额仅为771.69万元，乡村人均农业农村信息化财政投入仅为24.41元，略高于616万元和17.99元的全国平均水平，远低于4403.89万元全国排名前100名和1721万元的前500名县域平均水平，与首都的地位不匹配。可能的原因是北京市城镇化发展较快，2017年北京市地区生产总值中第一产业占比和乡村人口占总人口的比重分别仅为0.4%和13.5%，远低于7.9%和41.48%的全国总体水平。农业、农村在其地区经济发展中的比重较低，因而在其发展过程中给予的关注和支持力度较弱。

3. 信息化应用程度不高

数据显示，北京农业农村信息化在生产、经营、乡村治理、服务等领域应用程度与相应指标的全国平均水平、全国排名前100和前500的县域相比，差距明显。

在生产领域，2018年信息技术在水产养殖中的信息化应用率仅为2.09%，农作物种植中的应用率21.63%，设施栽培中的信息化应用率为20.31%，这三项指标与全国排名前100和前500的县域之间差距甚远。

在经营领域，农产品网络销售率和农产品质量安全追溯信息化应用率分别为15.27%和31.61%，高于全国和东部地区平均水平，但与这两项指标的全国排名前100和前500之间仍存在一定差距。

在乡村治理领域，利用互联网技术和信息化手段实现党务、村务和财务公开的行政村占比分别为31.39%、28.17%和35.51%，而全国和东部地区在党务、村务、财务公开中应用信息技术的行政村占比达到2/3左右，这三项指标全国排名前100和前500的县域在党务、村务、财务公开中的信息技术应用基本实现了全覆盖。

在信息服务领域，信息进村入户村级信息服务站覆盖率仅为8.03%，而全国和东部地区村级信息服务站覆盖率达到一半左右，该项指标全国排名前100和前500的县域村级信息服务站基本实现了全覆盖。

二、北京智慧绿色乡村建设目标与内容

（一）建设目标

1. 农业生产数字化

将互联网、物联网、大数据信息技术融入大田、设施蔬菜园、农业生态园、农机智

能装备等农业重点产业，打造感知和控制体系建设，实现农业生产方式的精细化、精准化。

2. 乡村治理智慧化

水、电、气、路、通信网络达村到户，村庄实现智慧管理、智慧医疗、智慧教育、智慧交通、智慧服务，设施齐全、功能强大，村民生活更加舒适便利。

3. 绿色低碳生态优

各类污染有效控制，自然资源得到合理保护和集约利用，化肥和农药施用量减量适度，农田灌溉水有效高效，绿化美化显著提升，空气质量明显改善，环境质量全面提高。

4. 村庄宜居生活美

垃圾、污水得到有效治理，乱堆乱放全面清理，乱搭乱建全部拆除，建筑特色得到彰显，村容村貌得到普遍改善。

（二）建设内容

1. 智慧绿色生产

智慧绿色生产经营，是指以信息与知识为核心要素，以农业生产为载体，通过农业物联网、大数据技术、人工智能与现代农业深度融合，加强种植养殖业与休闲旅游农业的信息化建设。推动传感监控设备、二维码等物联网技术在农业生产领域中的应用，实现对日常生产经营过程的智能化管理；利用网站、电商等平台实现农产品的宣传推广和网上营销，有效促进涉农企业提高生产效率，规范日常管理，保障农产品质量安全，塑造产品品牌，拓展网络销售渠道。建设内容分为种植养殖与休闲观光农业两个部分，具体包括物联网监控、生产经营管理、电子商务等。

物联网监控。建设物联网监测与自动化控制系统，为涉农企业提供空气温湿度、土壤、病虫害等智能温室环境监测与自动化控制服务和大田农情监测服务，动态监测和科学管理农作物生长环境。基于视频监控系统建设，对大棚、产业园区等生产场所行实时监控，对工作人员进行监督管理，提高生产效率。借助二维码等相关信息技术，建设农产品质量追溯系统，实现对果蔬、禽肉等农产品的产地来源、生产周期、流通过程等全生命周期管理，为消费者提供查询验证服务。

生产经营管理。建设生产经营管理系统，借助信息化技术为涉农企业提供生产模型、种植养殖记录、成本、社务、农产品生产加工、仓储物流等管理功能，将信息化应用扩展到涉农产业的全产业链，有效提高企业生产效率，降低成本，提高企业管理水平、风险抵抗能力和市场竞争力。

电子商务。通过网站、微店、与电商平台对接等信息化手段宣传农产品品牌，拓展网络销售渠道，采取线上线下相结合的方式实现涉农企业的品牌推广，发展社交电商、"粉丝"经济，促进农产品的销售；通过销售系统实现对订单、成本、收入的核算管理，为涉农企业日常营销提供良好的信息化支撑。

2. 智慧绿色生态

智慧绿色生态，是指推动数字化转型全面融入乡村建设、环境整治、常态管理等各方面，绘就了一幅天蓝、地净、水绿、村美的乡村画卷。

通过开展国家数字城市地理空间和智慧绿色乡村时空信息云平台建设，建立起覆盖城乡的"多规合一"空间控制体系，并以这张蓝图为基础制定完成各村建设规划，全面完成智慧绿色乡村建设。

围绕着治水、治违、治气、治土、治矿生态环境整治组合拳，从生态资源、环境监测、污染源等三方面入手，创新打造城乡协同的信息化管理监测系统，并将环境管理数据与空间数据进行结合，在此基础上生成数字生态地图，搭建起北京乡村的生态防护网。

充分利用数字技术直观易懂、便于收集的天然优势，依托阿里云ET"城市大脑"智慧监管平台，广泛将其运用到农村生活垃圾分类、农村生活污水治理等工作中，有效降低了农村百姓参与工作的门槛，进一步调动起基层主动性、积极性。

3. 智慧绿色生活

智慧绿色生活，是指以满足村民生活信息服务需求为导向，以促进乡村生活便捷化、智慧化、普惠化为主线，以推动村民生活富裕、普惠便捷与乡村文明为目标，综合运用移动互联网、社交网络媒体、综合信息服务平台、大数据、多媒体、数字影院、数字图书馆、益农信息社、养老驿站等技术手段与服务模式，通过资源整合、信息共享、信息服务等路径，在乡村益民健康养老、环境、科教文卫等领域实现乡村生活普惠便捷的智慧绿色乡村建设模式。具有基础设施信息化、村民交流社交化、日常生活便捷化、信息服务共享化、村民自治主动化等特点。

推进政府数字化转型，率先成立大数据管理发展平台，汇集多个部门的基础数据，并尽可能把数据权限向基层开放，让农村居民在便民服务中心、邮政网点、基层站所就可以办理多项政务服务事项，实现小事不出村，大事不出镇，推出智慧交通、智慧旅游、智慧诊所等便民机制，让村里人享受到和城里人一样的优质服务。

4. 智慧绿色治理

智慧绿色治理，是指以健全村内信息化基础设施为基础，以移动互联网、社交网络媒体、大数据、云服务、人工智能等技术为支撑，利用信息化手段推动乡村的村务治理、党建治理、环境治理、服务治理等乡村治理智慧化的全新乡村形态，是推动乡村德治、法治、自治"三治一体"的重要手段，具有治理主体多元化、治理工具社会化、治理技术智慧化、治理流程便捷化等特点。

构建智能治理体系，建设农村人居环境综合监测平台，持续丰富农村数字应用场景，逐步构建系统化、信息化、精细化的社会治理体系。搭建乡村治理平台，实现人口、集体资产、土地资源、治安综治、财务、档案等日常村务工作的电子化与信息化，促进党务、村务、财务公开的及时与透明，通过平台线上线下评选文明村、文明家庭、星级文明户、五好家庭等活动，促进乡村文明建设，提高基层乡村治理的科技化水平。整合信息资源与服务渠道，通过建设或应用已有的信息系统，为农民提供包括人口计生、房屋管理、民政优抚、社会保障、劳动就业、科技教育以及日常生活等多方面的服务，实现服务者日常工作的电子化与信息化，提高服务能力，加强与成熟互联网平台的对接，缩小城乡社会服务差距，使农民充分享受到融合、丰富与便捷的社会公共服务。

三、对策建议

（一）做好顶层设计，编制总体规划

北京的郊区、特别是山区，承载着重要的生态屏障和水源涵养功能，要加强智慧化、绿色化顶层设计，编制乡村智慧化、绿色化发展规划，吸纳智慧城市建设及京津冀三地的社会经济发展规划、城乡规划、土地利用总体规划、环境保护规划及其他产业发展规划，统一确定绿色化发展的生态红线、环境底线和资源上限，综合北京各农村发展现状、发展需求，重点研究和协调各乡村空间利用的科学性，在全市范围内统筹制定智慧绿色乡村发展规划和布局，推进各涉农区编制智慧绿色乡村建设区级规划，实现统一的建设标准、统一的工程管理，避免规划自成体系、内容冲突。

（二）加大财政资金支持，吸引社会资本介入

加大北京市各级政府财税支持力度，统筹利用信息进村入户、美丽乡村、智慧农园等支持资金，建立包括补贴、投资、金融、信贷、税收、重大项目建设等一揽子政策支撑体系，集中力量推进北京智慧绿色乡村建设和发展。可以借鉴浙江安吉县以奖代补、先建后补、政府购买服务等方式，对采用互联网思维实现创新创业的新型农业经营主体给予积极支持。

综合运用项目奖励、财政贴息、税收优惠、融资担保等综合政策，鼓励金融机构、工商资本、互联网企业与新型农业经营主体参与智慧绿色乡村建设。鼓励和支持建立多种形式的智慧乡村风险投资基金，通过特许经营等方式吸引社会资本参与智慧绿色乡村建设，以此打通以民间资本为核心的社会资金、政府扶持资金、金融机构信贷资金三方资金渠道。

（三）提升区、乡镇、村三级的应用意识和能力

乡村建设进展的快慢与各区领导的认知与重视程度息息相关。调研发现各区领导对农业农村信息化的认知和重视程度对相关项目的建设运行效果呈正相关，强化各区领导对建设智慧农业农村的内涵、作用、建设路径的认知有重要作用。智慧绿色乡村建设主体是乡镇和村委，目前其信息化应用意识和能力较弱，需花大力气提升乡镇政府和村委的智慧化应用意识和能力，可借鉴昌平南口智慧乡村建设的经验，通过确定信息化工作明细任务，制定分步具体工作流程的"菜单模式"，强化乡镇政府人员、村委工作人员学习掌握信息化工作流程，逐步提升信息化工作的意识和能力。

（执笔人：马晓立、陈洁，单位：北京市城乡经济信息中心）

北京市农业农村局政府信息公开工作
统计分析报告（2016—2020）

一、总体情况

北京市农业农村局政府信息公开主要通过来电来访咨询和依申请公开 2 种方式处理，从 2016 年到 2020 年 4 月，所有来电来访咨询均已完成答复，同时依申请公开也予以受理办结，较好地完成了此项工作。

在来电来访咨询方面，共接待咨询 746 人次。其中，现场咨询 222 人次、电话咨询 524 人次；在依申请公开方面，共受理依申请公开 680 件，其中，现场受理 407 件、邮寄受理 192 件、网页受理 58 件、邮件受理 23 件。

二、来电来访咨询统计分析

（一）按数量分类

2016 年，完成来电来访咨询 175 人次。2017 年，完成来电来访咨询 195 人次，同比增长 11.4％。2018 年，完成来电来访咨询 201 人次，同比增长 3.1％。2019 年，完成来电来访咨询 144 人次，同比下降 43.4％。2020 年 1—4 月，完成来电来访咨询 31 人次（图 1）。

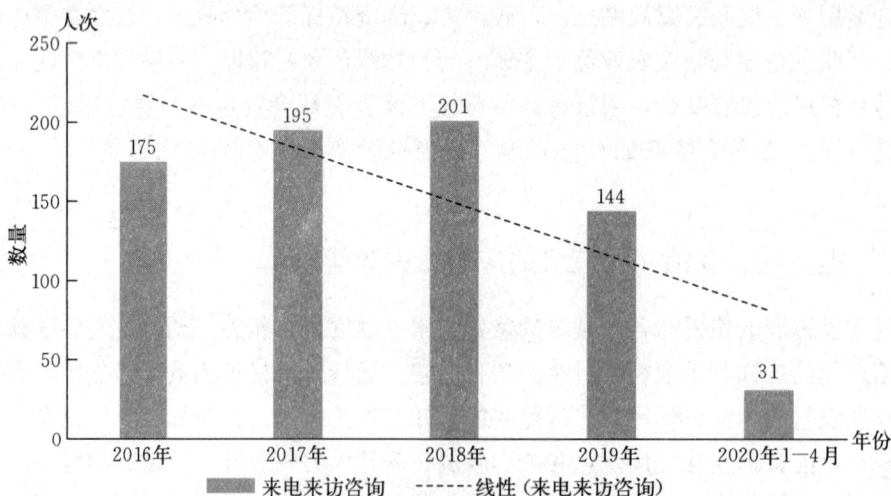

图 1　来电来访咨询数量统计图

（二）按方式分类

从方式上，信息公开来电来访咨询主要通过现场和电话 2 种方式进行。2016 年到

2020 年 4 月，现场咨询共 222 人次，电话咨询为 524 人次。4 年多来，通过电话进行咨询的人次较多。现场咨询在 2019 年人次最多，达到 62 人次；电话咨询在 2017 年人次最多，达到 152 人次（图 2）。

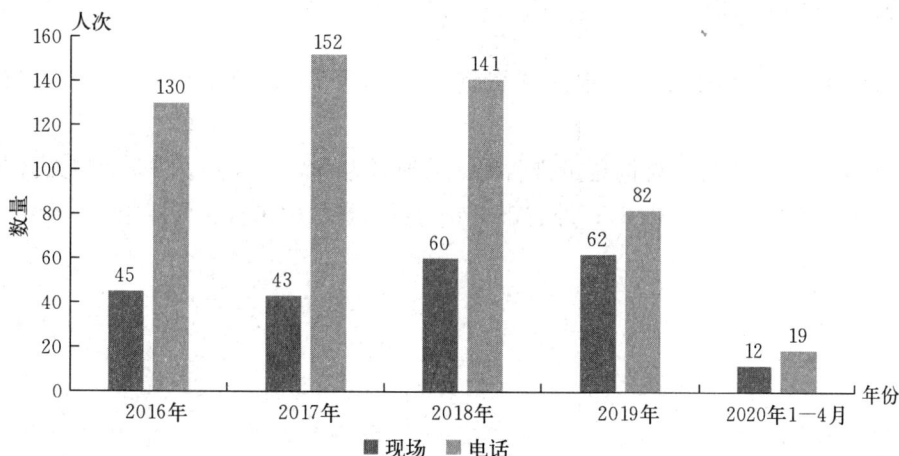

图 2 来电来访咨询方式统计图

（三）按类型分类

4 年多来，在来电来访咨询中，民生问题关注度一直位居第一，主要反映在农村土地管理、农业补偿及福利补贴（医疗、养老、菜粮田补助）、农村集体经济等方面。2016—2018 年，除民生问题外，煤改电煤改气问题关注度位居第二。从 2019 年开始，关注度较高的还有乡村旅游、村务公开和棚户区拆违等问题（表 1）。

表 1 来电来访咨询类型统计表

单位：人次

年份	村务公开	煤改电煤改气	民生（土地、补偿、农转非等）	绿隔项目拆迁	粮食直补和农资补贴	土地确权	土地承包及流转	农业产业政策	农宅抗震节能改造	农户搬迁	设施农业大棚房	养殖业	乡村旅游	棚户区拆违	其他
2016	0	34	37	2	4	22	2	10	6	11	2	0	0	0	48
2017	0	45	43	0	5	26	6	5	12	3	2	7	1	0	42
2018	0	32	47	2	5	24	11	4	11	1	1	4	3	0	56
2019	7	5	43	0	3	6	6	9	0	1	6	5	4	3	39
2020 年 1—4 月	0	2	12	0	0	0	0	0	0	6	0	0	1	0	9
总计	7	118	182	4	17	78	25	28	29	22	11	16	9	3	194

2016 年，来电来访咨询以民生、煤改电煤改气为重点，分别占比 21%、19%；2017 年，来电来访咨询以煤改电煤改气、民生为重点，分别占比 23%、22%；2018 年，来电

来访咨询以民生、煤改电煤改气为重点，分别占比23％、16％；2019年，来电来访咨询均以民生为重点，占比31％；2020年1—4月，来电来访咨询以民生、农户搬迁为重点，分别占比40％、20％。

（四）按地域分类

按地域分类，4年多来，来电来访咨询中，97.7％来自北京市各区，2.3％来自外省市。

4年多来，北京市各区咨询总量排名前3的地区为海淀区（89人次）、顺义区（81人次）和通州区（69人次）（图3）；外省市主要为贵州省、山东省、天津市。

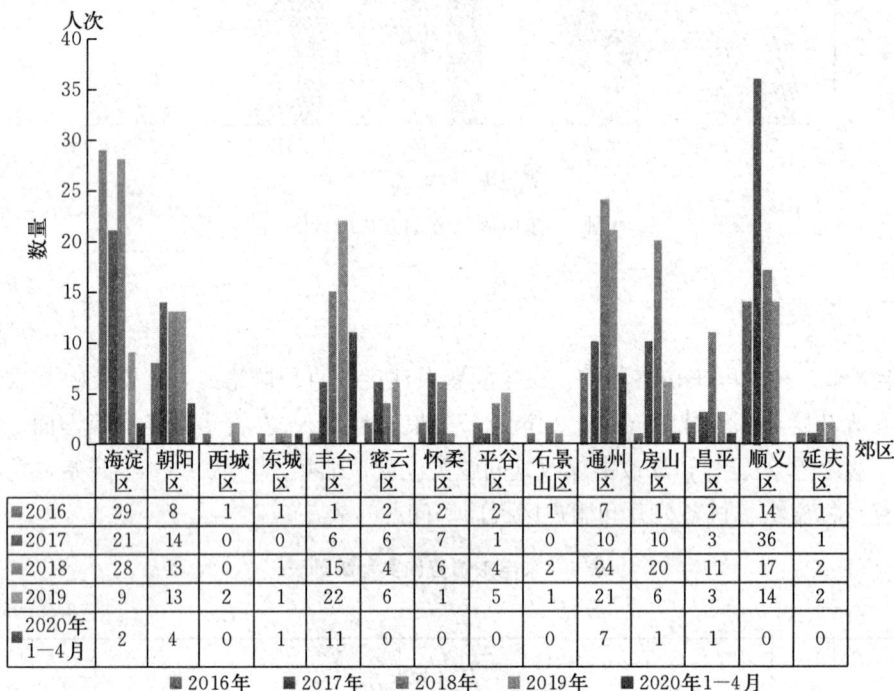

	海淀区	朝阳区	西城区	东城区	丰台区	密云区	怀柔区	平谷区	石景山区	通州区	房山区	昌平区	顺义区	延庆区
2016	29	8	1	1	1	2	2	2	1	7	1	2	14	1
2017	21	14	0	0	6	6	7	1	0	10	10	3	36	1
2018	28	13	0	1	15	4	6	4	2	24	20	11	17	2
2019	9	13	2	1	22	6	1	5	1	21	6	3	14	2
2020年 1—4月	2	4	0	1	11	0	0	0	0	7	1	1	0	0

■2016年　■2017年　■2018年　■2019年　■2020年1—4月

图3　来电来访咨询各区数量统计图

三、依申请公开统计分析

（一）按数量分类

2016年，受理依申请公开20件。2017年，受理依申请公开79件，同比增长295％。2018年，受理依申请公开117件，同比增长48.1％。2019年，受理依申请公开410件，同比增长250.4％。2020年1—4月，受理依申请公开54件。4年多来，依申请公开在2019年数量最多（410件），原因主要为2019年北京市机构改革后，原市农委、原市农业局、原市农经办的依申请公开都在此办理，故而工作量较往年增加2倍以上（图4）。

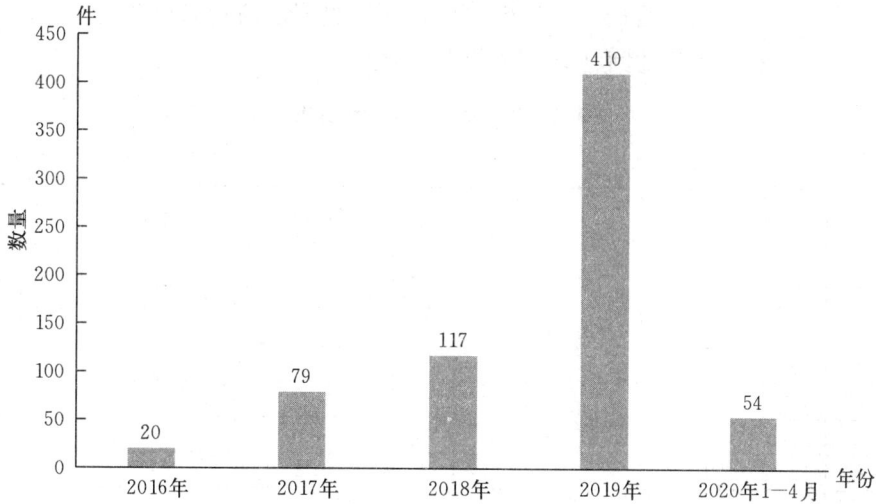

图4 依申请公开数量统计图

（二）按方式分类

依申请公开主要通过现场、邮寄、网页和邮件4种方式进行受理。4年多来，通过现场受理依申请公开数量最多，并在2019年达到峰值，共受理254件；其次为通过邮寄方式进行受理，同样是2019年受理数量最多，共受理144件。从2018年开始，依申请公开新增了网页申请的处理方式，2018—2020年4月，通过网页申请受理依申请公开共58件（图5）。

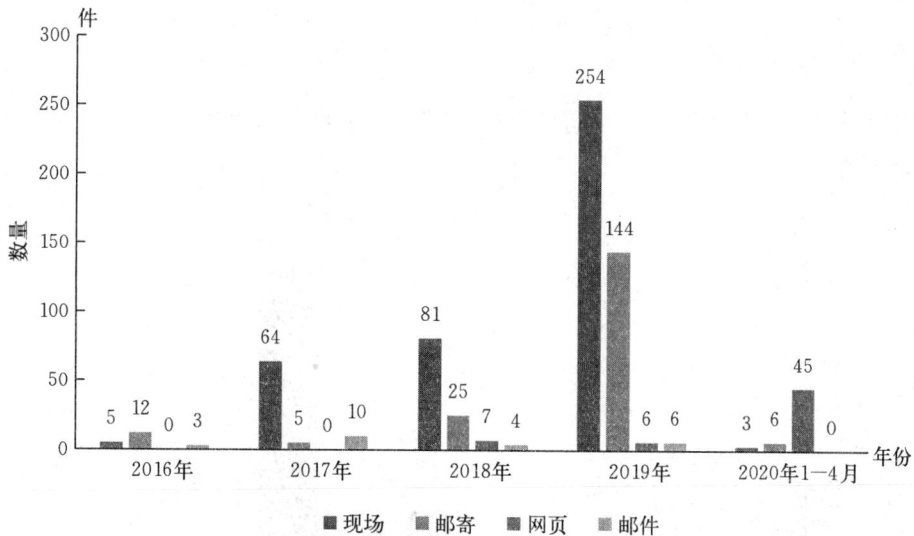

图5 依申请公开情况方式统计图

（三）按类型分类

4年多来，依申请公开受理种类多样，民生问题一直是关注的热点，主要分布在农业集体经济、市场经营秩序、农村人居环境、农转非、农村土地管理和农业补偿及福利补贴

（医疗、养老）六大方面。近两年，依申请公开受理类型逐渐转向村务公开问题。同时，从 2019 年开始，棚户区拆违问题也受理得较多（表 2）。

表 2　依申请公开类型统计表

单位：件

年份	村务公开	煤改电煤改气	民生（土地、补偿、农转非等）	绿隔项目拆迁	粮食直补和农资补贴	土地确权	土地承包及流转	农业产业政策	农宅抗震节能改造	农户搬迁	设施农业大棚房	养殖业	乡村旅游	棚户区拆违	其他
2016	1	5	2	0	0	2	0	3	2	0	0	1	3	0	5
2017	0	16	20	1	15	4	5	2	4	3	1	2	2	0	0
2018	3	7	21	23	10	20	11	2	6	5	5	2	0	0	2
2019	343	17	18	0	8	1	5	3	1	1	6	8	8	1	0
2020 年 1—4 月	13	1	23	2	0	5	5	1	0	2	0	0	2	1	0
总计	360	46	84	26	33	32	26	11	13	11	12	13	15	2	7

2016 年，依申请公开受理以煤改电煤改气、农业产业政策为重点，分别占比 21%、13%；2017 年，依申请公开受理以民生、粮食直补和农资补贴为重点，分别占比 27%、20%；2018 年，依申请公开受理以绿隔项目拆迁、民生为重点，分别占比 20%、18%；2019 年，依申请公开受理以村务公开为重点，占比 82%；2020 年 1—4 月，依申请公开受理以民生、村务公开为重点，分别占比 42%、24%。

（四）按地域分类

按地域分类，4 年多来，依申请公开中，96.9% 来自北京市各区，3.1% 来自外省市（图 6）。

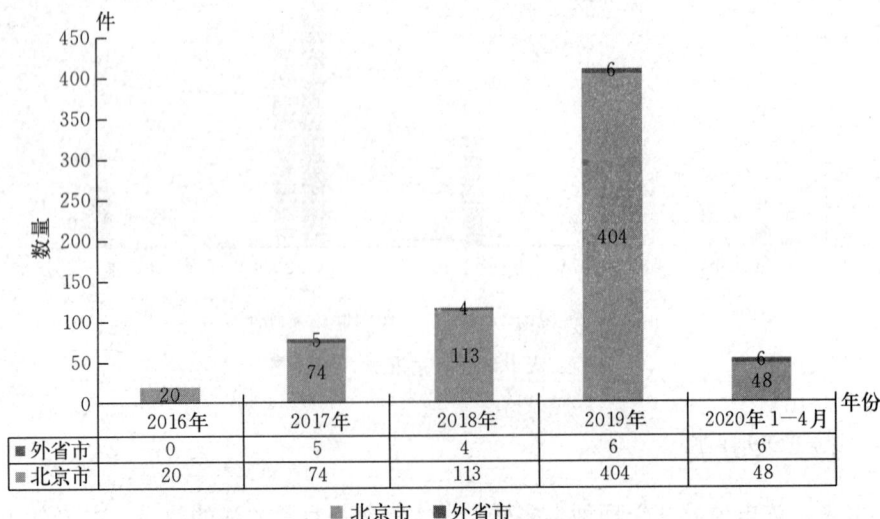

	2016年	2017年	2018年	2019年	2020年1—4月
■外省市	0	5	4	6	6
■北京市	20	74	113	404	48

■ 北京市　■ 外省市

图 6　依申请公开地域统计图

在依申请公开方面，北京市各区受理总量排名前 3 为丰台区（240 次）、朝阳区（187 次）、海淀区（41 次）（图 7）；外省市受理主要来自贵州省、山东省和安徽省。

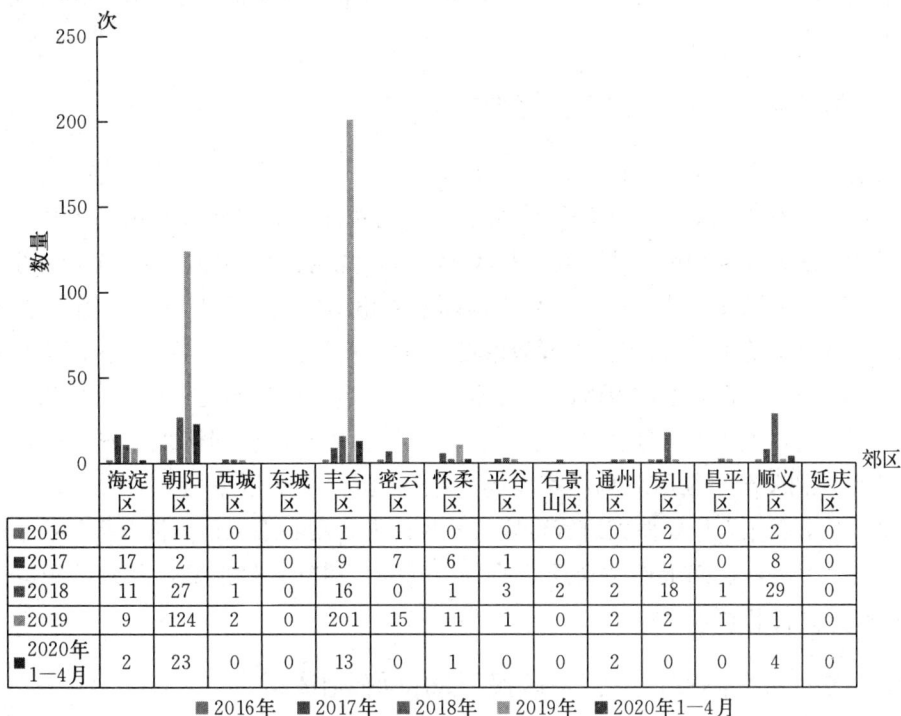

	海淀区	朝阳区	西城区	东城区	丰台区	密云区	怀柔区	平谷区	石景山区	通州区	房山区	昌平区	顺义区	延庆区
■2016	2	11	0	0	1	1	0	0	0	0	2	0	2	0
■2017	17	2	1	0	9	7	6	1	0	0	2	0	8	0
■2018	11	27	1	0	16	0	1	3	2	2	18	1	29	0
■2019	9	124	2	0	201	15	11	1	0	2	2	1	1	0
■2020年 1—4 月	2	23	0	0	13	0	1	0	0	2	0	0	4	0

■2016年　■2017年　■2018年　■2019年　■2020年1—4月

图 7　依申请公开各区数量统计图

四、关注与建议

（一）关注重点问题，提升服务水平

4 年多来，民生问题一直是民众关注的最大诉求，涉及农村土地管理、农业补偿及福利补贴（医疗、养老、菜粮田补助）、农村集体经济、农村人居环境、农转非、市场经营秩序等相关问题。在来电来访咨询和依申请公开统计中，民生问题共计 350 件，占政府信息公开总量的 24.5％，这对工作人员的工作能力和服务水平提出了更高的要求。因此，要做好政府信息公开收集、整理等方面的工作，熟悉和掌握与民生问题相关的各种业务和政策知识，了解相关政策法规，全面提高自身政策水平，熟悉政府机构工作职责，在接待来电来访咨询和受理依申请公开服务工作上，做到有的放矢，应对自如。

（二）关注重点区域，提高办事效率

4 年多来，北京市来电来访咨询总量排名前 3 的地区为海淀区、顺义区和通州区；依申请公开总量排名前 3 的为丰台区、朝阳区、海淀区。从统计数据可以看出，重点区域主

要集中在平原区和近郊区，经济实力相对较强，涉及的土地管理、农村集体经济、棚户区拆违等问题也相对较多。因此，在为群众提供咨询服务和依申请公开的过程中，要针对重点区域情况，集中整理和分类，进一步掌握重点区域的政策文件、政策解读等，全方位满足群众需求，提高办事效率。

（三）关注重点人群，树立良好形象

从长期上访人群的统计数据来看，总量达334件，占政府信息公开总量的五分之一以上（23.4%）。4年多来，北京市海淀区四季青镇刘铁柱和通州区漷县镇马堤村的马士兆连续进行来电来访咨询和依申请公开，共计143次，均为民生问题，涉及医疗补贴、农业户口养老补贴、农民煤火费补贴和口粮田地断水断电等方面。2018年，朝阳区惠新东街的朱玉刚进行依申请18次，涉及类型为绿隔项目拆迁问题。2019年，丰台区进行村务公开的依申请较多，丰台区王佐镇南岗洼的孙友和丰台区王佐镇佃起村的李成宝咨询和依申请，共计154次，主要为村务公开问题，包括农村集体经济合同管理、农户收益分配表等。2020年，朝阳区小红门乡鸿博家园的史惠丽进行19次依申请，均为申请民生类文件。因此，要求工作人员要做到语言得体，礼貌待人，耐心细致地为群众提供高水平的服务，尤其是要解决好长期上访民众反映的各类问题，树立良好形象，并持续跟踪进展情况，做好政策宣传和解释。

（四）借助新媒体宣传，营造政民互动良好氛围

随着互联网技术的迅猛发展和信息传播方式的深刻变革，社会公众对政府工作知情、参与和监督意识不断增强，对公开政府信息、及时回应公众诉求提出了更高要求。一方面，要充分运用"互联网＋"，积极搭建信息公开服务平台，实现"一表申请、一窗受理、一网归集"，真正让"信息多跑路，群众少跑腿"；另一方面要着力建设基于新媒体的政务信息发布和与公众互动交流新渠道，利用微博、微信等新媒体，及时发布各类政务信息，尤其是涉及公众重大关切的公共事件和政策法规方面的信息，并充分利用新媒体的互动功能，以及时、便捷的方式与公众进行互动交流，充分发挥新媒体的作用，提高公众对政府信息公开工作的认识和了解，营造政民互动良好氛围。

（执笔人：张琳、康红涛，单位：北京市城乡经济信息中心）

北京智慧水务管理调研报告

当前，新一代信息技术深入融合应用到各行各业。智慧水务是城市水循环物理过程与信息处理过程交汇融合的必然产物，是全面提升水务管理效率和效能的重要手段。结合北京的实际特点，课题组对智慧水务建设开展了调研。

一、北京水务信息化建设成效

通过多年发展，北京水务积极将云计算、大数据、移动互联网、物联网等新技术应用到管理工作中，围绕首都经济发展大局，举全局之力推动信息化建设，在基础设施、数据资源、业务应用、管理保障等方面取得了一定的成效，基本形成了"数字水务"的成果，正在向"智慧水务"迈进。

（一）初步实现基础设施云化升级

利用北京市政府统一建设政务云这一优势，水务局机关和所有局属单位将部署的 20 个机房、45 个应用系统及其数据库全部迁移上云，目前正在实施中，按照市政府统一部署年底前完成，形成"云上水务"的基础设施服务格局，为下一步信息系统整合、数据资源统一管理、安全等级保护奠定了基础。

（二）水务感知体系和能力日趋完善

建成包括雨情、水情、工情、水环境等 12 类信息自动采集站点超 5 000 个，精细到小微水体的监测，延伸至行政村的管理，水务感知触角在广度和深度上进一步完善。

（三）建立统一的数据管理和共享应用生态

直接服务于核心业务的数据资源已汇聚至水务数据仓库，包含空间数据已累计近 30TB，为大数据应用奠定了基础。通过统一的数据管理和服务系统对外提供千万级数据量交换和服务。首次应用大数据技术支撑对河湖长履职情况的监督考核，形成若干数据产品。

（四）全方位实现水务管理信息化

将信息化触角延伸到管理的各个角落，建成了防汛综合指挥系统、水资源统一调度系统、节约用水管理系统、排水业务综合监管系统、水土保持监管服务系统、河湖长制管理系统、综合办公系统、政务服务系统等 45 个核心业务系统，实现所有业务域都有信息系统支撑。

（五）实现信息化全过程统筹管理

以智慧水务顶层设计和规划为引领，以项目建设、运行管理、安全等保等规范和制度体系为保障，不断滚动更新完善，实现了信息化全过程的统筹管理。

二、面临的机遇和挑战

尽管已取得了一些成就，但是随着国家战略、水务改革、新技术发展的推进，北京水务信息化面临着"党中央有要求、水利部有安排、北京市有部署、水行业有需要"等亟待破解的难题，机遇和挑战前所未有。

国务院办公厅多次就政务信息系统整合共享、政务服务"一网通办"等工作提出了明确要求，指导全国网信工作开展，为智慧水务建设指明了方向。水利部先后发布《水利业务需求分析报告》《智慧水利总体方案》《水利网信水平提升三年行动方案》等文件，为智慧水务的建设明确了目标。北京市在全市政务云建设、大数据行动计划、信息资源整合共享等方面出台了一系列实施方案和指导意见，对智慧水务建设提出了新的要求。市水务局正处于深化水务改革的关键时期，面临诸多新形势和新任务，对水务信息化提出了全面感知、精准决策、监管到位、协同联动的新需求。

三、新战略下北京智慧水务的思考

面对这些机遇和挑战，北京水务信息化工作应借助物联网、大数据、云服务的"东风"，围绕"安全、洁净、生态、优美、为民"的水务改革发展五大目标，扎实按照"转观念、抓统筹、补短板、强监管、惠民生"的工作思路来推进智慧水务建设，切实提升水务精细化、智慧化管理水平。

（一）转观念

要实现智慧水务，首先要转变观念，主要包括以下三个方面：

转变建设管理模式，由分散建设转变为集约建设。改变原来从一个部门或一项具体业务的视角来建设系统的传统模式，变成站在全市水务统筹监管的视角来架构和整合系统，实现系统之间的业务协同和互联互通，形成一个业务域建一个系统服务所有用户的新模式。

转变数据管理模式，由分散管理转变为集中管理。将各部门分散的数据统一汇聚到水务大数据中心进行集中存储、系统治理、广泛共享、深度挖掘和分析，彻底消除"信息孤岛"，充分发挥水务大数据对水务业务的服务支撑、带动引领作用。

转变运行管理模式。借助"云上水务"的建设，彻底改变水务信息化运行管理模式：从注重系统稳定运行到站在用户视角，不断迭代完善功能，提高用户体验；从分散运维到集中运维，云上的所有应用系统和数据纳入统一的运维管理体系，按照统一的要求和标准进行维护和管理；从全部自己负责运维到政府采购服务，全面提升信息化运行管理水平。

（二）抓统筹

坚持不懈地抓统筹，才能确保智慧水务建设成果的规范、协调和统一。

利用顶层设计抓统筹。以《智慧水务顶层设计》作为权威指导文件，对智慧水务的建设目标、实现路径、职责分工和绩效考核进行全面规划，确保全市水务信息化"一盘棋"。

利用标准规范抓统筹。智慧水务建设涉及专业领域广、应用技术多，需要在信息化建设的各个专业、各个环节建立统一的标准规范，才能实现数据关联、信息共享和系统互联互通。

利用技术架构抓统筹。通过在支撑平台、数据中心、物联网感知、安全运行方面建立统一的技术架构，以此固化标准规范，提高标准执行的强制性，将统筹集约建设落到实处。

（三）补短板

北京智慧水务建设不是推倒重来，而是在整合现有成果、充分利用原有设施的基础上，围绕痛点、难点，集中力量，补齐短板。

补齐物联网感知不足的短板。当前水务感知存在覆盖面不全、精细程度不够，针对同一类对象重复采集、一数多源，缺乏统筹布局等问题。按照水务精细化、智慧化管理的感知需求，下一步要站在业务角度统筹考虑信息采集的完整性、唯一性，全面感知水务对象全要素、全过程信息，确保"一数一源"。

补齐数据挖掘分析不深的短板。目前对数据的应用多是查询和简单的统计分析，缺乏数据关联、趋势分析、预测研判等深度挖掘，不足以支撑智慧决策。下一步应加强应用大数据分析和人工智能技术，实现从无序的数据到建立关系，再转变为知识，提炼出规律，形成洞察的转变，实现用数据驱动水务发展的新模式。

补齐信息系统整合不够的短板。目前基本实现所有应用系统整合到水务局内网门户，权限开放给所有用户，实现了初级整合。下一步着力围绕全市水务统筹监管进行业务流程梳理和再造，根据业务需求将各个环节的数据串联起来，把分散的应用整合起来，形成"大系统"，实现信息系统深度整合。

（四）强监督

水务行业强监管是今后水务改革与发展的主调，智慧水务是支撑监管、快速提升的重要手段。

创新监管技术手段。充分运用云计算、物联网、5G、大数据、人工智能等先进信息技术，借助遥测、遥感、无人机等天空地监测手段，建立全方位、立体化的监管技术支撑体系，为行业监管提供大量、实时、丰富的数据和强大的信息处理分析能力，形成"用系统监管、用数据说话"的新型监管方式。

强化监管支撑能力。围绕江河湖泊、水资源、水利工程、政务等重点监管领域，不断整合优化完善现有系统，在系统中建立一套完整的水务管理流程，并将每一个环节的数据关联分析，发现监管中的漏洞和空白，变事后处罚为事前监管，变被动处置为主动改变，减少媒体举报、市民投诉等问题的发生。

（五）惠民生

智慧水务应为老百姓提供更主动、更便捷的服务，让"数据多跑路"，让"百姓少跑腿"，推进"互联网＋政务"服务。

优化流程提升服务速度。加快推进"一网通办",应用电子证照,实现北京水务 33 个办理事项全程网办,通过数据共享促进申请材料减少一半,办理时间压缩一半,提供更加高效的为民服务。

拓宽渠道提升服务效果。推动"网上办"向"掌上办、自助办、智能办"延伸,拓宽手机端的办理渠道,提供更加便捷的为民服务。

挖掘数据提升服务质量。将全市水务服务热线资源整合到接诉即办系统,通过大数据分析,提升水务运行趋势分析和问题研判的能力,提前发现并解决可能出现的涉水问题,提供更加精准贴心的服务。

四、北京智慧水务建设的重点任务

按照智慧水务"转观念、抓统筹、补短板、强监管、惠民生"的总体思路,接下来应该开展如下重点工作,包括:构建水务物联网感知中心,建设水务大数据中心,建立统一水务应用支撑平台,重构"水旱灾害防御系统、水资源配置调度系统、用水过程管控系统、水环境监管系统、综合办公和政务服务系统"五大应用系统,基于"云上水务"实现"一个感知中心、一个数据中心、一个支撑平台、五个核心应用"的北京智慧水务新体系。

(一)统筹建设水务物联网感知中心

一是做好水务物联网站网规划。在充分利用旧有网站基础上,从监测范围、监测对象、监测要素等方面,按照精细化管理的要求,全面梳理,查漏补缺,科学规划水务物联网站网布设方案,实现水务对象全覆盖,水务要素全采集的总体目标。

二是建设统一的水务物联网感知云平台。明确感知终端、通信网关、云端数据接收协议等技术标准和技术架构,对已建监测设施进行必要改造并接入平台;按照新站网规划,补充建设感知终端。建设水务物联网感知云平台,提供数据接收、数据处理、数据订阅、状态监控等功能,实现水务监测数据统一汇聚至感知中心。

(二)整合构建水务大数据中心

在"云上水务"构建集中管理、高度共享、广泛服务、深度分析的水务大数据中心,为智慧水务提供数据基础。

一是实现数据全面汇聚、系统治理。按照"整合存量、完善增量"的思路,全面汇聚水务相关物联网感知、业务、政务等内部数据,共享其他政府部门行业数据,抓取购买互联网数据,增强信息资源的多样性、完备性和时序性。同时,对已汇聚数据进行整编、清洗、融合、关联等治理,确保数据质量。

二是构建水务大数据管理平台。围绕数据全生命周期管理,基于"云上水务"架构水务大数据管理平台,提供信息资源的统一存储、海量计算、高度共享、多样化服务等功能,推进水行政部门"用数据决策、用数据治理、用数据创新"的现代化模式。

三是推动水务大数据深入应用。在水务数据充分汇聚的基础上,按照业务需求和决策指标，对各类数据进行深度挖掘，建立模型库、算法库、产品库、知识库，打造趋势分析、问题研判、预测预警等数据服务；针对不同用户，通过"领导驾驶舱"模式提供定制化数据产品，充分发挥水务大数据的价值。

（三）开创建立云架构的水务应用支撑平台

水务应用支撑平台是整合接入已建系统，集成约束新建系统的重要手段。

一是建设统一的应用支撑服务。按照全新的云架构模式来构建应用支撑平台，提供用户管理、权限管理、流程管理、事项管理、日志管理等共性组件和服务能力，为所有应用系统的快速搭建提供支撑平台，实现"扁平化、多用户、数据化、微服务化"的服务模式。

二是建立支撑平台运行管理机制。水务应用系统整合优化、升级改造都应基于支撑平台开展建设，遵循统一的服务注册、服务发布、服务调用、运行监控等规范和要求，促使水务业务应用按照统一的框架，尽快实现互联互通和协同联动。

（四）重构高效协同的水务应用体系

一是梳理和再造业务流程。按照北京水务改革发展要求，站在全市水务行业统筹监管的高度，围绕"取水—供水—用水—排水"的水资源开发利用过程，再次深入梳理业务流程、功能需求、数据需求，从数据共享、业务协同、智能决策的角度确定业务流程优化再造的方案。

二是重构水务业务应用体系。根据业务梳理成果，在充分整合已建应用系统的基础上，重构"水旱灾害防御系统、水资源配置调度系统、用水过程管控系统、水监管系统、综合办公和政务服务系统"五大重点应用，为水务统筹监管提供统一的协同工作平台。

按照以上工作思路，落实重点任务，最终北京市智慧水务将实现"透彻感知、全面互联、数据融合、业务协同、智能应用"的建设目标。

（执笔人：王昊，单位：北京市水务信息管理中心）

科技助力首都农业农村现代化

北京农业信息技术研究中心隶属于北京市农林科学院，是国家农业信息化工程技术研究中心的依托建设单位，是专门从事农业农村信息化源头技术创新、技术平台构建和重大产品研发的国家级创新平台，在赵春江院士的带领下，经过近 20 年的发展，成为国内外具有重要影响的科技创新、成果转化、人才培养、国际合作高地，对支撑和引领我国现代农业发展、推动信息化与农业现代化深度融合发挥了重要作用。中心 2019 年度重点工作如下：

一、信息化助力种业之都建设

按照农业农村大数据的总体工作部署，在农业农村部种业管理司指导下，研究提出了种业大数据总体规划、顶层设计和分步实施的目标，积极谋划国家种业大数据平台建设项目，以形成种业智能服务能力、实现种业基础数据治理与共享、新建扩建种业业务系统为主要建设目标，构建种业大数据平台。在种业智能服务能力构建方面，以品种创新、种子市场、种业主体3条种业核心主线的多维数据分析与智能服务为目标开展建设工作，为行业监管、决策支持、风险防控提供智能服务；在种业数据治理与共享方面，通过编制种业数据标准、构建数据治理机制、开发数据共享接口服务平台等方法实现种业科研、品种管理、种子生产经营、市场供需等各环节业务系统联通、基础数据质量提升和核心数据共享；在新建扩建种业业务系统方面，支持种业创新必须的新建扩建系统开发，整合原有业务系统，保障种质资源管理、新品种保护、品种审定、品种登记、引种备案、种子生产经营许可、种子检测与市场监管、种业行业统计与信息监测等业务系统的高效运行。

本年度研发了具有自主知识产权的农作物品种试验管理平台，构建了渠道权威、数据标准、管理规范的审定作物表型数据库，构建了引领北京市和国家品种创新、支撑育种科研的重要数据资源。系统在北京市种子管理站、全国农业技术推广服务中心等单位分布在全国30个省区市的1 000多个试验点全面应用，北京市和国家审定农作物品种试验使用率100%，创造直接经济效益2 000余万元，取得了显著的经济、社会和生态效益。

二、拓展农业农村信息服务

在农业农村部科技教育司指导下，作为技术支撑单位进一步推进全国农业科教云平台应用，2019年主要开展了地方和第三方平台的集成接入、平台用户黏性提升、平台数据质量提升和知识挖掘、平台延伸技术产品研制等工作。截至目前平台线上用户数523.6万，包括36.5万基层农技人员、100万职业农民、200多万自增长用户，开放接入第三方平台用户166万，用户为核心的农业科技服务活性网络。①地方和第三方平台接入：已经接入其他系统和平台129套，在31省区市、2垦区、2 845个县（农场）全覆盖应用，提供线上线下服务10亿余人次，受益小农户1.39亿。目前形成10多万个链接生产主体、农技员、专家的技术/市场/成果等资源交流农技圈，日带动优势资源撮合3万余次；拓展了基层用户学习渠道，与传统模式比农技员和农户学习时长增长2倍以上，可受惠于全国专家和课程资源；成果转化、市场化服务一手对接呈几何级数增长。②数据汇聚和知识挖掘：平台建设与整合农业资源基础数据12 035TB，汇聚农业生产数据694TB，采集农业市场数据121GB，积累农业管理数据105GB。问题总数452万个，日均新增近5 000个，线上解答率超90%，解答2 771.8万条，325万个问题解答被点赞，65万个问题解答被采纳，83.4%问题被解答后得到认可或回应。上报作物长势、面积、产量、灾害等农情动态126.9万条，有效进村入户、技术指导等8类日志829万条，日均发布农情日志1.5万条，通过深度知识挖掘形成覆盖种植业、畜牧养殖、水产、农机化领域，1.8亿实体和6.3亿关系的农业科技大数据知识图谱库，涵盖农业科技成果、农情、体系工作等18个分类、70个主题；形成典型的、普适度较高的农技问答知识链133.1万。③技术产品研制：依托平台形成的数据和知识资源，研发形成农技智能问答机器人和农技推广工具箱等产品，实现便捷的农业知识人机交互，为不同类型用户提供技术指导和学习交流服务。

三、推进设施农业转型升级

针对设施蔬菜生产向精品化、规模化转型关键时期普遍存在的劳动力匮乏、生产技术落后、标准化程度低、增产不增收等问题，以大数据智能技术为核心，以环境、土壤及作物生理信息精确感知为基础，融合农艺机理模型，构建设施园艺工厂精确预警、精准决策和精细指导的技术装备体系，并获得中国人工智能学会吴文俊科技进步奖三等奖1项。①突破了设施园艺工厂生境信息在线精确获取技术瓶颈。针对农业复杂生产现场多维信息准确感知困难问题，创新了基于太赫兹传感技术的植物植株及冠层含水理化特征的检测理论，提出了土壤、环境、作物长势等多源数据感知及多参数融合传输方法；从多视角投影聚类重构角度应用了基于神经网络的监测数据约简算法，突破了关键区域采集时空规划方法；发明了多参数三维无线覆盖、流数据有向感知、自动巡航采集的设施园艺生境巡检装备，为信息在线精确获取提供技术支撑。②建立了设施园艺生产全程智能化管控技术体系。针对土壤、温、光、水、肥、植保等关键控制点，创建了具有自学习功能的农艺与控制参数动态协同知识模型和数据库，突破了基于作物蒸腾模型的环境温湿度预警控制、基于设施蔬菜长势识别的水肥控制、基于图像深度学习的病害识别、红外感知与图像识别融合的棉被安全启停控制等农艺生产融合调控方法，解决了生产管控多目标智能优化问题，提高设施生产智能化生产效率和水平，在国内率先系统性创制了设施园艺工厂全流程智能化管控技术装备体系。③率先实现了设施园艺工厂智能服务大数据平台的业务化运行。创新了农业知识图谱自动构建方法，突破了结合结构化与非结构化文本的农技语音对话技术，集成1000余万条有效农技问答，创制了具有自学习能力的农技全科智能语音问答服务机器人；构建了设施园艺工厂智能服务大数据平台，支撑育苗自动化管理、保姆式智能AI种植指导、质量安全监控、农业知识分享等智能服务，通过国内开展大规模社会化服务和生产实践，验证并创新了全程生产管控的智能化服务模式。

四、智慧畜牧业技术取得重要进展

研发了具有无人值守，可见光、热成像、声纹信息等多模信息融合分析能力的禽舍蛋鸡健康状况巡检机器人，实现基于生理和行为多角度禽舍蛋鸡异常巡检。系统支持异常蛋鸡实时定位、移动巡检环境异常、体温异常大面积预警、异常现场图片和热成像本地和远程实时保存，实现高精度室内定位技术，实验异常状况的精确定位，定位精度可以到0.5米，当有异常发现时能够及时实时定位反馈给网络服务平台。实现多项关键技术攻关：利用深度卷积神经网络对可见光图像进行训练，将蛋鸡红外图像与可见光图像进行双模图像融合生成融合图像；利用声音、信息、图视和红外信息等通过多源数据信息融合技术，形成表示构架对信息解释达到系统信息的决策；利用巡检机器人边缘计算能力完成本地声音、图视和热成像数据的边缘计算，并结合云计算技术实现数据的远程处理和应用服务。

五、农产品产后分等分选技术取得突破

基于可见—近红外光谱传感技术，研究了单点和多点测量对水果内部可溶性固形物含量预测精度的影响，提出自适应重加权采样特征波长识别策略，构建基于近红外特征波长的多点测量预测多变量线性模型，实现了针对苹果内部可溶性固形物含量的准确预测，预测精度最优相关系数为 0.958，建模均方根误差为 0.462。相关成果和测量系统已申请国家实用新型专利和发表在本领域 TOP-SCI 期刊。基于近红外高光谱成像技术，提出均值归一化修正水果类球表面对漫反射光谱反射能量不均的方法，采用光谱变量逐步剔除法、随机青蛙等算法筛选了针对大桃内部可溶性固形物含量预测的关键表征量，开发了基于水果全区域、局部区域和多区域组合的多变量偏最小二乘 PLS 预测模型，研究表明所建全区域和多区域组合模型对水果内部组分含量分布的不均性敏感性弱，且对水果内部整体可溶性固形物含量预测具有良好的性能，实现了对大桃整体可溶性固形物含量的准确、稳定预测，预测均方根误差小于 1%。

（执笔人：余礼根，单位：北京农业信息技术研究中心）

昌平区南口镇镇域智慧乡村建设取得新突破

2019 年昌平区南口镇在已完成 5 个村智慧乡村建设的基础上，大跨步地往前推进，实现了南口镇 28 个村全覆盖，目前运行效果凸显，破解了镇、村两级在乡村治理中的诸多难题，为全面提升农村地区生态环境建设水平、基础设施建设水平、公共服务水平、社会治理水平等方面具有示范引领效应。

一、基本情况

南口镇总面积 202.5 平方公里，辖区有 28 个行政村，11 个社区，总人口近 10 万人，常住人口 72 119 人，户籍人口 43 804 人，其中农业人口 16 766 人。南口镇位于昌平卫星城西北部 7.5 公里处，南距北京德胜门 38 公里，北距八达岭长城 18 公里，东距明十三陵 9 公里，是昌平卫星城重要组成部分之一。南口镇属于昌平区西部半山区镇，其中 64% 面

积为山区，山场面积 120 平方公里（18 万亩），林木覆盖面积 15 万亩，森林覆盖率 58.41％，林木绿化率 76.75％。南口镇依托得天独厚的区位优势、方便快捷的交通优势、地域开阔的山前暖带优势和景点众多的旅游资源优势重点打造以特色农业、旅游业为主的经济产业，为南口镇经济发展和农民增收致富创造条件。

二、主要建设内容

（一）网络平台建设

昌平区 2019 年智慧乡村建设项目按照市城乡经济信息中心的统一部署，根据昌平区现有行政村的具体情况及 2018 年智慧乡村项目建设的情况出发，进一步完善区级、镇级、村级三级智慧美丽乡村建设体系，构建区级美丽乡村大数据平台、镇级美丽乡村监管服务平台、村级美丽乡村治理服务平台，不断优化和提升平台对美丽乡村建设的监管和服务能力。

（二）WIFI 网络建设

南口镇在实现宽带入村、4G 信号全覆盖的基础上，结合村民绝大多数使用智能手机的实际，建设 WIFI 网络，在主要公共区域实现 WIFI 覆盖。

（三）物联网智能设备建设

南口镇建设大屏展示系统，用于乡村治理和监管工作，在防汛重点区域安装防汛智能化监测装备，在汛期实时监测汛情，并通过手机推送汛情信息，在乡村防汛和监管方面实现全方位、全过程、全时段把控。运用物联网智能化装备，在人居环境、垃圾分类、厕所革命等方面与乡村治理信息化服务平台相结合，全面提升乡村的治理能力。

（四）视频会议建设

南口镇全镇视频会议系统覆盖，提供的业务（包括调度会议、协商会议、讨论、培训等）。会议系统模式丰富，功能强大，运行管理简单方便，可与乡村治理平台进行对接。

（五）OA 办公系统建设

OA 办公系统解决了南口镇 28 个村庄文档材料递交的管理问题，将各村需要提交的文档材料形成电子化管理模式，手机在线签章为乡村决策带来便利，报送审批无需跑腿极大地提高了山区村庄的办公效率。

三、应用成效

南口镇域全覆盖的智慧乡村建设模式，是以乡村治理现状和需求为基础，利用移动互联网、物联网、大数据等先进技术，开发乡村治理信息化服务平台与乡村物联网智能设备，创新乡村信息化服务模式，提升乡村治理现代化水平，为乡镇、村提供了一套有效的乡村管理工具，用信息化手段解决乡村治理的实际问题，并通过软件平台手机应用，开展各项便民服务和举办文明活动，有效地促进了乡村文明建设。

（一）提升镇域综合治理能力和水平

1. 防汛智能化

南口镇在重要的沟域和流域布控12个点位防汛监测设备，在现场对于雨量数据进行实时监测，可实时采集雨量、水位数据，并与镇级监管平台对接，监控人员通过电脑及手机随时查看，并通过手机微信推送的方式，将汛情预警推送给村委会，节省了劳动力，也避免了现场监测人员的意外风险。比如：2019年日最大降雨量为东园村西桥点位，防汛点位监测降雨量为40.6毫米，监测设备不仅反映地点，而且有数据作参考，为以后汛期提供指导及防汛预警。

2. 会议远程化

南口镇在镇政府、28个村和11个社区以及对口支援的2个镇（内蒙古太仆寺旗红旗镇和阿鲁科尔沁旗巴拉奇如德苏木）搭建和接入了视频会议系统，实现全网会议、分组会议、点对点会议、应急重大活动保障和远程培训，半小时之内召集完毕，提高了行政办事效率。比如：2019年9月，南口镇利用视频系统组织28个村和11个社区召开双月度工作会议，参会人数达240余人；2019年10月南口镇"不忘初心、牢记使命"主体教育专题党课，通过视频会议系统完成了专题党课的学习内容，参会人数310余人。

3. 办公自动化

通过OA管理系统，将各村需要提交的文档材料形成电子化管理模式，解决了全镇各个村庄的文档材料递交的管理问题。手机在线签章为乡村决策人提供了便利，报送审批无需跑腿，降低了人力成本，提高了山区村庄的办公效率。

4. 管理精细化

南口镇通过"菜单式"工作方法，采取统一的工作流程，将每项工作任务细化列出清单，以书面形式下发到每个村，通过简单的培训，村"两委"干部可以对照清单上列出的任务，逐项完成，解决了村干部不会使用电脑的难题，规范了工作流程，实现了镇域工作的精细化和规范化。

（二）开启乡村治理新风尚

1. 人居环境监测

运用物联网智能化装备，在人居环境、垃圾分类、厕所革命、秸秆治理方面与村级美丽乡村治理服务平台相结合，镇统一管理使用，通过信息化手段对人居环境整治进行监督和考核，防止脏、乱、差现象反弹，全面提升乡村在人居环境方面的治理能力。

2. 公共服务提升

一是实现三务公开，在线发布党务、村务、财务三公开，实现公开经常化、制度化和规范化。二是提供便民服务，提供乡村报修、就业、社保、医疗、培训等方面的服务信息，为村民提供便利。三是实现资料数字化存储，乡村的人口、资源等纷繁杂乱的材料全部录入村务管理平台，极大地提高了村委会的管理效率。

3. 促进乡村文明

通过平台线上线下开展文明活动，评选文明村、文明家庭、星级文明户、五好家庭等活动，在村民线上互动区佩戴荣誉勋章极大地促进乡村文明建设。

四、经验启示

（一）构建区域统筹的工作机制

在财政资金有限的情况下，如何提高财政资金使用效益，更好地发挥已建成的智慧村在乡村治理和服务等方面的作用，2019年昌平区认真总结了几年来智慧乡村建设项目的经验、成效和问题，进行了深入的研究和探讨。南口镇政府对信息化需求意愿强烈，主动作为，且已建成的5个智慧村使用效果好，建设全镇域智慧乡村条件较成熟，但资金缺口大，昌平区统筹财政资金，拨出部分资金支持南口镇智慧乡村建设和每年的运维费用，实现了南口镇28个村智慧乡村建设全覆盖。

（二）形成共商、共建的"镇＋村＋公司"工作模式

南口镇在智慧乡村建设过程中，紧紧围绕着镇、村两级的实际需求制定建设方案，注重实际效果。镇、村两级是项目应用的主体责任人，合作方北京守朴科技有限公司是承建单位，三方本着共商、共建的原则共同参与，共同建设。比如：镇级管理平台模块功能需求，每个模块的应用及使用需求，防汛点位安装的确认，视频会议安装等事项，守朴公司根据镇、村提出的相关需求，及时进行调整和修改，紧密合作。在建设过程中，镇、村和公司及时交流沟通，镇领导亲自上阵，全程参与，并与公司反复研讨，在短短的四个月时间里，实现了防汛预警、视频会议、OA办公系统的建设和应用，实现了良好的"镇＋村＋公司"工作模式。

（三）坚持以问题为导向，运用"菜单式"工作方法

针对村里干部对信息化认识水平普遍不高，信息化人才匮乏，以往建设的信息化设备闲置浪费等诸多问题，南口镇采取由上至下，通过倒逼的方式，让南口镇28个村实现办公自动化。如何实现，南口镇通过"菜单式"工作方法来实现。镇里将工作流程细化，列出每天的具体工作任务，以书面形式发到每个村，通过简单的培训，村干部可以对照清单上列出的项目，逐项完成，解决了村干部不会使用电脑的难题，降低了信息化在乡村应用的门槛。

（执笔人：马晓立，单位：北京市城乡经济信息中心）

积极推进北京市农业农村大数据建设

当前信息化发展已经迈入大数据的新阶段，随着新一代信息技术和生产生活的交汇融合，数据资源爆发式增长，对经济发展、社会治理、国家管理、人民生活都产生了重大影响。大数据成为国家基础性战略资源。在发展农业农村大数据的迫切需要和重大机遇的推动下，北京市农业农村信息化工作积极推进农业农村数据资源整合共享，逐步推动农业农村大数据的形成，加快谋划和部署大数据平台建设，力求抓住大数据发展的时代机遇，挖掘发挥大数据在乡村振兴中的巨大潜力，争创数字农业农村发展新局面。

一、建设背景

近年来，我国高度重视大数据战略的谋篇布局，为加快推进大数据的发展和应用，2015年国务院印发了《促进大数据发展行动纲要》（国发〔2015〕50号），2016年公布的《国民经济和社会发展第十三个五年规划纲要》正式提出了实施国家大数据战略。2017年底中央政治局就实施国家大数据战略进行第二次集体学习，习近平总书记在主持学习中再次强调，要推动实施国家大数据战略，加快完善数字基础设施，推进数据资源整合和开放共享，保障数据安全，加快建设数字中国，更好服务我国经济社会发展和人民生活改善。

农业农村大数据发展和应用是国家大数据战略的重要领域，数字乡村是建设数据中国的重要内容。随着信息化和农业农村发展的深入融合，农业农村大数据已成为新型资源要素，发展农业农村大数据迎来了重大机遇，也是迫切需要。为了大力推动农业农村大数据的应用，农业农村部印发了《关于推进农业农村大数据发展的实施意见》（农市发〔2015〕6号），提出："加快数据整合共享和有序开放，充分发挥大数据的预测功能，深化大数据在农业生产、经营、管理和服务等方面的创新应用"。2019年5月印发的《数字乡村发展战略纲要》中指出要"推进农业农村大数据中心和重要农产品全产业链大数据建设，推动农业农村基础数据整合共享"。2019年12月印发的《数字农业农村发展规划（2019—2025年）》（农规发〔2019〕33号），也提出："以资源整合、数据共享为途径，推进数据融合、挖掘与应用，搭建共享平台，实现农业农村数据互联互通、资源共建共享、业务协作协同，催生数字农业农村新产业新模式新业态。"

近年来，北京市认真落实国家和农业农村部的总体部署，高度重视农业农村数据资源整合和平台建设工作，先后出台了若干文件要求。北京市经济和信息化委员会、北京市农村工作委员会印发的《北京市"十二五"期间农村信息化发展指导意见》（京经信委发

〔2012〕16 号）指出，要整合规范涉农信息资源，以"221 信息平台"为基础，建设统筹全市涉农信息资源的综合云服务平台。北京市信息化工作领导小组办公室《关于做好2014 年智慧北京重点工作任务的通知》（京信办发〔2014〕1 号）第 26 项任务也明确提出，"整合全市涉农信息资源，着手开展北京涉农信息资源中心建设"。北京市农村工作委员会在《关于扎实做好农业农村信息化工作的意见》（京政农发〔2014〕6 号）中落实上述文件精神提出，依托"221 行动计划"建立起的涉农信息资源共建共享机制，启动北京涉农信息资源数据中心建设，实现基础设施、数据资源、应用服务等三个层次资源整合，促进涉农信息资源开发与利用。北京市政府办公厅发布的《北京大数据行动计划工作方案》（京政办发〔2018〕31 号）中提出了"四梁八柱深地基"的大数据平台总体架构，农业农村是"八柱"的重要组成部分。

落实上述文件精神，北京市于 2016 年启动"北京市涉农信息资源平台"建设项目，推动涉农数据资源汇聚共享，探索建立数据资源共建共享工作长效机制。2019 年，为进一步落实国家和北京市关于大数据建设的部署，开展"农业农村大数据实践应用研究课题"，全面研究了解北京农业农村大数据建设现状，梳理本市在农业农村大数据实践中存在的差距与难点，厘清"北京市农业农村乡村振兴大数据平台"建设的规划思路和顶层设计，确定了农业农村大数据建设的近期任务和中长期目标。

二、主要工作

（一）北京市涉农信息资源平台建设

自 2014 年开始，为进一步发挥全市农业农村信息化建设成效，顺应大数据技术发展趋势，推进北京市农业农村大数据的形成，提出建设北京市涉农信息资源平台。经过前期策划、总体规划制定和具体方案设计，2016 年 6 月，正式启动了"北京市涉农信息资源平台（一期）"项目建设工作。

1. 定位和目标

北京市涉农信息资源平台总体定位是建设成为"全市涉农领域跨部门数据应用服务基础设施"，发挥其作为"五个中心"（涉农数据汇聚中心、存储中心、处理中心、共享中心和服务中心）的作用。实现涉农数据的采集、交换、处理、存储管理、融合分析等功能，提供管理支持、生产监测、经营布局、服务提供四大领域的数据应用服务。建设总体目标在于结合大数据、云计算、物联网、移动互联等技术，整合全市涉农领域信息资源，深入开发利用涉农信息资源，创新涉农信息服务模式，打造连接都市和乡村、服务市民和农民、支撑政府和市场的涉农信息服务体系，为涉农政务的量化决策、业务开展和公共服务提供有效数据支撑，更好地支撑首都农村深化改革、都市型现代农业发展。

2. 主要建设内容

北京市涉农信息资源平台总体设计由"一个中心、四个子平台"构成。一个中心，即涉农数据中心；四个平台，即生产监测子平台、经营布局子平台、管理支撑子平台和服务提供子平台。一期重点打造涉农数据中心功能，搭建了一个资源门户与三个子系统（互联网数据采集管理系统、基础平台管理系统、数据交换管理系统），为涉农数据汇聚共享、加工处理、数据服务提供了基础平台。构建形成了"4大基础库＋10大主题库＋N个服务库"的数据库体系。其中，4大基础库包括：基础地理信息库、涉农人员信息库、涉农机构信息库、农产品信息库。10大主题库包括：政务资讯信息、标准规范信息、休闲农业信息、农业生产信息、市场行情信息、行政办公信息、农村经济信息、农村科技信息、质量安全信息、监测预警信息。

（二）北京市乡村振兴大数据平台规划

1. 调查研究

2019年4—12月，市农业农村局开展了"农业农村大数据实践应用研究课题"。课题组先后赴农业农村部、天津市、贵州省、上海市、江苏省、浙江省及大数据企业考察了大数据建设及应用情况和目前技术发展情况，学习一部六省的大数据发展规划、大数据平台建设、信息资源整合共享等方面的先进经验和做法。在北京市内开展6个区、相关委办局的实地调研，摸清北京大数据建设现状、各区农业农村局信息化建设现状以及对信息化系统和数据资源的需求。针对市农业农村局32个机关处室、29个局属站所单位以及2个系统单位发放问卷，并进行交流座谈，调研了解各处室、各单位的工作内容、业务需求以及数据共享需求情况。经调查，各涉农单位共建有信息化系统93个，其中业务系统66个（农业类41个，农村农民类10个、综合类11个，辅助支撑类4个）、网站27个，数据总容量约为573.2TB，为北京乡村振兴大数据建设奠定了基础。

2. 总体目标

通过课题研究，提出了"北京市农业农村乡村振兴大数据平台"建设的规划思路和实现路径。总体目标是以提升北京农业农村工作管理水平为要求，以大数据、云计算技术为手段，以产业兴旺、生态宜居、乡村文明、治理有效、生活富裕五大主题为主线，按照"一中心、一张图、五大主题、三大支撑"的建设思路，支撑乡村振兴全面发展，实现涉农数据资源纵向融会贯通、横向共享共用，数据采集高效，标准体系规范，工作机制完善，保障措施得力。为领导科学决策、行业管理高效、社会服务便捷提供重要保障，同时成为北京市大数据中心的基础支撑。

3. 总体建设内容

初步明确总体建设内容包括：

一中心：即建设北京市农业农村局大数据中心。实现局属各业务处室涉农数据与北京市大数据中心统一对接，建成开放型、服务型、共享型的北京农业农村局大数据中心。

一张图：即建设领导决策"一张图"。以地图大数据和专题地图为成果，打造N张专题决策图，形成领导驾驶舱，实现领导决策"一张图"的动态管理和全程管控。

五大主题：即建设"产业兴旺、生态宜居、乡风文明、治理有效、生活富裕"五大主题，形成精准体现北京乡村振兴大数据特色的数据管理和指标分析平台。

三大支撑：即建设数据管理支撑、数据决策支撑和 GIS 地图支撑三大支撑。为平台提供数据资源的高效采集、交换、存储和处理等数据整合过程提供强有力支撑。

三、进展与成效

（一）北京市涉农信息资源平台建设进展

目前北京市涉农信息资源平台已完成一期建设。开展的工作包括：一是涉农数据资源平台运行环境的建设，目前已经建成以大数据技术为支撑的一个门户和三个子系统；二是全面梳理、加工、整合市城乡经济信息中心现有数据资源，形成涉农数据资源库。目前已经在"4 大基础库＋10 大主题库＋N 个服务库"的体系下，汇聚了 14 个应用系统和数据来源，形成 109 个数据目录类、154.7 万条数据；三是按照"以涉农大数据的开发利用促进涉农智慧化应用服务的落地和推广，以智慧化应用服务倒逼涉农信息资源平台的改善和提升"的推进思路，打破系统的边界，把原来散落在各系统中的数据进行整合，构建出更多的服务库应用于不同的业务场景。目前从管理支撑和经营布局两个角度，重点探索建设村情综合信息服务、休闲农业信息服务和农业生产布局等应用。目前村情应用已基本完成，休闲农业和生产布局应用仍在完善。村情应用从各个系统中抽取出包含村名的各类基础数据和主题数据，在村情服务库中以村为单元进行数据融合，提供每个村庄相关的全方位信息，包括自然资源、农地数据、农业生产、规划设计、工作动态等，从而为下乡调研、开展工作提供参考。

（二）北京市乡村振兴大数据平台建设进展

目前北京市乡村振兴大数据平台建设形成了建设目标、建设思路、总体规划和分期建设任务。按照"边建设、边服务、边完善、边拓展"的思路，逐步推进农业农村局大数据平台建设。总体分为三期建设。一期搭基础，二期做深化，三期重提升。目前一期建设的申报材料已经编制完成，进入申报立项阶段。一期建设主要通过搭建基础平台及框架，为数据资源的扩展和融合提供更专业的技术保障和底层支撑。同时重点建设领导驾驶舱，实现领导决策"一张图"的动态管理和全程管控，并围绕目前重点关注及亟待解决的农业农村热点问题，优先建设农村集体"三资"专题、生猪全产业链专题以及种质大数据三个重点专题。具体建设内容包括：一是数据端，建设北京市农业农村大数据采集平台，交换共享平台，分析挖掘平台，调度监控平台和元数据管理平台；二是管理端，建设大数据管理平台；三是展示端，建设北京市农业农村局乡村振兴大数据平台领导驾驶舱，通过对数据及分析结果的展示，为领导实时掌握工作动态、辅助决策提供依据，并打造种质大数据专题展示平台、"三资"专题展示平台、生猪全产业链专题展示平台。

（执笔人：薛晓娟，单位：北京市城乡经济信息中心）

北京市"三农"舆情聚焦热点话题

2019 年，北京市扎实实施乡村振兴战略，努力做好乡村改革、乡村发展、乡村建设、乡村文化、乡村治理五篇文章，坚持稳中求进工作总基调，坚持首善标准，落实高质量发展要求，对标全面建成小康社会"三农"工作必须完成的硬任务，抓重点、补短板、强基础，努力走出一条具有首都特点的乡村振兴之路，相关工作推进及成效成为社会关注热点。

一、舆情概况

（一）舆情总量概要分析

2019 年监测到北京"三农"舆情信息25.28 万条（含转载），同比增长 54.15%。其中，微信 77 545 条、微博 69 739 条、新闻舆情 50 998 条（图 1）。

从传播特点看，微博、微信等社交媒体成为传播涉农舆情的重要平台，新闻媒体凭借其专业性和权威性成为优质和原创内容的主要信源。从传播趋势看，2019 年北京市"三农"舆情整体保持平稳，3 月在第七届北京农业嘉年华等事件影响下，达到年度舆情峰值（图 2）。

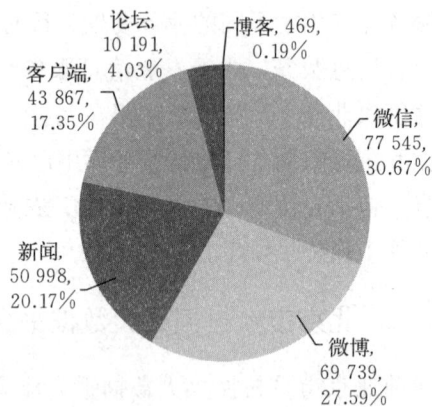

图 1　2019 年北京市"三农"舆情传播渠道分布

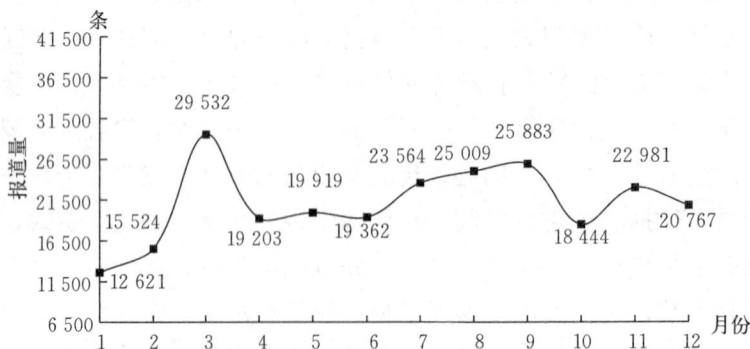

图 2　2019 年北京"三农"舆情传播走势

（二）舆情内容概要分析

从舆情话题分类看，全年舆论关注的核心话题是都市型现代农业，舆情量居于首位（图 3）。

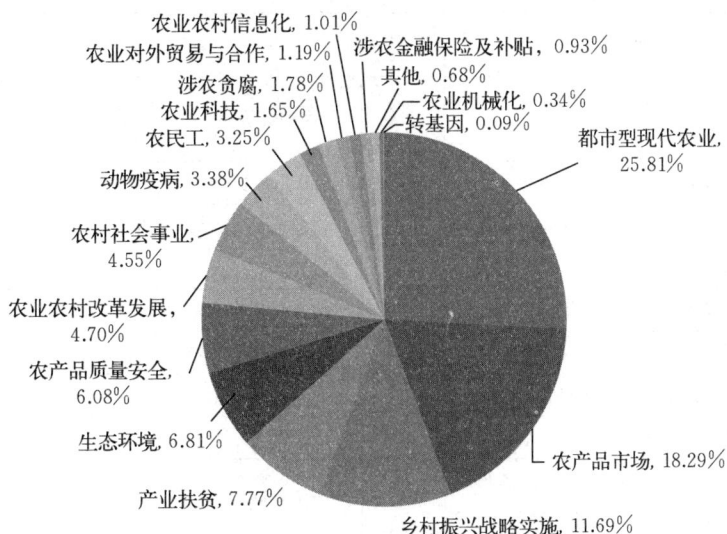

图 3　2019 年北京"三农"舆情话题分类

（三）2019 年北京"三农"舆情热点事件排行

在 2019 年北京"三农"舆情热点事件监测和统计的基础上，通过加权计算得出热点事件的舆情热度，进而整理出排名前 20 位的热点事件（表 1）。

表 1　2019 年北京市"三农"舆情热点事件 TOP20

序号	事件主题	月份	首发媒体	舆情热度
1	世园会史上首个以蔬菜为景观的展园亮相北京	4 月	新华网	11 357.45
2	北京密云突发森林火灾	3 月	新浪微博"@法治进行时 V"	7 746.75
3	北京庆祝第二个农民丰收节	9 月	《农民日报》	6 126.35
4	北京市确诊 1 例人感染 H5N6 禽流感病毒病例	8 月	北京市疾病预防控制中心	3 648.5
5	第七届北京农业嘉年华开幕	3 月	新华网	3 109.45
6	北京印发《关于促进乡村民宿发展的指导意见》《京郊精品酒店建设试点工作推进方案》	12 月	首都之窗网站	1 818.2
7	《北京市乡村振兴战略规划（2018—2022 年）》正式发布	1 月	首都之窗网站	1 321.25
8	第三届中国（北京）休闲大会开幕	10 月	首都之窗网站	1 215.85
9	2019"畅游京郊"金秋旅游季开幕	9 月	《北京日报》	677
10	"乡村的荣耀"2019 年第三届北方民宿大会在北京延庆举办	9 月	首都之窗网站	509.85

（续）

序号	事件主题	月份	首发媒体	舆情热度
11	2020年京郊旅游重点投融资项目推介会举办	12月	《中国证券报》	506.4
12	北京办首届牛奶文化节	5月	《北京晚报》	438.1
13	第二十七届北京种子大会和第二届种业扶贫大会在河北省廊坊市开幕	10月	微信公众号"北京市丰台区种子协会"	406.6
14	北京·昌平第十六届苹果文化节开幕	10月	北京昌平广播电视网	383.8
15	朝阳区首批10个美丽乡村落成	8月	北京朝阳文明网	367.5
16	北京精品民宿推介会在门头沟区举行	12月	北京时间	293.5
17	第二届北京市扶贫协作论坛举行	10月	千龙网	262.5
18	2019全国科技活动周暨第九届北京（通州）国际都市农业科技节开幕	5月	中国新闻网	230.35
19	首个标准化"美丽乡村"——房山区张坊镇大峪沟村通过考核验收	11月	北青网	201.3
20	北京名优农产品农交会上受追捧	11月	央广电总台国际在线	188.7

注：北京"三农"舆情话题热度＝新闻量×0.6＋微信量×0.2＋微博量×0.1＋论坛量×0.05＋博客量×0.05。

结果显示，全年有8个事件的舆情热度超过1 000。其中，媒体对世园会的百蔬园高度关注，相关报道持续数月，舆情热度达11 357.45；3月，北京密云因农事生产疏漏引发山火，引发舆论关注，舆情热度达7 746.75，居第二位；9月，北京庆祝第二个农民丰收节，相关活动被媒体大量报道，舆情热度达6 126.35。

二、2019年北京市"三农"网络舆情传播特点

（一）都市型现代农业成为舆论关注热点话题

2019年北京"三农"舆情热点事件TOP20中，有8个事件为都市型现代农业话题，包括世园会百蔬园、北京农业嘉年华等会展农业、休闲农业等相关舆情引发高度聚焦，成为推动北京全年"三农"舆情热度上涨的重要因素。

（二）主流媒体助力打造首都"三农"舆论良性生态圈，社交媒体功能性逐渐显现

2019年，主流媒体继续保持着对北京"三农"领域的高度关注。其中，新闻媒体仍旧扮演着北京"三农"新闻舆论中坚力量的角色。微博、微信等社交媒体凭借其传播的便捷和众创特点，也逐渐成为北京发布"三农"信息的重要源头。

（三）政府部门善引导、敢回应，积极发出"三农"权威声音

2019年，政府部门主动适应新媒体舆论生态，积极创新舆论引导理念、丰富舆论引

导内容，持续强化发布、互动、服务等功能，全力推进政务信息公开，北京"三农"权威声音的传播力、引导力、影响力、公信力得以彰显。

三、热点话题舆情分析

（一）北京开启乡村振兴新征程，第二个农民丰收节"京"彩纷呈

2019 年，北京乡村振兴战略鼓足风帆，全面启航。1 月在北京"两会"上，代表委员对北京乡村振兴战略实施提出多个建议被媒体大量报道。1 月 24 日，《北京市乡村振兴战略规划（2018—2022 年）》对外发布，多家中央媒体纷纷以数读、图解等多种方式进行解读。3 月 4 日，北京市农村工作会议、北京市委农村工作领导小组第一次会议相继召开。舆论表示，"三农"工作在这个春天再次迎来新的希望。5 月 25 日，北京市委、市政府印发了《关于落实农业农村优先发展　扎实推进乡村振兴战略实施的工作方案》（以下简称《方案》）的通知，多家媒体全文刊登，重点关注《方案》对今后两年全市农村人居环境整治、农业高质量发展、精准施策、农村改革、乡村治理等多个方面内容的部署安排。

9 月 23 日，北京以"礼赞丰收、致敬农民、祝福祖国"为主题，共庆第二个"中国农民丰收节"，引发舆论广泛关注，相关舆情达到了隆重、积极、热烈的传播效果，致敬农民、礼赞丰收、鼓舞奋斗成为舆论主调。

（二）北京"三农"70 年实现跨越式发展，五大成就吸引舆论目光

北京"三农"70 年，与新中国同呼吸共命运，与新时代同奋进共复兴，不断取得新的发展成就，多家媒体关注北京"三农"70 年所取得的五大成就：一是农业更加绿色高效；二是农民获得感、幸福感、安全感更加充实；三是农村更加生态宜居；四是城乡实现较高程度的融合发展；五是集体土地建设租赁住房项目完成率高。

（三）都市型现代农业提质增效，休闲农业受到舆论聚焦

2019 年，北京在都市现代农业发展中，紧紧围绕首都功能定位推进，放在京津冀世界级城市群的大框架中定位谋划，立足资源禀赋，走"高端、高质、高新"路线，打造好城乡融合发展、美丽乡村建设的北京样本。

北京市休闲农业取得长足发展。大部分观光园注重提质升级，创新发展模式，平均每个观光园实现收入 244.9 万元。全市民俗旅游接待游客 1 920.1 万人次，实现收入 14.4 亿元。3 月 16 日，第七届北京农业嘉年华开幕，多家媒体设专栏给予关注。中国北京世界园艺博览会首次将蔬菜独立成园的百蔬园获得舆论广泛传播。

（四）北京多轮驱动助力低收入农户增收，对外扶贫交出亮眼成绩单

北京帮扶市内低收入村增收的工作举措、案例、成绩等内容被舆论重点关注，相关报道贯穿全年，舆论总结"一二三四五六"工作体系，点赞北京低收入帮扶工作成效显著。同时，北京把扶贫协作作为光荣的政治任务，投入扶贫支援资金 81.74 亿元，安排脱贫攻

坚项目1 839个，销售扶贫产品总额177亿元，帮助39个县级贫困地区摘帽、50.6万贫困人口脱贫。

（五）标准化美丽乡村建设打造北京样本，农村人居环境整治绘就乡村新画卷

首个标准化"美丽乡村"——房山区张坊镇大峪沟村通过考核验收、朝阳区首批10个美丽乡村落成成为舆论关注的焦点，并对10个美丽乡村产生的翻天覆地变化进行重点报道。北京多措并举改善农村人居环境是舆论关注的重点。北京农村人居环境发生了由表及里、由量到质的变化，绿了美了颜值提升了，百姓的生活品质显著提高了。

四、2020年北京"三农"热点舆情展望

2020年是全面建成小康社会的实现之年，也是实现第一个百年奋斗目标的决胜之年，北京"三农"网络舆情热点或将来自以下三个方面。

（一）推进首都乡村振兴战略实施将继续成为舆论关注核心

实施乡村振兴战略"是中国特色社会主义进入新时代做好'三农'工作的总抓手"，各媒体平台长期关注北京"三农"，营造了乡村振兴的良好舆论氛围。北京多措并举推进乡村振兴战略实施将成为2020年舆论关注的核心。

（二）北京农村人居环境整治和美丽乡村建设将被舆论关注

村庄作为农村居民生活和生产的聚集点，是乡村振兴中重点考虑与提升的对象，一直是舆论关注的重点。2020年是北京美丽乡村建设三年专项行动的收官之年，北京将基本完成所有村庄美丽乡村建设，相关政策举措和示范标杆将被重点关注。

（三）低收入农户帮扶工作将保持较高热度

2020年北京计划完成6.8万户低收入农户家庭人均可支配收入超过现行标准线，234个低收入村全部脱低的目标。多方将继续发挥合力，相关帮扶举措、典型案例出现高热舆情的概率较大。

（执笔人：白晨、朱林、王晓丽、韩姣，单位：北京市城乡经济信息中心）

"智农宝"开启电商助农新模式

在脱贫攻坚、乡村振兴的国家战略大背景下，农产品电商持续高速发展。北京市农林科学院农业信息与经济研究所以"科技惠农、信息助农"为己任，立足首都、面向京津

冀、服务全国，搭建全方位的农业科技信息服务体系。在农产品电子商务方面，依托"互联网＋"发展专业化电子商务社会服务，打造"智农宝农产品电子商务平台"（以下简称"智农宝"），促进农业生产管理更加科学高效，畅通农产品销售渠道，使小农户与大市场更好对接，提升自主发展内生动力，推动农业提质增效。

目前京津冀地区很多农业基地、园区产品结构单一、生产效率低、市场竞争力弱。鉴于此，"智农宝"构建了农业全产业链信息服务体系，先后在京郊8个区以及河北的张家口、承德、唐山3个地区共计300多个生产规模大、基础条件好、辐射带动作用强的农业生产基地进行了推广和应用。推广面积达到6万多亩，累计产生新增纯收益为2200余万元，辐射京郊80%的区以及河北张家口、承德、唐山的数十个生产基地。

围绕国家脱贫攻坚和北京市低收入村帮扶战略，"智农宝"通过对北京市低收入村农民销售需求的精准识别，与当地政府、村干部的交流协作，开发、利用帮扶区域产业特色资源，运用"特色资源发掘＋品牌策划包装＋互联网电商营销宣传"的模式，建立销售及宣传推广服务体系，协助低收入村实现"脱低"。

一、主要做法

（一）依托科研院所优势，颠覆传统电商模式，开展"六合一"集成服务

1. 产前服务

着力于根据农业生产产前决策与技术培训的实际需求，为京津冀农业一体化发展提供产前市场信息和农业专题培训服务，引导生产经营主体高效生产。一是市场信息服务。通过市场信息的汇总，采集各种农产品的供需信息、价格信息，经过筛选、分析和甄别，为农户提供包括市场价格、供求情况等各方面的实用信息，监测农产品交易、需求、价格变动等情况，指导农户进行种养结构调整。二是农业专题培训服务。面向农业生产技术需求，建设了科学、权威、覆盖面广的种植知识库和农业专题培训库。

2. 产中服务

根据农业生产管理的实际需求，通过应用物联网农情监测技术，实现生产过程的监控、智能决策和精细化管理；并通过移动式农技答疑服务，实现了对农业生产过程的全程管理、智能决策和生产指导。一是物联网农情监测管理。实现农业生产中环境因子的监测和生产现场的实时视频监控，并根据智能决策进行报警和自动调控，提高农业生产和管理的效率，增加生产效益。二是移动式农技答疑服务。通过远程视频会议、远程视频监控、手机视频通话等多种方式，把生产现场的农作物生长状况直观呈现给专家，与专家进行"面对面""零距离"的农技答疑。

3. 产后服务

结合农业产业链末端环节的业务流程，通过采用720°全景展示技术和农产品质量追溯技术，构建了农产品生产过程可视、产品源头可溯的交互式电子商务系统，提供农产品质量安全溯源和农产品电子商务的营销支持。一是农产品溯源。通过射频识别、二维码等实现对农产品生产、流通、销售等各个环节信息的有效采集、录入和管理，从而实现农产

品生命周期的质量控制及追溯。采购方、消费者使用系统生成的溯源二维码通过互联网和移动终端便能实现农产品"从源头到餐桌"全程的质量溯源。二是电子商务。为助推农产品销售,"智农宝"以线上线下相结合的O2O模式,把互联网与体验店和体验基地对接,实现"线上展示销售、线下体验配送"的营销模式。通过筛选京津冀等地的优质、特色农产品生产基地入驻电商平台,将高品质的农产品推荐给北京市民,利用直销、团购、预售、体验等模式,扩大农产品销售渠道,助推农产品销售。

(二)响应国家和北京市号召,创新电商帮扶模式,助力打赢脱贫攻坚战

"智农宝"从产业实际出发,通过对低收入村农民销售需求的精准识别,与当地政府、村干部的交流协作,开发、利用帮扶区域产业特色资源,利用"特色资源发掘＋品牌策划包装＋互联网电商营销宣传"的模式,建立销售及宣传推广服务体系,促进小农户与大市场更好对接,解决农产品销售难题,实现农业自然生态禀赋增效,增强农村市场经济内驱力,推动农业提质增效。

1. 针对特色农产品资源,打造原产地文化品牌直销

针对部分拥有地域文化特色产品的村镇,通过借助政府及专家资源对其产品进行检验认证,并通过提炼其品牌的原产地特色、文化内涵、设计原创包装等,帮助他们创建本土品牌,提高农产品附加值。

2. 针对零散分布农产品资源,实施统一采购及主题活动策划直销

对没有任何品牌基础、产品零散且单个品牌上市不成熟的农产品,借助合作社对其农产品进行统一采收,通过分类、加工、整合,以"智农宝"为品牌,以"精准帮扶,爱心传递"为主题,通过帮扶行动传递市民爱心正能量,以这种差异化的市场竞争策略来推广农产品,促进农产品的销售。

3. 针对特色农村生态资源,引导发展生态旅游进行网络直推

对无农产品但地理环境有特色、生态环境较好的低收入村,通过提升和改造传统农业产业结构,为其打造"吃农家饭、住农家院、观原生态景"的主题生态旅游品牌。鼓励村民把自己的房屋、土地、山林等居家生活资源利用起来,将有机农业与农业旅游、村镇发展、环境保护紧密结合起来,打造一批以养生、休闲、体验为主题的特色旅游路线。借助智农宝电商平台及第三方平台进行宣传推广,将市民引流到村里去,实现以农促旅、以旅兴农,带动农民就地致富、可持续致富。

二、亮点成效

(一)为涉农用户提供立体化、覆盖全产业链的信息服务

"智农宝"为京津冀地区众多农业基地、园区提供了立体化的覆盖产前预测培训、产中监测控制、产后可溯销售的全产业链信息服务。应用辐射京郊8个区以及河北的张家口、承德、唐山3个地区,共计90多个乡镇、300多个农业生产基地、3 000多名全科农技员。"智农宝"将农业信息服务与农业产供销各环节紧密结合,进一步提

升了农户生产经营的组织化程度以及与市场的对接程度，实现了农业产业链、价值链、供应链的联通，大幅提升农业生产智能化、经营网络化、管理高效化、服务便捷化水平。

（二）提供产前市场信息分析，解决了农户供需信息缺失问题

在农业生产产前环节，农民没有信息，不知道种什么、种多少、前景如何，盲目决策；投入得不到应有回报，甚至亏本，农业生产经营主体比以往任何时候都需要信息引导。针对广大农民产前信息缺失问题，"智农宝"提供了农业科技、技术指导、品种介绍、农产品供求、惠农政策解读、实用技术视频等市场信息服务，累计提供信息量达 12 000 条以上。

（三）吸引 387 家基地入驻"智农宝"，助力农产品销售和溯源管理

多地农产品深陷"价低卖难"窘境，关键是缺乏销售渠道。通过"智农宝"筛选出京津冀地区及北京对口援助地区优质、特色农产品生产基地入驻，把合作基地的高品质产品通过智农宝网购商城、微商城、体验店、社区活动、超市等渠道进行展示、销售，帮助基地解决销售问题。同时，电商与溯源的交互，提高了消费者对特色农产品的信赖度，极大地增加了农产品的经济附加值，促进了农产品销售和溯源管理的良性循环，通过农产品的"优质优价"助推农产品的销售和增值。"智农宝"已为 387 家基地提供了入驻、宣传、销售服务，展示推广 105 类 800 多个产品；通过直销、团购、预售等手段销售蔬果、蜂产品、肉蛋及加工农产品，实现累计销售量 20 多万单。

（四）"智农宝"不断创新帮扶模式，打造出可持续发展的"脱低"示范村

"智农宝"在帮扶工作中不断创新，通过整合北京市农林科学院各种资源，创建了"产业规划＋种植技术＋信息技术＋电商"的全产业链精准帮扶模式。2019 年"智农宝"在前几年工作的基础上选取了延庆区大庄科乡董家沟村、门头沟区清水镇梁家庄村、门头沟区斋堂镇白虎头村、顺义区杨镇荆坨村以及延庆区四海镇前山村这 5 个低收入示范村，根据各村特色，细化产业内容，为每个村都做出了 3～5 年的产业详细规划，并绘制了产业规划彩图。单年度开展技术服务 15 次，受益达 195 人次。通过应用农产品质量追溯系统和全景虚拟漫游展示系统，实现了每个村的动态展示，提高了低收入村的宣传水平。开展的"线上＋线下"立体化营销，一年间帮五个村销售了杏核、山楂、蜂产品、茶菊、瓜菜等 10 多种优质农产品，五个村新增加收益累计超过 200 万元。五个低收入村的"一村一品"主导产业链条也已初见雏形，产业业态和产品品质显著提升，初步具备可持续发展能力和造血能力，确保"脱低"后不会"返低"。

三、展望未来

未来,"智农宝"将以北京市农林科学院强大的技术、专家、信息资源为支撑,深入研究、构建全媒体营销平台,通过"内容引流＋电商变现"的方式,给农产品营销带来更多的机遇,让越来越多的优质农产品走出原产地,通过新的流量渠道提升销量以及原产地的知名度。通过多样化的表达形式,短视频、直播、动画等,更直观地展示产品,让用户买得更放心。

(执笔人:贾鹏,单位:北京市农林科学院农业信息与经济研究所)

休闲农业与农业绿色发展

北京市 2019 年农业农村资源与区划工作

农业资源与区划是科学性、综合性和权威性很强的工作，也是长期性的工作。本轮机构改革之后，农业资源区划工作与由其延伸出来的休闲农业工作，依然由市农研中心开展研究，为行政部门提供决策支撑的重要内容。

一、2019 年完成新形势下的各项工作

（一）适应新职能，开展系统性的课题研究和调查工作

发挥基础性职能，采用遥感调查与空间分析方法相结合的方式，开展"北京市农业生产资源调查与产业布局研究""北京市郊区土地利用消长变化监测报告"，对产业布局状况进行综合研究，为"十四五"北京农业农村发展规划提供数据支撑。抓住国家实施数字乡村战略的契机，通过横向合作，获取空间信息战略资源。基于国产高分辨率遥感数据，继续开展"全市农业资源本底调查、动态监测与管理项目"，2019 年完成了延庆区和平谷区的调查。

发挥前瞻性职能，开展"北京市农村灾害识别与区划研究"，以习近平总书记关于防灾减灾工作"三个转变"思想为总指导，构建农村地区防灾减灾能力评价指标体系、农村自然灾害识别指标体系和北京市农村防灾减灾能力建设区划指标体系，均属首创性研究。

发挥综合性职能，开展"农村人居环境整治与休闲农业发展有机结合的体制机制研究"，紧密围绕全市农村工作重点任务，提出农村人居环境整治与休闲农业发展有机结合的"五种思维"和"五项机制"，为政府部门提供重要决策参考。

发挥服务区县的职能，开展"北京市重要农业资源可持续利用研究——以顺义区为例"，紧扣顺义区作为国家可持续发展试验示范区和农业绿色发展先行示范区的建设内容，为顺义区农业农村资源合理利用提供了对策和建议。

发挥服务委办局的职能，承接市统计局"生态涵养区绿色发展监测评价指标体系研究"课题，为生态涵养区的绿色发展及科学评价奠定了良好的基础，建立了比较科学完整的生态涵养区绿色发展监测评价指标体系，为农研中心研究成果转化提供了具体途径，扩大了农研中心作为决策研究机构的影响力。

（二）勇迎新挑战，做实区划支撑工作

完成本年度国家重点农业资源台账试点工作。根据农业农村部发展规划司的统一部署，完成顺义区重要农业资源台账试点各项任务，累计统计水资源、农用地资源、气候资源、生物质资源等共 444 项指标，按时向全国汇交系统上传数据。

支持市农业农村局发展规划处农业资源区划工作。农业资源区划行政职能划转之后，立即与发展规划处建立工作联系，共同参加农业农村部相关会议，共同推动台账试点工作。开展平谷区与延庆区农业资源本底高分遥感调查、全市农业生产资源调查与产业布局调查，为"十四五"规划提供前期研究支撑。多次邀请专家研究讨论农业资源区划重点工作，召开农业遥感助力乡村振兴战略实施项目研讨会，结合全市规划和自然资源领域专项巡视的要求，提出了加强全市农业资源区划工作的意见。

支持农业农村部相关司局、市政协农业农村委工作。参加农业农村部发展规划司召开的加强农业资源区划工作交流研讨会、全国农业资源区划工作培训会并作典型发言。向农业农村部农村社会事业发展中心提交《美丽休闲乡村评定标准征求意见稿》《休闲农业精品园区（农庄）评定标准征求意见稿》意见反馈。向市政协农业农村委提交《北京市生活垃圾管理条例》意见反馈。全员参与，将调研成果转换为中国农业出版社全国休闲农业职业培训教材部分内容。

（三）着眼新问题，做新休闲农业工作

全年紧密围绕全市农村工作会打造"精品乡村民宿""精品乡村游路线"的重点任务开展休闲农业工作。

1. 创新调研形式

与北京电视台合作拍摄完成《北京精品乡村民宿调查行动》四集电视片。针对"大棚房"整治带来的休闲农业用地问题持续开展调研，形成材料提供给市农业农村局、市政协农业农村委。就《昨日市情》所反映的休闲农业与乡村旅游"双下降"情况开展调查，完成休闲农业企业用地问卷调查、星级休闲农业企业经营状况调查，形成报告提供给市农业农村局产业处。在信息中心的技术支持下完成《全市休闲农业一张图》。

2. 创新培训工作

指导北京观光休闲农业行业协会与全国妇联人才开发培训中心联合承办了山西省"乡村振兴巾帼行动"乡村民宿管家妇女骨干培训，共120人参加培训。以提升民宿运营能力为重点，承办市农业农村局两期全市休闲农业与乡村旅游经营管理人员培训班，安排了17堂讲座、7个现场教学点，京郊基层干部、从业人员140余人参加培训。

3. 创新融合领域

大力推动休闲农业与文创融合发展，将"北京国际设计周·2019北京艺术乡村主题展"的活动时间扩展到4月至10月，空间扩展到合作社、农场、乡镇，农业农村部、市农业农村局相关部门领导出席活动，被国际设计周组委会正式命名为"设计之旅"合作伙伴；将"2019中国农民丰收节·金色北京大市集"提前半个月举办，注入"丰收节·消费季"的理念。继续推进农业与教育的融合发展，调研亲子农业教育项目，参加了农业农村部科教司召集的学农教育教材编辑会，完成《教育农园业态标准研制》初稿。

4. 创新监测手段

首次采用信息化大数据手段完成《北京市休闲农业产业监测体系建设》，形成五一、十一及黄栌花节、红叶节专题性休闲农业客流行为分析报告和2019年北京休闲农业行业

监测分析年度报告。

5. 创新宣传方式

充分利用微信平台发布、推广精品路线，相继推出京郊休闲农业 30 个打卡地、"不猫冬"京郊 43 个冬季乡村休闲项目推介，与天津、河北休闲农业协会联合发布了 5 条"京津冀休闲农业精品带"，协助市农业农村局产业发展处完成全国休闲农业精品线路推荐申报，得到了主流媒体的广泛传播。

6. 创新协会管理机制

指导北京观光休闲农业行业协会设立了民宿专业委员会、培训咨询工作委员会、规划设计工作委员会三个分支机构。圆满完成休闲农业协会成立 15 周年年会活动，参加 2019 年社会组织评估工作，并获得 AAAA 等级。按照市社团办要求和中心党组的部署，积极稳妥推进协会脱钩各项工作，上报脱钩方案。

二、2020 年农业资源区划与休闲农业工作要点

2020 年，要全面贯彻习近平新时代中国特色社会主义思想，以机构改革职能转变、"十四五"规划开局、全市规划与自然资源领域专项巡视为三大契机，提高政治站位，从服务于提高治理体系和治理能力现代化水平的高度，加强科技支撑、加强外部合作、加强服务委局、加强服务基层、加强成果转化，做好资源调查监测评价服务农业农村规划、资源开发利用服务乡村产业发展两个研究方向。

（一）强化农业资源调查与监测，助力绿色发展

全面掌握重要农业资源底数是推动资源节约、促进农业绿色发展的基础性工作。强化农业资源调查与监测，实现对农业资源数量、质量和分布的常态化、制度化、规范化监测评价管理，是深化农业领域生态文明建设改革的重要内容，是摸清现代农业发展资源底数、夯实农业资源管理基础的重要抓手，是构建资源承载能力预警机制、评价农业资源稀缺程度和利用效率的重要前提，是深化农业资源资产产权制度改革、强化农业资源管理的重要手段，是服务乡村振兴战略、科学指导农业农村发展的重要依据。要以国家和全市关于促进农业绿色发展的决策部署为指导，强化基础工作，强化技术运用，强化政策支撑体系建设，使农业资源区划工作在首都农业绿色发展中的地位和作用得到明显提升。

1. 开展北京市农业生产资源调查与产业布局推动工作

由市农业农村局发展规划处牵头，开展"十四五"全市农业农村发展规划的前期工作，系统搜集整理农口各部门农用地、水产养殖、畜牧养殖、蔬菜种植、粮食种植等方面的资源数据，分析研究新时期北京农业产业布局和发展方向。

2. 开展全市分区域农业资源本底高分辨率遥感调查

继续推进遥感技术在农业资源调查与监测中的运用。2020 年以高分卫星、天宫二号卫星数据和无人机影像数据相结合，重点对怀柔区农业资源本底进行调查，完善北京市农业资源监测数据库，为政府决策提供数据支撑。

3. 开展郊区农业资源区划工作资料整理汇编

郊区农业资源调查与综合区划工作有很好的历史积累，要逐步在有条件的区，开展相关资料的整理汇编。2020 年重点依托密云区信息中心对密云区的材料进行汇编，形成示范效应，推动新时期农业资源区划工作的开展。

4. 开展生态涵养区产业融合发展研究

认真贯彻习近平总书记对北京重要讲话精神，深入落实《北京城市总体规划（2016—2035 年）》，牢固树立和践行绿水青山就是金山银山的理念，顺应人民群众对优美生态环境的新期盼，将保障首都生态安全作为主要任务，以坚持加强保护不断扩大生态环境容量和提高生态环境质量、坚持绿色发展不断增强内生发展动力、坚持服务民生不断缩小基础设施建设水平和公共服务能力差距、坚持改革创新引领不断完善制度保障体系为重点，探索生态涵养区特色化、品牌化、差异化高质量发展的有效形式，让生态涵养区群众有实实在在的获得感，为把生态涵养区建设成展现北京美丽自然山水和历史文化的典范区、生态文明建设的引领区、宜居宜业的绿色发展示范区、城乡融合发展的标志区贡献智慧和力量。

（二）创新乡村休闲产业工作，助力乡村振兴

乡村休闲产业是撬动"绿水青山"转化为"金山银山"的"金杠杆"。按照《北京城市总体规划（2016—2035 年）》"发展城市功能导向型产业和都市型现代农业"的要求，结合中央乡村振兴战略、数字乡村战略的部署，积极配合相关职能部门，创新农业农村资源开发利用，创新调研和宣传形式，创新监测体系、评鉴体系、标准体系建设，提升乡村休闲产业发展水平，推动一二三产业融合发展，增加农民收入，提升农村集体经济发展效益。

1. 开展乡村休闲产业监测体系建设工作

运用大数据和云计算技术，强化行业运行监测分析，探索构建北京休闲农业和乡村旅游监测统计制度。开展重要节假日、典型区域客流行为分析，为领导和相关部门掌握行业运行提供数据。

2. 开展北京市智慧休闲农业平台建设研究

按照农业农村部、中央网信办《数字农业农村发展规划（2019—2025 年）》"鼓励发展智慧休闲农业平台"的要求，依托市城乡经济信息中心的技术力量，积极研究如何建设符合北京市基本市情、产业发展特点的智慧休闲农业平台，为相关职能部门提供决策支撑。

3. 开展乡村民宿扶贫攻坚典型经验总结与推广

2020 年 3 月 6 日，习近平总书记在决战决胜脱贫攻坚座谈会上强调，要继续推进全面脱贫与乡村振兴有效衔接，激发欠发达地区和农村低收入人口发展内生动力，有条件的地方要先做起来，为面上积累经验。根据总书记的指示，主动总结乡村民宿在全市低收入村增收中发挥的积极作用，为形成可复制可推广的经验提供决策依据。

4. 开展疫情之后乡村产业发展电视调研与宣传工作

采用电视片的成果呈现方式，创新开展疫情之后乡村产业发展调查与宣传工作，思考都市农业、乡村休闲产业、乡村电商的未来发展，为相关部门提供决策支撑。

5. 策划举办"北京国际设计周·2020 北京艺术乡村"专题展

按照《北京市推进文化创意和设计服务与相关产业融合发展行动计划（2015—2020 年）》的要求，继续利用北京国际设计周的平台，策划、举办"北京国际设计周·2020 北京艺术乡村"专题展，提升农业农村领域的设计水平，推动城乡产业融合发展。重点围绕长城文化带、农业文化遗产，开展北京特色乡村休闲精品线路的设计与宣传工作。

6. 联合开展门头沟区乡村民宿用地改革试点工作

积极参与市发展改革委门头沟区农村集体建设用地项目审批全流程改革工作，配合中心经济体制处，开展门头沟区乡村民宿用地改革试点工作，总结相关经验。

（三）提升服务能力，助力依法履职

1. 做好农业资源区划研究支撑和服务能力提升

与市农业农村局相关处室保持密切协作，自觉把工作纳入农业农村局的大盘子中去考虑，做好决策支持、业务支撑和力量支援，共同推进首都"三农"工作向前发展。要完善与相关委办局、区级职能部门的工作联系机制，扩大成果转化的渠道。要发挥好研究机构的职能，强化与相关科研院校的协作平台。

2. 做好北京观光休闲农业行业协会建设

指导北京观光休闲农业行业协会日常工作，充分发挥协会的桥梁作用，提升对产业发展的服务效能。在市农业农村局产业发展处的统一部署下，开展全市休闲农业星级园区的复核工作和全市休闲农业经营管理者的培训工作，开展产业用地的需求调查。积极参与全国休闲农业行业交流，组织做好会员单位的考察学习交流活动。创新运营机制，扩大北京休闲农业社会认知度，宣传一批精品项目。加强协会内部管理，充实协会工作力量。按照市社团办的统一部署，做好协会的脱钩工作和脱钩以后的发展工作。

（供稿：北京市农村经济研究中心资源区划处）

2019 年北京市休闲农业与
乡村旅游发展报告

2019 年是新中国成立 70 周年，是决胜全面建成小康社会关键之年，乡村振兴的大幕已拉开，农村创业创新风生水起。休闲农业与乡村旅游作为乡村产业的重要组成部分，横跨一二三产业、兼容生产生活生态、融通工农城乡的新产业新业态，是乡村振兴有力的支撑。

一、基本情况

2019 年，北京市实现农林牧渔业总产值 281.7 亿元，比上年下降 5.1%。其中，在新一轮百万亩造林工程带动下，实现林业产值 115.6 亿元，同比增长 21.6%，所占比重达 41.0%，农业生态功能进一步增强。都市农业效益提升，盆栽观叶植物、园林水果、瓜果类和花卉苗木等高效益品种占设施农业产值的比重为 34.5%，比上年提高 6.4 个百分点。

（一）农业观光园情况

根据北京市统计局、国家统计局北京调查总队发布数据显示，2019 年，全市观光园 948 个，同比下降 16.0%；接待游客 1 538 万人次，同比下降 17.5%；实现收入 23.2 亿元，同比下降 12.7%（图 1）。

个、万人次、$\times 10^6$元

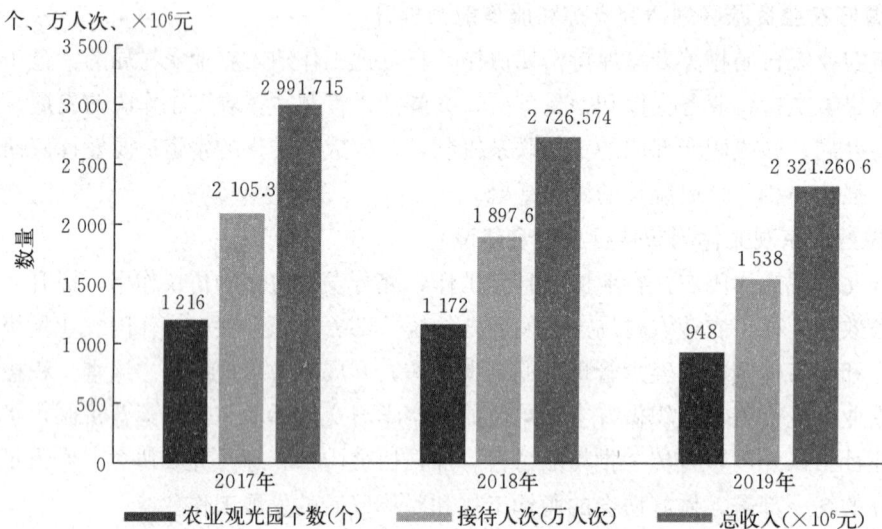

图 1　2017—2019 年农业观光园个数、接待量和总收入对比图

据数据显示，2017—2019 年，京郊农业观光园个数逐年下降明显，接待量和总收入也呈逐年下降趋势。

部分观光园的违规设施被拆除，观光园个数减少，但是大部分观光园注重提质升级，创新发展模式。据数据显示（图 2），2017—2019 年，农业观光园游客人均消费呈逐年增加趋势，尤其 2019 年增长较为明显。丰富的休闲农业产品、重视体验项目是农业观光园提档升级的重要内容。不仅延长了留客时间，增加了游客的消费，还让游客体验感受更好。

从收入组成来看，2019 年农业观光园的收入主要来源于采摘、出售农产品和餐饮，分别占比 26.00%、22.60% 和 16.80%（图 3），其中采摘收入中有 45.5% 的收入来自设施地采摘。

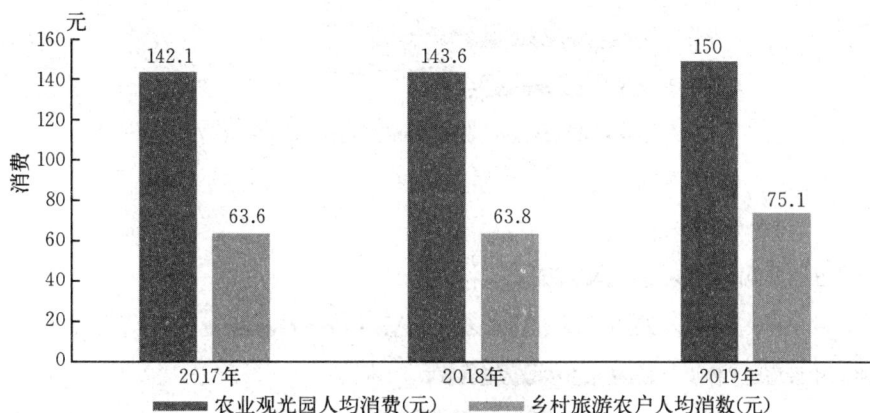

图 2　2017—2019 年农业观光园与乡村旅游农户人均消费对比图

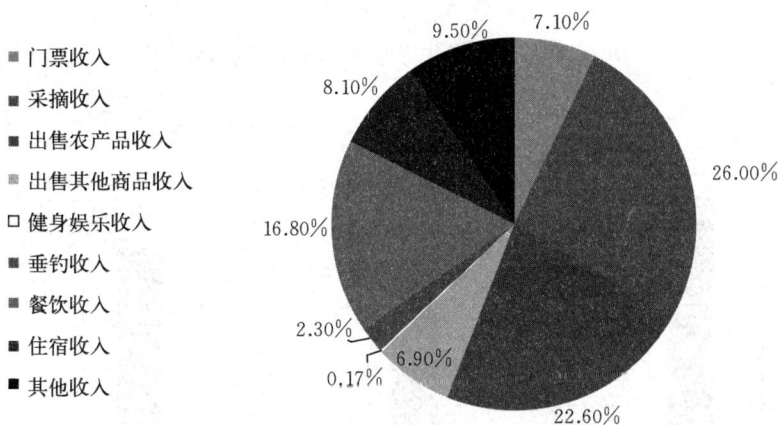

图 3　2019 年农业观光园收入来源占比

2019 年农业观光园的大部分收入较上年有所下降（图 4），其中下降比例最高的为健身娱乐收入，较上年同期下降 81.98％，住宿和餐饮收入分别较上年同期下降 31.94％和 29.33％，原因在于"大棚房"整治行动工作中，农业观光园被拆的违建多用于住宿、餐饮及健身娱乐等项目。收入中仅有出售农产品所得较上年同期增长 17.39％，随着一二三产有机融合、创意农产品及农产品衍生品的研发，农业观光园中的农产品销售增加明显。

（二）乡村民俗旅游情况

根据北京市统计局、国家统计局北京调查总队数据统计显示，民俗旅游人均消费实现增长。2019 年，全市民俗旅游实际经营户 7 350 户，同比下降 5.6％；接待游客 1 920.1 万人次，同比下降 3.8％；实现收入 14.4 亿元，同比增长 5.4％。

据数据（图 5）显示，虽然 2019 年乡村旅游农户的个数较 2018、2017 年下降明显，但接待人次数值较为平稳，总收入较 2018 年还有所增长，乡村旅游市场较稳定。

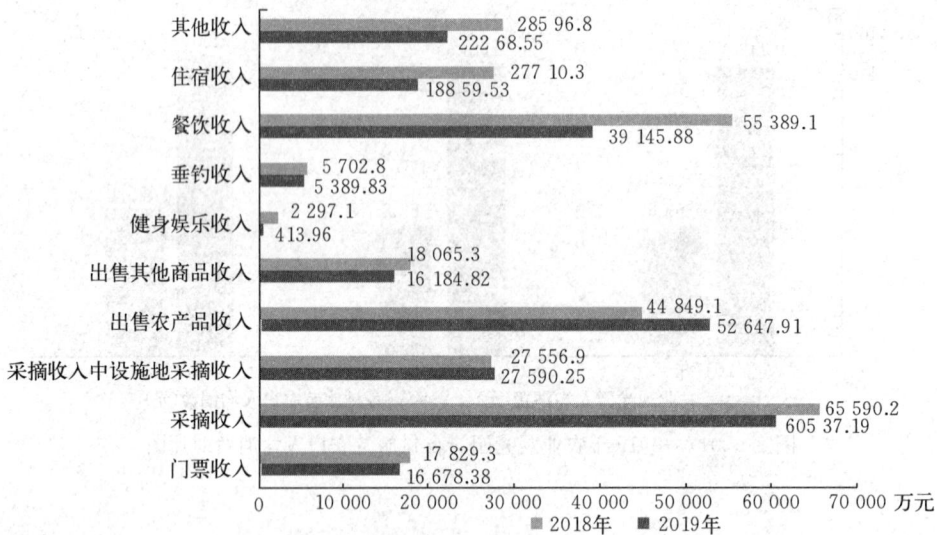

图4　2018—2019年农业观光园各项收入对比

个、万人次、×10⁶元

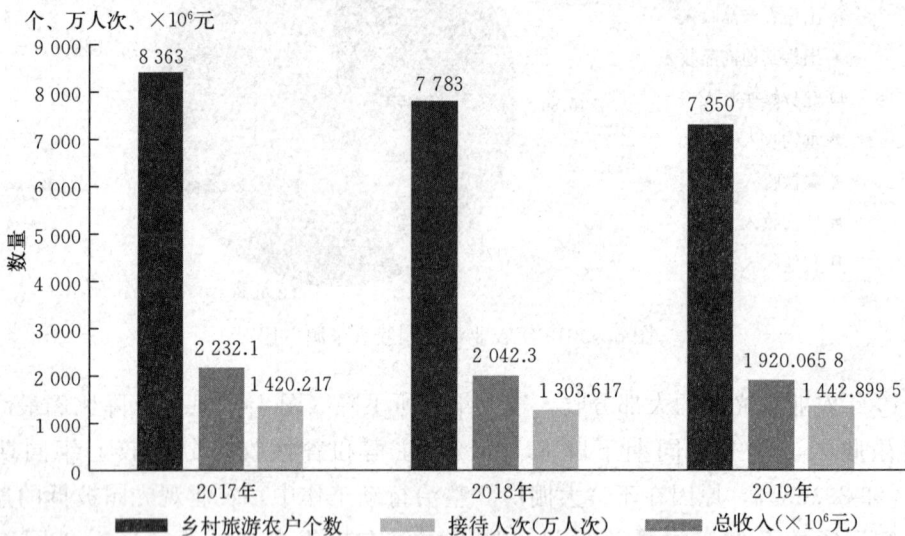

图5　2017—2019年乡村旅游农户个数、接待人次和总收入对比图

2019年游客在乡村旅游农户的人均消费为75.1元（图2），同比增长9.5％。2019年高端民宿的增加较多，普遍人均消费较高，提升市场整体人均消费。

（三）会展农业及农事节庆情况

首都会展农业及农事节庆活动成为京郊农业文明和农村文化的展示窗口，成为农村地区产业融合的重要平台。2019年市农业农村局指导各区开展形式多样、内容丰富的农事节庆活动，提升休闲农业和乡村旅游的持续竞争力，带动农民增收致富，如北京农业嘉年华、中国农民丰收节、大兴西瓜节、平谷桃花节、海淀樱桃文化节、房山秋收节、延庆丰收节等农事节庆活动。

2019 年 3 月 16 日至 5 月 12 日在昌平区草莓博览园举办的第七届北京农业嘉年华，会期 58 天，共接待游客 110.72 万人次，累计实现经济总收入 2.47 亿元。活动期间，周边各草莓采摘园接待游客达 253 万人次，销售草莓 195 万千克，实现收入 1.004 亿元。有效带动延寿、兴寿、小汤山、崔村、百善、南邵 6 个镇的民俗旅游，活动期间共计接待游客 55.72 万人次，实现收入 1.03 亿元。第七届北京农业嘉年华带动周边产业发展累计实现总收入达 2.034 亿元。

二、主要工作

（一）加强宣传推介

一是市农业农村局指导各区农业农村局因地制宜打造农事节庆活动，结合资源禀赋和产业特色，挖掘农村文化，提升休闲农业和乡村旅游的持续竞争力。二是利用"北京休闲农业""北京美丽乡村"微信公众号，开展休闲农业宣传推广、体验引导等活动。相继在五一节前推出"北京休闲农业 30 个打卡地"，中秋、国庆节前推出"北京市金秋打卡地"，以及"不猫冬"京郊 43 个冬季乡村休闲项目推介，对 50 余个应季蔬菜、果品休闲观光园进行宣传，夏秋季节按照产业发展情况，对西瓜、甜瓜、樱桃、葡萄、李子、鸭梨、杏、桑葚、玫瑰、枣、黄芩、海棠、柿子、板栗、核桃、红薯、菊花、中草药等近百个园区开展宣传；与天津、河北休闲农业协会联合发布了 5 条"京津冀休闲农业精品带"，推荐申报全国休闲农业精品线路，得到了主流媒体的广泛传播。三是市农研中心资源区划处在 2019 年度专门立项，与北京电视台《美丽乡村》栏目组合作，创新调研形式，组织专家、从业者，与北京电视台合作拍摄完成《北京精品乡村民宿调查行动》四集电视调查片，并在 BTV 新闻频道《美丽乡村》栏目播出。四是市农业农村局、市城乡经济信息中心、观光休闲农业协会将 11 条北京市休闲农业精品线路、25 个中国美丽休闲乡村、21 个国家休闲农业与乡村旅游示范点、294 个国家级和市级星级园区、5 588 个星级民俗接待户、300 家精品民宿资源信息上图，实现休闲农业旅游资源动态化管理、可视化显示，提升产业服务质量。

（二）加强政策研究

一是在贯彻市农委与市发改委、市财政局、市旅游委等 11 个部门联合印发的《关于加快休闲农业和乡村旅游发展的意见》（京政农发〔2017〕30 号）基础上，市农业农村局正在研究提出《北京市关于推进乡村产业融合发展的若干政策措施（讨论稿）》。二是市农业农村局配合市文化旅游局研究出台《北京市关于促进乡村民宿发展的指导意见》，重点破解民宿管理中涉及消防、安全、开具发票等方面问题。三是市农业农村局与观光休闲农业协会开展各类调研，针对"大棚房"整治带来的休闲农业用地问题持续开展调研，形成材料提供给市政协农业农村委，以及就《昨日市情》所反映的休闲农业与乡村旅游发展情况开展调查，开展星级休闲农业企业经营状况调查并完成调查报告，进行休闲农业企业用地问卷调查。四是市农研中心继续推进农业与教育的融合发展，调研亲子农业教育项目，参加了农业农村部科教司召集的学农教育教材编辑会，完成《教育农园业态标准研制》初稿。五是拟出台市民农园地方标准，提升北京市市民农园的建设与经营的规范性。

（三）加强品牌创建

一是按照《农业农村部办公厅关于开展中国美丽休闲乡村推介活动的通知》要求，市农业农村局积极开展中国美丽休闲乡村的申报工作，推选怀柔区渤海镇六渡河村等 9 个村作为 2019 年中国美丽休闲乡村。二是打造"十百千万"畅游行动，即"十"余条精品线路，分别是：长城风情线路、西山永定线路、运河湿地线路、乐享妫川线路、桃花仙谷线路、酒香之路线路、白桦满乡线路、舞彩浅山线路、京西古道线路、幽岚山谷线路、三山五园线路；"百"个美丽休闲乡村；"千"个产业特色鲜明、带动农民增收力强、经营管理规范、示范带动能力强的精品观光采摘园；"万"个环境干净整洁、乡土风味浓郁、农家文化淳朴的民俗接待户。三是北京观光休闲农业行业协会组织各园区企业参加由中国旅游协会休闲农业与乡村旅游分会举办的全国休闲农业与乡村旅游企业（园区）星级创建活动。经过半年多的严格考评，评选出全国星级园区 6 家，其中五星级企业（园区）2 家、四星级企业（园区）3 家、三星级企业（园区）1 家。四是市农业农村局组织 42 家观光园、合作社、村集体参加中国生态食品博览会，并联合推出"京彩京郊"生态食品，各区农产品登上了全国农业展览馆的推介台，开展多种主题日活动，包括中央电视台在内的多家媒体密集报道，北京电视台《首都经济报道》更是连续三天对北京特展进行了报道。五是市农研中心继续开展"北京国际设计周·2019 北京艺术乡村"主题展，分别举行艺术乡村·兴农天力大地艺术季、意大利农场"飞利谷"创意市集、民俗达人谈民宿·乡村民宿美学沙龙、平谷镇罗营"环长城 100"国际越野赛现场展、"2019 中国农民丰收节·金色北京大市集"等活动。在五天的"艺术乡村·兴农天力大地艺术季"活动中，兴农天力农业园累计接待游客 10 万余人次，门票、采摘、餐饮、娱乐、农产品展销等各项收入达265 万元，取得了社会效益、经济效益双丰收。

（四）抓好培训指导

一是市农业农村局分别开展北京市乡村产业发展培训班和休闲农业与乡村旅游经营管理人员培训班，组织专家对全市各区农委主管领导、主管科室负责同志，休闲农业重点乡镇主管乡镇长，民俗旅游村支部书记、村主任，星级企业负责人等共计 298 人进行了全市乡村休闲产业发展与展望、产业融合打造休闲农业与乡村旅游、民宿设计与经营等培训内容。二是观光休闲农业行业协会与全国妇联人才开发培训中心共同主办"2019 北京休闲农业行业年会暨《乡村民宿管家》发布会"，并联合承办了山西省"乡村振兴巾帼行动"乡村民宿管家妇女骨干培训。

（五）举办"中国农民丰收节"各项活动

一是开展各种形式的庆祝活动。根据农业农村部对北京市 2019 年中国农民丰收节庆祝活动的工作要求，指导顺义区、房山区完成"礼赞丰收·致敬农民·祝福祖国"系列庆祝活动及"北京·房山'秋收节'"系列活动、"庆丰收、齐欢庆"综合文体展演，朝阳区组织了"庆丰收、颂祖国——庆祝中华人民共和国成立70周年演唱大会"，丰台区开展了"让乡音永恒——北京郭庄子村第二届中国农民丰收节庆祝活动"，部分区组织了农民趣味运动会等内容。

二是产业融合，助力农民增收。海淀区、通州区、大兴区、昌平区、平谷区、密云区、延庆区依托区域产业优势，举办农产品采摘及展销活动，结合休闲农业观光线路、乡村旅游线路举办各类农事体验活动，为农民增收创造便利条件，让游人感受到金秋丰收的喜悦。市农研中心组织部分农业行业协会与朝阳区涉农企业携手共同举办"金色北京大市集"系列农事活动。

三是传承京韵农耕文化、助推美丽乡村建设。围绕"传承京韵农耕文化、助推美丽乡村建设"的目标，通州区、怀柔区、昌平区等通过实物展览、技艺展示、农事体验等形式集中展示京郊民俗传统文化，包括民俗展览、曲艺展示、手工展示、摔跤、舞龙等各具特色的传统表现形式。

四是通过各级媒体进行中国农民丰收节各项活动的宣传，提升社会影响力。在北京美丽乡村网站特别制作了"2019年中国农民丰收节北京市系列活动"专题栏目，共发布140条信息。在"北京美丽乡村""北京农业"政务微博开设"中国农民丰收节"话题，并发布45条中国农民丰收节主题微博；在"北京美丽乡村""北京农业"微信公众号开设"中国农民丰收节""庆丰收""丰收我最美""丰收最美时刻""人物故事"等话题，开展中国农民丰收节专题宣传；今日头条网络客户端平台、网易的网络客户端平台、人民网、千龙网、中国农民丰收节网站等网络媒体大力宣传。

三、存在的主要问题

北京休闲农业与乡村旅游仍处在快速发展期向成熟期转变的转型期，这个时期各部门对休闲农业与乡村旅游发展的重视提升，开始完善相关规范管理制度，休闲农业品质也得到一定的提升。但在这转型期中，休闲农业和乡村旅游面临的一些亟待解决的问题，需要引起关注。

一是急需推出符合产业发展的用地政策。休闲农业的发展受用地政策的影响较大，休闲农业和乡村旅游所经营的餐饮、住宿、农事体验活动，以及农田景观、农家采摘等均需要一定的配套服务设施。国家、北京市均确定了休闲农业的发展方向为"效益高、绿色化、链条式"，但建设用地指标的审批较为严格，对于耕地国家又有更严格的规定，用地问题成为目前制约休闲农业发展的首要因素。通州区已经有点状供地的探索，但供地仅可用于科普展示等，难符合产业发展需要。

二是资金扶持力度不够。发展休闲农业，不管是硬件基础设施建设，还是软件专业服务和人才引进，都需要大量的资金投入。市级农业部门转移支付资金大多数被统筹使用，区级财政没有专项资金，经营者又缺乏相应的融资渠道，从而制约着休闲农业的发展。

三是政策标准缺乏。促进休闲农业发展的政策法规不健全，尤其是近期开展的"大棚房"清理行动后，大部分休闲农业园区经营者信心受挫，政策层面除了价值认可型的鼓励态度，还要有明确的支持标准、指标、规范及监管措施。

四是规划设计不合理。目前休闲农业基本上都是以乡村企业、农民自主开发为主，缺少整体规划和专业科学论证，布局不合理，功能不完善，市场定位不明确，在开发建设上存在较大的盲目性。

五是服务水平不高。当前休闲农业发展多为小规模的餐饮、农家乐、采摘园等形式。大多数园区设施简陋、内容简单、普遍缺乏文化、文创元素的整合包装，也缺乏培育特色文化和品牌价值的意识，使得园区存在农业文化活力和农产品品牌影响力不足问题。

六是从业人员素质偏低。休闲农业园区经营管理人员大多数是原来从事农业生产或农民自发形式的，缺乏休闲农业发展经历及经验；园区内部的从业人员，学历普遍较低，老龄化严重，专业化程度不高。

四、发展建议

（一）研究出台休闲农业扶持政策

为鼓励休闲农业发展，提振从业者信心，结合基层实际情况，市农业农村局拟出台《北京市关于促进休闲农业高质量发展的若干政策措施》；为进一步延长农业产业链、提升农产品价值链，完善多形式利益链，拟出台《北京市关于推进乡村产业融合发展的若干政策措施》；配合市文化旅游局，出台《北京市关于促进乡村民宿发展的指导意见》，破解民宿管理中涉及消防、安全、开具发票等方面问题；拟出台市民农园地方标准，提升市民农园建设与经营的规范性。

（二）继续开展休闲农业宣传推介活动

多角度、多途径挖掘休闲农业亮点，形成报纸有文章、网络有专题、广播有声音的宣传格局。在重大节假日前和重要农事节庆节点，利用网络、电视、报纸、微信等，以图文并茂的形式，有组织、有计划地开展休闲农业和乡村旅游宣传推介。一是推介市级精品线路，积极参加农业农村部全国精品线路推介活动；二是做好微信公众号的及时编发和宣传，做好宣传点的积累；三是制作休闲农业精品线路专题片，以多种形式推出，更好宣传推介精品线路和美丽休闲乡村，提高全市休闲农业的吸引力，打造新亮点，以休闲农业发展更好促进农民增收致富、带动乡村良性发展。

（三）加强精品品牌培育

依托现有休闲农业资源，继续加强精品品牌培育工作，一是参加农业农村部开展的各类创建工作。开展中国美丽休闲乡村创建工作，力争2020年新创建10个中国美丽休闲乡村，并对已经获得中国美丽休闲乡村称号的村开展复核；按照农业农村部的创建要求开展全国休闲农业与乡村旅游示范县（7个）、示范点（21个）的复核工作；开展全国休闲农业与乡村旅游星级园区的申报和复核工作。二是开展北京市精品品牌提升工作。开展第一、二批全市星级休闲农业园区（企业）复核工作，按市级、区级重点打造的精品线路，对线路沿线观光道路进行整体规划，突出文化特色、美化农事景观、完善配套设施、改善生态环境、打造特色村落、丰富农事体验、提升民俗接待水平，使整条"精品线路"处处是景点、村村有特色，配合精品线路，提档升级 100 个观光采摘园，提升休闲农业"精品线路"上民俗接待户的接待水平。

2020 年，是全面打赢脱贫攻坚战的收官之年，是全面建成小康社会的目标实现之年，休闲农业与乡村旅游是乡村富民产业的重要组成部分，聚集资源要素，强化创新引领，将为全面小康和乡村振兴提供有力支撑。

（供稿：北京市农业农村局产业发展处、北京市农研中心资源区划处、
北京观光休闲农业行业协会）

农文旅融合赋能乡村休闲旅游产业新路径

一、农文旅融合的内涵

以历史视角来看，由于文化资源的普遍性、重要性，它与旅游的融合就是一种必然。其实，无论是理论研究还是实践探索，文旅融合从来没有停止过。应该说，40 年中国旅游发展的过程，始终是文化和旅游相伴相生的过程。即使是自然景区，也在努力突出文化特色，展示文化资源，提供文化旅游服务。早在 1986 年，理论界就开始讨论旅游是文化还是经济？于光远先生、孙尚清先生都给出了阶段性判断。2018 年国家机构改革将文化部与国家旅游局合并，文旅融合的话题似乎开始被高度关注。此次机构改革，组建文化和旅游部，是战略之举，可以全面凸显中国的国际优势和制度优势，也是顺理成章，水到渠成的，是阶段性转换的战略时机。所以，这是一个老现象、新认知。

20 世纪 80 年代初，我国著名经济学家于光远先生在其《论普遍有闲的社会》一书中"关于文化与旅游事业的对话"的文章，提到了两个观点：第一，旅游是文化性很强的经济产业，也是经济性很强的文化事业。第二，要玩得有文化，要有文化地玩。我理解这两句话：旅游产业要有文化内涵，文化资源是形成旅游产业产品的重要资源，旅游是文化的载体，文化是旅游的"魂"；旅游要尊重、顺应、保护性开发文化资源。

2007 年中央 1 号文件提出，要发挥农业的"生态保护、文化传承、观光休闲"等六大功能。鼓励和支持发展多功能性农业。这也是文化与农业、与乡村旅游融合，提得最早的国家号召了。2015 年国务院办公厅《关于推进农村一二三产业融合发展的指导意见》（国办发〔2015〕93 号）提出，加强农村传统文化保护，合理开发农业文化遗产，大力推进农耕文化教育进校园，统筹利用现有资源建设农业教育和社会实践基地，引导公众特别

是中小学生参与农业科普和农事体验。

2018 年文化和旅游部雒树刚部长提出：宜融则融，能融尽融，以文促旅，以旅彰文。我理解，宜融则融主要在项目，任何项目都有文化性，但不必牵强，有主有辅。能融尽融主要在行业，包括事业和产业，但是现在没有明确，所以能融尽融。文化强调产业化，旅游强调事业化，以文促旅，不仅是资源性的促进，更是主导性的促进。以旅彰文，是功能性的体现，在当代的信息环境和市场条件下，旅游容易形成更大的关注度，也能够彰显文化价值，从而达到更深层次的文旅融合。

到了 2019 年中央 1 号文件指出，充分发挥乡村资源、生态和文化优势，发展适应城乡居民需要的休闲旅游、餐饮民俗、文化体验、健康养生、养老服务等产业。

二、乡村振兴的内容与乡村产业的选择

（一）我所理解的乡村振兴

从党的十九大提出实施乡村振兴战略到 2019 年中央 1 号文件《关于坚持农业农村优先发展做好"三农"工作的若干意见》，以及 2019 年 5 月 5 日中共中央、国务院发布的《关于建立健全城乡融合发展体制机制和政策体系的意见》，"三农"工作进入了一个新时代，是一个以"创造美好生活"为核心内容的新乡村运动。

乡村振兴源于新型城镇化的快速发展过程中，形成的城乡发展不平衡的情况，因此国家提出了这样一个发展战略，目的是解决一系列生态和社会经济发展的矛盾。乡村振兴就是要让乡村和小城镇的经济、社会能够发展起来，让这些地方能够固化产业、固化人，让人能够可持续地在那个地方生生世世地生存下去，这个才叫作乡村振兴。

从内涵上看，有"五保"，即生态保护、资源保育、文化保持、制度保证、民生保障。"二十个字"的总要求，反映了乡村振兴的丰富内涵。生态宜居是乡村振兴的内在要求，产业兴旺是解决农村一切问题的前提，乡风文明是乡村振兴的紧迫任务，治理有效是乡村振兴的重要保障，生活富裕是乡村振兴的主要目的。

从目标上看，有"三重"，即重构乡村的空间结构（功能定位和资源匹配）、重塑乡村的经济结构（产业产能和产业价值）、重建乡村的社会结构和组织结构（外在形象和内在品质）。

从任务上看，有"五振"，即产业振兴、人才振兴、文化振兴、生态振兴、组织振兴。乡村振兴是要全面振兴，其中产业振兴是关键、是基础、是根本，产业融合是方向、产业升级是主导。

（二）乡村振兴产业的选择

1. 国家要求

2019 年 6 月 28 日国务院印发的《关于促进乡村产业振兴的指导意见》，明确了乡村产业的内涵特征、发展思路、实现路径和政策措施等，是指导乡村产业发展的纲领性文件。

2. 乡村产业的定位与特点

定位：乡村产业是根植于县乡村，以农业农村资源为依托，以农民为主体，以一二三产业融合发展为核心，彰显地域特色、体现乡村气息、承载乡村价值、适应现代需要的产业，涵盖种养业、特色产业、农产品加工业、传统手工业、小商业小集市、休闲旅游、生态产业等。

特点：内涵外延丰富、产业融合发展、新业态新模式涌现。概括而言"五个字"：一是"融"。体现在多方面，包括从事主体之间的融合、业态和领域的融合，把文化、旅游、休闲、康养、"互联网＋"各种各样的元素融于一体。有专家估计，整个乡村产业的发展产值在27万亿元。二是"精"。随着科技日益的革新和科技力量的引入，农业不再是原来最初始的状态，而是一产要接二连三，二产要接一带三，三产也要做到高端，其精深加工也在陆续地拓展。统计表明规模以上的加工企业达到7.9万家，尤其是百亿元以上的集团企业也达到了近百家。三是"新"。在原来传统的耕作基础上我们又有了拓展，比如以前有农业文化遗产，有稻蟹共生、稻鱼共生，现在我们又衍生出来很多稻鸭共生、林下经济等各方面，还有各种各样的一些新元素注入后的新方式，包括京东的跑步鸡、网易丁磊搞的未央猪等。四是"集"。乡村产业已不是像原来那样单打独斗，而是形成了很多集群，采取抱团式、规模式的发展。统计显示，我国乡村产业园有1万多个，有七十几家达到过百亿元的销售收入。五是"创"。李克强总理提出"大众创业、万众创新"后，农村双创近几年也是风生水起。能人回乡和市民下乡成为新农人。统计显示新型经营主体达到350万个，本乡创业人员达到3 140万人。

3. 发现乡村休闲旅游产业价值

在实施乡村振兴战略中，产业振兴是基础、是关键。休闲农业和乡村旅游是乡村产业重要组成部分，它是横跨一二三产业、兼容生产生活生态、融通工农城乡的新产业新业态。于是就成为众多乡村产业发展的不二选择，特别是在大城市郊区的乡村。大力发展休闲农业和乡村旅游，产业欣欣向荣，环境舒适宜人，人民安居乐业，让文化一脉相承，让乡愁有处安放，就能使农业强、农村美、农民富、市民乐。因此笔者观点，乡村休闲旅游，可以最大限度地提升农业产能、发现乡村价值。

第一，促进产业兴旺有"市值"。休闲农业和乡村旅游是农村一二三产业发展的天然融合体，产业链长、涉及面广、内涵丰富。发展休闲农业和乡村旅游发展，可以发掘农业的多种功能，夯实一产的基础，推动二产两头连，促进三产走高端，让乡村资源优势变为经济优势，让农民的钱包鼓起来。

第二，促进生态宜居有"颜值"。休闲农业和乡村旅游是绿水青山转化成金山银山的"金扁担"，可以让乡村的景观靓起来，同时能为市民提供各种服务，让人们享受"好山好水好风光"的视觉愉悦。

第三，促进乡风文明有"气质"。发展休闲农业和乡村旅游有利于结合当地文化符号、文化元素，通过休闲养生、农耕体验等活动，挖掘当地的民俗乡土文化、农耕饮食文化、图腾文化和民间工艺，将其激活、保护、传承和弘扬。

第四，促进治理有效有"基质"。休闲农业和乡村旅游以农民为主体、农村为场所，既有小农户和基层组织的自主经营，又有工商资本的参与带动，这一过程中，休闲农业和乡村旅游将先进的管理模式和理念引入农村，影响基层组织管理方式，促进自治、法治、德治"三治"体系的建立，有利于激发基层组织自我调整和创新的活力。

第五，促进生活富裕有"品质"。休闲农业和乡村旅游能够大幅提升农产品附加值，增加农民收入，扩大就业容量，从而有效提升农村产业的劳动生产率、土地产出率、资源利用率，让农业"有干头、有赚头、有奔头、有念头"。

（三）当前全国乡村休闲旅游产业的发展现状

1. 产业之"量"（规模与效益）

近五年来，我国休闲农业与乡村旅游收入持续保持增长，年复合增长率达到30%以上。美丽乡村成为城市居民休闲、旅游和旅居的重要目的地，成为乡村产业的新亮点。全国已创建388个全国休闲农业和乡村旅游示范县（市），推介了710个中国美丽休闲乡村。2018年在市场的推动下，正进入高速发展的井喷期。营业收入高速增长，全年接待超30亿人次，营业收入超过8 000亿元，较2017年的5 500亿元至少增长45%。按照20%的保守增长估算，2020年休闲农业市场规模有望突破1万亿元。

2. 产业之"态"（结构与形态）

目前，休闲农业和乡村旅游已从零星分布向集群分布转变，空间布局从城市郊区和景区周边向更多适宜发展的区域拓展。从业态类型上看主要有三种：一是依托田园景观，以健康养生为主的休闲旅游。主要集中在气候宜人、资源独特、农业生产集中连片的区域，提供食宿、康养、保健等服务；二是以"农家乐"和聚集村为主的休闲旅游。主要集中在城市郊区，以提供食宿、游乐、采摘、购物为主；三是以自然景观、特色风貌和人文环境为主的生态旅游。主要集中在景区周边，提供农家饭菜、宿营房屋、农事体验等服务。

可以说，发展休闲农业和乡村旅游，让农田成了农业公园、让农房成了民宿、让农村成了乐园，增加了财产性收入。发展休闲农业和乡村旅游，带动了餐饮住宿、农产品加工、交通运输、建筑和文化等关联产业，农民可以就地就近就业，还能把特色农产品变礼品、特色民俗文化和工艺变商品、特色餐饮变服务产品，增加了经营性收入，有效地带动了农民脱贫致富。由此可见，没有第一产业的特色吸引、没有第二产业的加工增值、没有第三产业的精细服务，就不能构成休闲农业和乡村旅游的全产业链条，因此这个产业不仅能夯实一产基础，也能推动二产两头连，更能促进三产走高端，实现城乡融合发展。

3. 产业之"痛"（问题与症结）

行业井喷持续，但发展困局依旧。从跟文化、旅游相结合这方面来看，其痛点有：

第一，乡愁出现断层。据统计，从2000年至2010年的十年间，全国自然村从363万个锐减至271万个，每天大约有100个村庄撤并或者消失。已经保留下来的乡村也被"城市化"改造了，形成了千村一面的景象，乡愁何在？我们又能上哪里找到乡愁？

第二，文化内涵肤浅。旅游的根本特点就是它的综合性。旅游到文化一座山，差学问。资本到旅游一座山，差文化。表现在两个层面：一是产品的文化属性少：台湾休闲农业园区特别善于发现和挖掘本地历史文化与当地特色资源，如草织、藤编、雕刻、手工艺品、地方舞蹈、戏剧、音乐和古迹史话、传说等，通过新奇创意包装打造出特色品牌。如，桃米村深入挖掘青蛙、蜻蜓这两种特有资源，设计出各种可爱的卡通形象，设置在醒目位置，号召鼓励村民用纸、布、石头、木头等材料，制作手工艺品，很快使桃米村从一个地震废墟变成一个昆虫生态文化体验休闲区。二是经营者的文化层次低：带着情感发展休闲农业，情感的注入让农业有声有色。台湾休闲农庄（场）主都有一个共同的特点，都特别热爱乡村田园生活，用心做，用心经营。建设休闲农庄（场）的初衷，有的是为了圆儿时的一个梦想，他们不追求短时间的名和利，而是从一开始就非常注重生态环境的保护，在建设与经营过程中，不断融入自己的创意，将园区视为自己的艺术作品，观光游客能够明显感受到主人的艺术风格和个性追求。

第三，产品缺乏迭代创新。台湾休闲农业注重产品创意、深加工能力以及科技的植入。农产品不只局限于初级产品，大多需深加工，从果品鲜食、保鲜存放、干品制炼到成分提取制作面膜膏和护肤美容品等，具备一整套生产、制作和包装技术，极大地延伸了产业链，衍生产品极大丰富，系列产品琳琅满目，并且大都设有农产品加工销售中心或网点。如台湾蘑菇部落，依托园区的特产各种蘑菇，设计出多种特色产品、创意包装，成为当地最具特色的农特产品和最受欢迎的旅游商品——伴手礼。

三、文旅融合赋能乡村休闲旅游产业发展新路径

（一）产业之"势"

1. 政策撬动（产业载体）：好时代

乡村振兴战略在十九大提出之后也写入了党章，《习近平关于"三农"工作论述摘编》也把乡村振兴战略放在重中之重。在这个战略实施下，会有很多细化的政策和社会的力量共同投入和关注。

国务院产业振兴指导意见：六种产业，5 年内投资 7 万亿元。突出"六个重点"：产业融合、农产品精深加工、特色产业、龙头企业、休闲旅游、创新创业等。形成"农业＋"多业态发展态势：推进规模种植与林牧渔融合，发展林下种养、稻渔共生等业态；推进农业与加工流通融合，发展中央厨房、直供直销等业态；推进农业与文化、旅游、教育、康养等产业融合，发展创意农业、亲子体验、功能农业等业态；推进农业与信息产业融合，发展数字农业等业态。

优化乡村休闲旅游业。实施休闲农业和乡村旅游精品工程，建设一批设施完备、功能多样的休闲观光园区、乡村民宿、森林人家和康养基地，培育一批美丽休闲乡村、乡村旅游重点村，建设一批休闲农业示范县。

积极发展乡村休闲旅游，增添乡村产业发展亮点。一是打造休闲旅游精品。2019 年推介 150 个中国美丽休闲乡村。二是丰富休闲旅游业态。提升"农家乐""农事体验"等传统业态，发展高端民宿、康养基地、摄影基地等高端业态，探索农业主题公园、教育农

园、创意农业、深度体验、新型疗养等新型业态。会同发改、财政、文旅、教育等部门，改造提升一批乡村休闲旅游基础设施。三是提升休闲旅游管理水平。加快制定修订一批技术规程和服务标准，组织开展休闲农业和乡村旅游人才培训，对休闲农业和乡村旅游的聚集区开展督促检查，开展各具特色、形式多样的主题活动，继续推出"春观花""夏纳凉""秋采摘""冬农趣"活动。

2. 消费拉动（产业受体）

现在跨入了"小康＋健康"的双康时代，随着人均 GDP 的提升，居民的消费力显著增强，居民对乡村旅游以及休闲农业的消费需求都会有大幅度提升。国际经验显示，当一个国家人均 GDP 超过 3 000 美元时，居民的消费水平开始快速增长；人均 GDP 接近 5 000 美元时，消费则会井喷，居民的品牌意识增强；人均 GDP 超过 10 000 美元时，居民度假消费需求显著提高，更加注重品质和品牌。

日本 1981 年人均 GDP 突破 10 000 美元，同期观光农业由观光功能向休闲、度假、体验、环保多功能扩展，项目的品质也显著提升；2018 年中国人均 GDP 接近 10 000 美元，2022 年有望进入高收入国家，这一发展态势意味着未来的消费结构应该会把原来大家认为的奢侈品变成更普遍化、更大众化，同时有了更多个性化的需求。因此消费市场的变化、消费倾向的变化、消费能力的变化，势必引发农业、休闲农业、乡村旅游以及农产品都要进入一个新阶段。

一是消费倾向，恩格尔系数的变化反映对吃饱穿暖等物质生活的关注，转向对精神文化层面的支出。二是消费群体，80、90、00 后成为主体消费人群。这些基本上是独生子女，养尊处优的生活使得他们对高尚事物有追求有感动，他们有明确的社交态度和道德标准，他们有较高的人文素养和审美能力。三是消费能力，社会进步经济发展，人们有更多的钱用在有限的闲暇时间里，而我们的产品满足不了他们的消费愿望。

3. 生产推动（产业供体）

农业供给侧结构性改革以及科技要素的注入对生产主体、生产能力、生产条件（人、钱）带来了极大的推动。由原来的单一主体变成了多元主体，产业业态呈现多元化。最初是农民，把自家的院落收拾收拾做农家乐，搞民俗接待；把自家的果园菜园开放出来，供游客采摘尝鲜。以北京民俗旅游户 NO.1 怀柔单淑芝为代表。

后来，涌入了一批社会资本家，他们带来了资金，也带来了更多的消费。以蟹岛度假村董事长付秀平、通州方圆平安总经理刘宝平等为代表。

现在，除了有当地农民和资本家的不断进入外，还有一批回乡创业的新农人，像延庆山楂小院的陈长春、密云老友季的梁晴，等等。

（二）产业之"策"

我们处在一个变革的时代，跨界融合、消费主导、"互联网＋"等形成了一个新时代，这个新时代反映在旅游界，其表现特征是：大健康的养生呼唤、互联网的广泛影响、全域旅游的自游需求、共享经济与双创培育（旅游供给侧改革：新型业态和新型经营主体）。那么休闲农业与乡村旅游受此时代影响将走向何方？

形势、受体供体载体发生了巨大变化，我们的思想和行为必须要适应，做到准确识变、科学应变、主动求变。这才是我们的应有态度和应有策略选择。

笔者认为有三大策略，即倡导一个负责任的"善行旅游"方略、注重一个能够深呼吸的"康养旅游"方向、主张一个拥抱互联网的"智慧旅游"方式。只有这样，才能吸引越来越多的旅游消费者到乡村，才能看到与城市不一样的景致、感受到淳朴的人情，可以悠然地休闲度假、可以自由地呼吸、可以体验异样的风情，从而形成时空的交汇、进行文化的碰撞、留下历史的印迹、产生身心的愉悦。

1. 倡导一个负责任的"善行旅游"方略

善行旅游（GOOD TOURISM），是 2011 年 4 月联合国教科文组织提出并在全球实施的一个项目。该组织文化专员卡贝丝解释的"好的旅游"是让居住者、游玩者、经济开发者都能达到共赢，也就是说把遗产的保护、文化的留存贯穿于旅游的发展之中。这是一个集合了天人合一、文化包容、可持续发展、负责任等全新的旅游概念，是站在文化和道德的高度进行旅游实践的有益尝试。其核心就是要促进旅游者的人生发展、旅游点的社区发展、旅游从业人员的素质提高。

笔者对这个概念的理解有四点：第一，是一种境界，核心的价值观对自然生态系统、对社会对他人；第二，是一种内心的自省，主动的自觉的行为，形成善的习惯；第三，是一种做事的标准，理念意识转化为行动，形成力量；第四，是一种文化的传承，对员工而言，是规矩，对游客而言，是氛围，寻找差异（旅游的目的）。

以位于海南省保亭县的呀诺达热带雨林文化旅游区为例，是联合国教科文组织在我国的第一个实践项目。该景区形成了善行旅游的三字经，每位游客进入景区要在雨林谷门口宣誓，它使游客在宣誓过程中领悟到景区倡导爱护自然、环保从我做起的理念，纷纷自愿加入到环保行列。景区的每个导游腰间都挂着一个藤制的小背篓，随时随地将游客丢弃的垃圾装在小背篓里，带下山来。导游提醒和带领大家与其他游客热情打招呼。如今游客宣读善行游三字经已成为呀诺达景区特有的文化场景。

2. 注重一个能够深呼吸的"康养旅游"方向

您听说过深呼吸产业吗？现在很火的一个提法。逃霾追求深呼吸、养生实现大健康、休闲享受慢生活成为我们的奢侈品，市场需求很大，30 多年来，我国的森林旅游业一直保持着快速增长态势。1995 年，全国森林旅游游客量突破 5 000 万人次，2001 年突破 1 亿人次，2011 年超过了 5 亿人次，2016 年，全国森林旅游游客量达到 10.5 亿人次，森林旅游创造社会综合产值 8 000 亿元。我国已有 380 家国家森林康养基地试点建设单位，遍布全 27 个省区市。

有业内专家认为：2014—2050 年，中国老年人口的消费潜力将从 4 万亿左右增长到 106 万亿，为全球第一大养老市场。老年人旅游市场规模已达万亿级，且年增速度达 30%。与养老相伴的是养生，养老是老年人的需求，而养生则是大众的普遍需求，任何年龄段都有不同的需求，在现阶段这种需求日益凸显。

森林康养是以森林生态环境为基础，以促进大众健康为目的，利用森林生态资源、景观资源、食药资源和文化资源并与医学、养生学有机融合，开展保健养生、康复疗养、健康养老的服务活动。发展森林康养产业,是科学、合理利用林草资源,践行绿水青山就是金山银山理念的有效途径,是实施健康中国战略、乡村振兴战略的重要措施,是林业供给侧结构性改革的必然要求,是满足人民美好生活需要的战略选择,意义十分重大。

3. 主张一个拥抱互联网的"智慧旅游"方式

如何让互联网技术创新给我们的旅游加点料,形成系统化的智慧旅游价值链网络,是这个时代赋予我们的机遇。浙江乌镇提供了一个范例。作为世界互联网大会永久会址,基础设施完备且水平高,百兆宽带速度提升十倍,电信 4G、WIFI 全覆盖,构筑了智慧旅游应用体系:包括对官网的优化、微博平台与游客的互动;扫码支付完全普及(从买票检票到购物住宿扫码即可,完全实现"二维码"手机扫描全自动化检票流程)、随时随地免费连接"爱 WIFI",并永久实施;建立了独立的网络销售平台,游客可以通过乌镇旅游预订网站了解景区住宿、服务、餐饮、特产等一系列信息,在 PC 和手机端均可实现预订。

海南互联网农业小镇:以石山小镇为例,是运用互联网思维破解"三农"问题的典范,提出了"1+2+N"全面触网的新模式。"1"是指搭建一个互联网农业综合运行平台,构成了整个互联网农业小镇的运行体系。"2"是指运营管控中心和大数据中心两个中心。"N"是指参与互联网农业小镇的企业、机构、组织以及具有生产运营能力的农户等若干个应用单元。按照"以镇带村、镇村融合发展"的思路,建设集合了综合管控中心和大数据中心于一体的镇级运营中心。具体而言,应用物联网技术对农产品生产实现智能监控预警、建立绿色履历实行农产品质量追溯、搭建综合便捷的智慧旅游服务平台、开展"微"推广(移动互联+电商)并利用 VR(虚拟增强技术)浏览、微信图片打印和 3D 制作,从而为石山镇的发展提供科学决策,为农民增收、购物、技能培训、农产品销售提供全方位的服务。

(三)产业之"路"

1. 艺术+

十几年前,我们称乡村建设为"新农村建设";十几年后,我们称之为"乡村振兴""乡村再造"。"乡村"和"农村"一字之差却有着截然不同的含义,乡村比农村更有乡愁的韵味和艺术的气息。"采菊东篱下,悠然见南山""绿树村边合,青山郭外斜",这种理想田园的场景似乎用"乡村"来定义会更为妥帖,这也恰是文人书生所爱的乡村。乡村是艺术的画布,是艺术的底色,也是艺术家的沙龙场所。如何用艺术点亮乡村?

(1)日本越后妻有举办"大地艺术节"活动。越后妻有位于新潟南部的乡村地区,距离东京大约 2 小时的新干线铁路车程,是一个"被白雪覆盖着的、远方尽头的村落"。这里保留着日本传统的农耕生产方式。这里人口逐步减少并日益老化,年轻人纷纷离开,65岁以上的老人占当地人口总数的 30%。直到 1996 年,日本策展人北川富朗(Fram Kita-gawa)来到这里,主张用艺术来拯救农村,利用越后妻有地区保存完整的自然和文化景观来激活农村经济。2000 年创办"大地艺术节",以"人类属于大自然"为主题,每三年一届，以位置偏僻且常住人口仅为 6 万人的新潟越后妻有地区 760 平方公里土地作为舞台，由艺术家和村民共同创作，采取艺术与实景、艺术与文化遗产、艺术与民间民俗、艺术与农民生活相结合的方式，赋予这里的梯田、农舍、雪景、山川河流以美感。欣赏这些艺术作品也需独特方式，要行走在田间山村、流连于农家村舍、漫步于河流小溪、攀登穿越于山川林间。2018 年艺术节期间，共有 44 个国家和地区的 335 组艺术家参与，共展出 378 件作品，其中有多位国际级艺术大师的作品。从 2000 年以来，大地艺术节总计吸引近 300 万游客，已经成为享誉世界的乡村艺术节。现已成为世界上规模最大、水准最高、影响力最广泛的国际性户外艺术节之一。

（2）台湾苗栗端午稻田。每年端午节前，选用农试所改良杂交品种：黄、白、紫色，加上一般水稻的绿色共 4 色；自 3 月插秧后的龙舟图案已显影且立体，呈现出应景的"粽情端午"。

（3）北京兴农天力大地艺术节。将艺术思维植入 400 亩的油菜花海，融合北斗七星天象、天眼、天尊、雕塑稻草艺术装饰等，让人在畅游花海感受浪漫意境的同时，也加入了青春艺术的气息。活动吉祥物《传统的农夫形象》雕塑、现代化大型农机的加入，则突出了乡村、农业的主题，彰显着现代农业发展的辉煌历程。5 天的节庆期间园区累计接待了游客达 10 万余人次，门票、采摘、餐饮、娱乐、农产品展销等各项收入已达 265 万元。

（4）怀柔区九渡河镇红庙村。2005 年北京观光休闲农业行业协会联合北京玩具协会开展"艺人下乡传手艺，农民在家学技能"活动，培育出了一个艺术乡村。民间艺人、非遗传人灯笼张贺、村书记闫万军成就了"京郊灯笼第一村"，这里家家户户扎制灯笼，特别是 40~50 岁大嫂们零距离就业、足不出户挣钱，在春节等旺季一个月订单超过 20 万元。

2. 科教+

（1）日本农教融合。借助法律和教育共同发挥作用来传承稻米文化。在法律层面，相继出台《环境教育法》《食育基本法》《观光立国法》《粮食·农业·农业基本法》，其中规定农林渔牧与各相关团体、学校联动，提供教育农场等各种农林渔牧体验的机会，60% 的市县应该可以提供教育农场。在教育方面，推进农业与教育的融合，立足农业的多功能开发，实现了农业文化传承、国民人格塑造、在地乡村振兴，形成了从人性发展到助推经济发展的全方位的教育理念。特别是日本通过系统的稻作文化传承教育，贯穿了稻米是民族文化之魂的理念。在日本的总体食物自给率不到 30% 的情况下，日本的大米自给率长期保持在 96% 以上，并且可以大宗出口，在国际上也树立起"最好吃的大米在日本"的品牌形象。吃日本米，做日本人，被上升到一种民族精神的高度，所以我们看到，日本拼了命也要保护自己国内的大米市场。

我国的农教融合也已经开始起步。《中华人民共和国旅游法》（2013）鼓励跨区域旅游线路和产品开发，促进旅游与工业、农业、商业、文化、卫生、体育、科教等领域的融合。2015 年国务院办公厅《关于推进农村一二三产业融合发展的指导意见》提出加强农村传统文化保护，合理开发农业文化遗产，大力推进农耕文化教育进校园，统筹利用现有资源建设农业教育和社会实践基地，引导公众特别是中小学生参与农业科普和农事体验。

2015 年教育部联合共青团中央、全国少工委出台《关于加强中小学劳动教育的意见》。2016 年教育部、国家旅游局等 11 个部门联合发布了《关于推进中小学生研学旅行的意见》，第一次将研学旅行纳入中小学教育教学计划，并明确要求需要搭建一套完善的研学旅行活动课程体系。因此我们说要把作为生命产业的农业，与作为快乐产业的休闲，以及作为未来产业的教育结合起来，融合发展，前景很好，潜力很大。

（2）田妈妈蘑法森林。位于北京市海淀区上庄镇，占地 300 亩，是一个面向 2～12 岁儿童及其家庭的"蘑菇＋森林"主题亲子农业园区。该园区包括林业区和农业区两个部分：林业区以自然科普、实践体验等为主，由蘑菇采摘、蘑法手工坊、蘑法水世界、蘑仙岛、蘑法科技小屋、蘑法小镇、蘑法营地、蘑法嘉年华、蘑法历险记、森林舞台、迷你动物园、帐篷营地等功能区组合而成。农业区以学农系列、户外生存、财商培养等为主，包括家庭小菜园、市民农园、果品采摘区等。自 2015 年 8 月对外开放运营以来，集蘑菇文化体验、蘑菇美食品尝、森林角色体验、家庭趣味拓展、儿童手工制作、森林家庭派对等内容于一体，成为具有教育、休闲、体验、科普、社交等功能的新型户外亲子农业教育和中小学生社会实践基地。三年来，已累计举办各种特色活动 300 余次，累计接待 5.1 万个亲子家庭 12.2 万人次，接待研学中小学生和社会大课堂学生 8.8 万人次，接待外省市前来参观考察者 1 200 人次。获得全国休闲农业与乡村旅游四星级园区、国家 A 级旅游景区、北京市课外实践大课堂资源单位。

3. 创意＋

包括活动创意、产品创意和场景创意等。

（1）活动创意典型案例。一个是北京番茄联合国，位于北京通州金福艺农园区。2014 开始举办番茄文化节，展示了绿宝石、千禧、黑珍珠等 70 多个来自德国、以色列、美国等 20 多个国家的番茄品种，市民除了可以参观、采摘，还可以参加"番茄创意摄影大赛""番茄宝宝征集比赛""番茄露天农耕吧""番茄美食护照""限时宠物比赛特色活动"等活动。另一个就是位于河南汝州的花海网红桥，这是一个在后大棚房时代，玩转休闲农业和乡村旅游的"无中生有"案例。

（2）产品创意典型案例台湾梅子工厂。这是台湾第一家会说故事的酒庄。开发出的酒制品除了传承信义当地传统佳酿技术外，产品的命名更是以居民生活故事作为主轴，例如，"忘记回家""梅子跳舞""山猪迷路""小米唱歌""长老说话"等活泼的名字。其梅子的产品更是多达上百种，有生日系列、爱情系列、数字系列、养生系列、电影系列、活动系列等。

（3）场景创意典型案例苏州西巷村。打造出的青蛙村，青蛙王子唤醒一座村庄。

4. 康养＋

气候康养、森林康养、温泉康养、药膳康养成为未来消费者的消费新宠、消费热点。国家林业局连续两年分别在武汉和长白山举办了中国森林旅游节，成绩斐然。2018 年 3 月公布了第一批共 18 家全国森林体验基地、森林养生基地建设试点单位名单。中国国土经济学会研究编制了中国深呼吸旅居目的地的评价指标体系，并从 2014 年开始，连续三年发布年度百佳深呼吸小城榜单，得到社会广泛关注，多数小城也成为"亲山亲水亲绿亲氧"的旅游热土。连续三年名列榜首的福建将乐,"深呼吸百佳小城"金字招牌使之旅游得到大发展,2015年游客总量196万人次,收入接近14亿元,同比增长都在15%左右。中国美丽乡村发源地湖州市的长兴县水口乡的顾渚村三面环山、东临太湖,山清水秀,山峦起伏、涧溪交错、植被茂密,森林覆盖率达90%以上,空气负氧离子含量达10 000个/立方厘米,大氧吧,山水景观的自然优势、门对门的贴心服务优势以及全面管理的组织优势,使得这么一个贫穷落后闭塞的小山村成为远近闻名的"上海村"。

5. 美食十

陕西袁家村。62户286人的小村,关注关中小吃,有100多种,打造出酸奶、粉汤羊血、厚德麻花等很多网红食品,成为著名关中印象体验地。2018年接待游客620万,旅游收入接近10亿元,仅酸奶每年收入3 500万元。2007年时基本上就是一个空心村,如今汇聚了1 500多名创客,吸纳了3 500多人就业,带动了周边2万农民增收。其成功的经验有三条:一是打造超级IP,其卖点是原始真实的农民乡村生活习俗及其系列衍生品;二是注重三产融合,把旅游做成大产业;三是通过组建合作社解决了农民的组织化问题和利益再分配问题。

6. 民族十

贵州西江千户苗寨。包括建筑文化、服饰文化、饮食文化、节日文化、酒文化、风俗习惯、婚俗文化、歌舞文化。2008年贵州省在这里召开旅发大会,它曾经是一个经济落后、贫困面广、文化保护乏力的传统村落,聚集了1 400户,其资源的丰富性、系统性和独特性,物质文化、精神文化和制度文化等,从心理上和视觉上都满足了旅游体验的无比震撼与冲击,因此"富饶的贫困"是其典型特征。2008年之后,开启了民族文化旅游的"西江模式",历经十年,2017年接待旅游人数606万,旅游综合收入接近50亿元,2018年达60亿元,是2008年的60倍。村民收入由2007年的1 700元提高到2017年的22 100元。特点:以民族文化之魂塑造旅游品牌,优化村落文化景观及其人文生态,合理开发利用民族文化资源,创立民族文化保护发展的利益共享机制,善用苗族民间智慧进行景区社会治理。经验:注重文化与旅游的融合——增加多个苗族活态文化参观体验项目,苗族"十二道"拦门酒展演、雷山苗家"高山流水"敬酒、苗族芦笙场互动、苗族古歌挖掘、千人长桌宴等。可视化的物质文化中,最显眼的吊脚楼古建筑群,属于民居建筑的活化石;苗绣衣服、盛装银饰,被誉为保留苗族文化"原生态最完整的地方",早在2007年就被列为中国历史文化名镇和全国农业旅游示范参观点。其发展式保护、参与式保护和共享式保护方式既有效地传承保护了本民族文化,又提升了当地村民的文化自信启发了他们的文化自觉,实现了西江社区居民对文化的态度从"要我保护"到"我要保护"的转变。

7. 建筑十

日本白川乡合掌村。合掌村是世界文化遗产,被称为"一辈子要去一次"的童话小村庄,村里有113栋合掌造建筑。合掌村在文化遗产保护上具有世界领先水平,创造出一系列独特的乡土文化保护措施。如今这里被称为"日本传统风味十足的美丽乡村",每年接待游客超过 600 万。日本乡村文化建设有比较健全的体系,有较充分而且均衡的乡村文化服务供应,有一套具有自己鲜明特色的做法。日本通过实施农业振兴,使乡村于 20 世纪 70 年代中期基本实现了现代化,农民收入大大提高,甚至超过城市居民。在加强乡村物质建设的同时,日本更加注重乡村文化建设。20 世纪 70 年代日本政府发起"造町运动",旨在保护乡村历史文化、增加乡村文化供给、发展乡村旅游、整治乡村环境、改善乡村社会保障。在造町运动中,从文化建设上说,十分注重弘扬传统文化,比如建筑,要坚持传统建筑特色,不允许有反传统的造型,更不允许有奇异形状的建筑。所以,日本每个村庄的房屋建筑都有着浓厚的传统味道。同时,几乎每个乡村都有几座或十几座古老的民居被政府认定为文化保护单位,由政府提供资助进行修缮保护。在一村一品运动中,日本提出"从生长的地方寻求文化根源"的口号。注重传统与现代、经济与文化的结合,使传统文化进入现代生活,使文化资源转化为旅游资源、经济资源。可以说,传统中有现代、现代中有传统,文化中有经济、经济中有文化。

8. 设计十

(1)北京民宿新生活美学。通过对农家院的院落、墙体、居室等用心的设计与装饰,采取微介入、针灸式的谦虚性融入方式,保留村庄的机理,展示乡村乡土哲学,体现出民宿的主题和主人的情怀,让游客从老房子里深刻感受到现代生活的品质、乡村生活的本来味道,打造所谓"野奢"体验产品。

(2)台湾桃米社区三茅屋民宿。1999 年台湾百年一遇的大地震,震出了一个"桃米坑"(桃米社区距离震中仅 20 公里)。灾后重建为人工湖,在湖中设计了一艘船,船上立了一根桅杆,人站在船上能体验到地震的感觉,被称为"摇晃的记忆"。此外,该地区号称"青蛙共和国",拥有 23 种蛙类,于是面向村民开设了系列生态课程,并且培养了许多生态讲解员,三茅屋民宿主人廖先生就是一位。廖先生的民宿从房屋的外观装饰、摆件安排以及院落和房间的物品陈设,充满了青蛙元素,包括房屋通向外面的道路都会考虑到是否适应青蛙的出没需要。同时廖先生深谙青蛙的生物学知识,注重对青蛙知识的传播,甚至掌握了十余种青蛙的声音,学起来惟妙惟肖,彰显了主人对青蛙的至深热爱之情,也让这个民宿扬名岛内外。

结束语:20 世纪二三十年代中国近代著名哲学家、思想家、教育家,乡村运动的倡导者梁漱溟先生认为乡村建设,实非建设乡村,而意在整个中国社会之建设,或可云一种建国运动,他主张对农村问题进行系统研究,要因地制宜,采取改良主义。当前乡村振兴已经列为国家战略,产业振兴是前提,乡村旅游产业是不少地方实现产业转型和经济发展的方向和力量,我们的观点是乡村休闲旅游必将以其无所不在的风景、无中生有的创意、无微不至的服务,创造出无边风月的未来,让我们共同努力翘首以待!再造乡村,这边风景独好!

(刘军萍,中国国土经济学会秘书长、北京市城乡经济信息中心主任)

关于推动休闲农业与乡村旅游转型升级
助力乡村振兴的几点建议

早在 20 世纪 90 年代，北京市综合农业区划就提出，北京郊区的主要功能之一是"保护、美化首都生态环境，发展观光农业，使之成为中外宾客的旅游胜地和城市居民度假休息的场所"。《北京城市总体规划（2016—2035 年）》用专门的一节，来讲如何发展乡村观光休闲旅游，明确提出，要"将乡村地区建设成为提高市民幸福指数的首选休闲度假区域"。可见，以休闲农业、乡村旅游为主体的乡村休闲产业，是北京郊区需要振兴的主导产业，也是京郊乡村振兴的主战场。

一、北京休闲农业与乡村旅游进入"减量发展"的转型期

北京休闲农业与乡村旅游起步于 20 世纪末，20 多年来，在需求拉动、供给推动、政策引导的合力作用之下，北京休闲农业和乡村旅游经历了自发发展、规范发展、转型升级三个阶段。近几年总体上看，北京休闲农业与乡村旅游正在由快速发展期向成熟期转变的重要阶段，正在经历"转型期的阵痛"。

根据北京市统计局、国家统计局北京调查总队发布的《北京市 2018 年国民经济和社会发展统计公报》显示，截至 2018 年末，全市农业观光园 1 172 个，比上年减少 44 个。1 172 个观光园实现总收入为 27.3 亿元，同比下降 8.9%；接待人次为 1 897.6 万人次，同比下降 9.9%。观光园带动本地就业增长，本地从业人员占高峰期从业人员的比重达 74.5%，较上年提高 0.4 个百分点。截至 2018 年末，全市乡村民俗旅游实际经营户 7 783 户，减少 580 户；民俗旅游总收入 13 亿元，同比下降 8.2%；接待人次为 2 042.3 万人次，同比下降 8.5%。

二、存在的主要问题

一个产业的不同发展阶段，会遇到不同的问题，如何解决存在的问题对产业的进一步发展将会产生重要影响。当前，北京休闲农业与乡村旅游正在进入由快速发展期向成熟期转变的转型期。这一时期休闲农业和乡村旅游面临的一些亟待解决的问题，需要引起关注。

一是土地政策需要突破。休闲农业的产业特点不同于简单的种植业。它提供的产品除了满足消费者食用功能以外，还需要为消费者提供科普、体验、参与、分享等功能需求。这些需求，客观上需要一定的基础设施建设。而到目前，虽然各级政府出台了一系列支持休闲农业与乡村旅游的用地政策，但是都没有落地实施，开发农业多种功能，推动产业融合发展，几乎成为农业部门一厢情愿之事，国土部门对此并不认可，如何申报、向谁申报、怎么申报，都是一头雾水。土地政策的不可操作性，造成"劣币驱逐良币"，投机分

子大行其道，守法经营者缚手缚脚，极大地阻碍了产业要素下乡，极大地败坏了休闲农业的名声，损失不可谓不惨重，教训不可谓不深刻。

二是财政政策整合力度不高。这些年，北京各级政府对休闲农业的财政政策应该说不少，但发挥的作用值得反思。主要表现在政策的整合度不高和持续性不够。为支持休闲农业与乡村旅游产业发展，旅游部门的专项资金，农业部门的转移支付，园林、水务的产业资金不可谓不多，但是各部门之间的政策缺乏整合与聚焦，没有真正发挥"1＋1＋1＞3"的效果。还有就是政策的持续性不够。

三是中介组织发育不强。产业成熟的标志是分工与合作。北京休闲农业在这一发展时期，需要通过分工（打造农业匠人）与合作（抱团闯市场）来实现新发展。协会等中介组织承担着协助各级政府实现行业自我发展、自我管理、自我完善的职能。这些年，农业部门和旅游部门以及其他部门都成立休闲农业行业协会、渔业协会等各类行业组织，在推动行业发展过程中发挥了积极作用。但这些组织缺乏相互协调，各自为政，没有很好地发挥聚合作用。同时，由于政府在对协会类组织的支持方面力度不够，致使协会工作中存在着随意性、被动性等问题。

三、几点建议

（一）明确发展导向

在发展导向方面，应该限制、摒弃过去那种"庄园"式的封闭发展模式，引导、鼓励社会资本投资的项目"开门办园区""带着农民一起玩"，就是休闲农业企业要和村集体联合起来谋发展，在人、地、钱三方面成为利益共同体和经营综合体，打通农庄、采摘园、民宿、餐饮等业态之间的分割，利用现有农业资源、生态资源以及集体建设用地腾退后的空间，探索推广集循环农业、创意农业、农事体验于一体的田园综合体模式。政府、农民（村集体）、企业三方各司其职，各展其长，在产业发展中不缺位，也不越位。

（二）加强顶层设计

规划、标准、法规，是顶层设计的三大组成部分。上海、天津、吉林、四川、陕西、内蒙古、宁夏、新疆出台了省级的休闲农业"十三五"发展规划，海南、湖北、广东、广西、重庆、贵州等都编制了省级的休闲农业发展专项规划。北京市早在1998年就在全国率先发布了《观光农业总体规划》，在产业发展初期起了大作用。但是至今将近20年，一直未重新编制全市休闲农业发展规划，休闲农业的标准体系也一直停留在研究阶段。

当前，北京农业发展进入"调转节"的新时期，应尽快编制新一轮休闲农业发展规划，制订休闲农业系列地方标准，乃至出台休闲农业管理条例，为全市休闲农业发展提供顶层设计，保证"一张蓝图绘到底"。

（三）细化"放管服"

2017年8月16日，市农委等13部门联合下发了《关于加快休闲农业和乡村旅游发展的意见》（京政农发〔2017〕30号），下一步应该多部门加强协商，出台实施细则，推动政策落地、破解休闲农业发展瓶颈。从行业反映强烈的领域看，一是土地政策，要有可操作的具体的政策措施。二是财政政策，要加强政策的整合力度和持续性。例如2015年12月，上海市出台了《关于支持本市休闲农业和乡村旅游产业发展的规划土地政策实施意见（试行）》（沪规土资地规〔2015〕917号），与上海土地利用总体规划、建设用地减量化等工作衔接，对休闲农业与乡村旅游发展过程中国有和集体建设用地的供地提供相应的政策通道。其中明文规定"在严格耕地保护和土地用途管制前提下，探索农用地的复合利用""休闲农业和乡村旅游用地开发运营实施全生命周期管理"。2016年，上海市农委会同市规土局、旅游局、绿化市容局启动全市休闲农业与乡村旅游产业布局规划工作，与全市土地利用总体规划、建设用地减量化等工作衔接，力争彻底解决经营性设施用地问题。必须指出的是，这样的政策是建立在严格的法制化管理基础之上的。严格的、法制化的管理，对于首都北京来说，是保障安全的前提。在有效管理的基础上，放活经营环境，开展辅导服务，是并行不悖的三条主线。

（四）支持行业协会

制度是效能建设的根本。总的来看，北京市惠及休闲农业的政策丰富多样，但是散布于各个职能部门，缺乏统筹管理，政策碎片化，需要专职机构统筹推进。北京观光休闲农业行业协会是国内成立的首家休闲农业行业协会，成立之后发挥了企业与政府、产业与专家、政府各部门之间的桥梁作用，开展了大量的富有成效的工作，在一定时期内有力地帮助了产业的成长，也协助政府机构完成了大量的工作。当前北京市休闲农业进入提质增效的关键时期，乡村振兴战略的实施，也对休闲农业的发展提出了更高的要求。党的十八届二中全会提出，要深刻认识深化行政体制和政府机构改革的重要性和紧迫性，处理好政府和市场、政府和社会、中央和地方的关系，深化行政审批制度改革，减少微观事务管理，以充分发挥市场在资源配置中的基础性作用，更好发挥社会力量在管理社会事务中的作用。因此，把行政主管部门现有的部分职能与工作分步、有序地转移或委托给行业组织、社会团体与中介机构势在必行。而由行业组织与社会团体承担部分行业内外协调、服务标准制订、从业资质认证、企业检查评比、商情调查研究、市场宣传推广、从业人员培训和游客咨询服务等工作，采用市场化运作方式，其效率更高、效果更好。

（五）强化市场推介

都市型现代农业、休闲农业体现的是先进的生产方式。要进一步统筹、强化对北京市休闲农业的宣传工作和市场推介工作。例如，可根据不同的农时季节，针对郊区不同的特色农产品开展"休闲农业季"系列宣传活动，结合北京农业嘉年华开展休闲农业宣传活动，在北京电视台等权威媒体开辟专栏常年宣传休闲农业项目，强化新媒体的应用，结合"农交会""农博会""旅交会""北京国际设计周""北京文博会"等大型活动，从不同的角度宣传北京休闲农业，将北京农业绿色安全、永续发展的理念传递给社会各界，不仅要体现"农"味，还要体现"京"味，让在京郊大地上生长出来的绿色生态农产品、绿色生态休闲度假产品，被社会各界广泛认知，让社会各界认同北京农业的生态导向、参与北京农业的生态建设、共推北京农业的生态发展。

（六）加强品牌培育

"品牌"不是"商标"。"品牌"指的是产品或服务的象征，是产品市场竞争力水平的集中体现。北京休闲农业经过20多年的发展，有了良好的基础，下一步，在乡村振兴战略的实施过程中，要加强北京休闲农业的品牌培育。一是参加农业农村部开展的各类品牌创建工作。积极参加全国休闲农业与乡村旅游示范区、中国美丽休闲乡村、全国休闲农业园区（企业）星级评定工作。二是开展北京市品牌创建工作。开展第三批全市星级休闲农业园区（企业）评定，会同市旅游委做好星级民俗村、民俗户评定等工作。三是加强品牌研究。进一步加强对已有品牌的分析研究，总结休闲农业发展模式、发展机制、发展业态等，树立发展典型，充分发挥品牌的示范引领作用。

（七）发动"三乡工程"

"三乡工程"是武汉市首先提出来的做法，即市民下乡、能人回乡、企业兴乡。相比武汉，北京的城市要素资源更富集、更多样、更强大。休闲产业需求导向强烈，是一个涉及面广、带动力强的产业集群，投资门槛和就业门槛低，但是发展的水平无止境，各个层次的农民、市民、能人，各个规模的企业、资本、机构在其中都能找到自己发挥的空间。乡村振兴也必须要到城市去寻找答案。

（供稿：北京市农村经济研究中心资源区划处）

发展乡村休闲产业的三个"再认识"

过去一提到休闲农业、乡村旅游，大家都想到吃喝玩乐。但是随着社会经济的发展，乡村休闲产业发展已经进入新时期，我们必须重新整理和思考乡村休闲产业的发展道路。如何实现休闲农业从吃喝玩乐到更有内涵、更有特色、更有产业支撑的发展，需要重新认识休闲、乡村和乡村休闲产业这三个概念的内涵和外延，在这个基础上，为乡村休闲产业的可持续发展提供科学的规划，通过不断融合，创新发展模式。

一、对"休闲"的再认识

古希腊的哲学家亚里士多德提出了一个著名的论断："休闲才是一切事物环绕的中心"。"闲暇不等于消遣。消遣是一种休息与松懈，弊大于利。闲暇是用来锻炼和提升人的精神素养的，我们忙碌是为了获得闲暇以充分实现自己的生命"。马克思也继承这个观点，他在《1861到1863年经济学手稿》里写到，"时间实际上是人的积极存在，它不仅是人的生命尺度，而且是人的发展的空间。一个人如果没有自己处置的自由时间，一生除睡眠饮食等纯生理上必需的间断以外，都是替资本家服务，那么，他就还不如一头牲口。他不过是一架为别人生产财富的机器，身体垮了，心智也变得如野兽一般"。马克思、恩格斯带领无产阶级反抗资产阶级的压迫，最直接的目标就是为劳动者争取更多的闲暇时间，有了充分的闲暇时间，人才能成其为人。所以，从先贤的论述来看，如何利用闲暇时间提高我们生命的价值，就是休闲的内涵。爱因斯坦说，"人的差异在于业余时间"。我们的业余时间怎么渡过？是去充电学习，还是去体育健身？或者去做一些公益活动，还是去纯粹的吃喝玩乐？不同的选择给我们每个人带来的结果也是不同的。国外有一个"间隔年"的概念，大概意思是青年在升学或者毕业之后、工作之前，并不急于盲目踏入社会，而是停顿下来，做一次长期的远距离旅行（通常是一年），用一段时间放下脚步去做自己想做的事情；也指已经工作的人辞职进行间隔旅行以调整身心，或者利用这段时间去做别的事情。他们认为，只需要"跳出来一下，或许就能得到可以支撑整个人生的幸福"。这其实就是闲暇时间，或者说休闲为人的发展带来的巨大作用。

习近平总书记在党的十九大报告中指出："我国社会主要矛盾已经转化为人民日益增长的美好生活需要和不平衡不充分的发展之间的矛盾。"美好生活，很大一部分就在于对闲暇时间的拥有以及使用。所以，休闲的新时代或者说美好生活的新时代，不是吃喝玩乐的时代，而是人们有权利追求积极生活方式的新时代，在这样的新时代中，每个中国人都要能休闲、会休闲。

二、对乡村的再认识

休闲农业的逻辑起点是农业的多功能和农村的多功能。2007年中央1号文件提出，"农业不仅具有食品保障功能，而且具有原料供给、就业增收、生态保护、观光休闲、文化传承等功能。建设现代农业，必须注重开发农业的多种功能，向农业的广度和深度进军，促进农业结构不断优化升级"。这个理论基础就是中国休闲农业十年大发展的滥觞。农业功能的拓展，势必引发农村功能的拓展。站在产业角度的"农村"一词，在很多场合也被强调城乡关系的"乡村"一词所取代。2017年底，习近平总书记在《走中国特色社会主义乡村振兴道路》中指出，"随着时代发展，乡村价值要重新审视。现如今，乡村不再是单一从事农业的地方，还有重要的生态涵养功能，令人向往的休闲观光功能，独具魅力的文化体验功能。"

从浙江省开始，很多地方都提出了美丽乡村建设"宜居宜业宜游"的目标。"宜居"是针对于农村的原住民，对于他们来说这是他们的家；"宜业"是对于来农村创业的新农人，他们到农村来需要有一个好的创业、兴业的环境；"宜游"则对应游客，农村要为他们创造一个良好的游憩环境。"宜居宜业宜游"的目标，就是要把乡村建成居住生活的社区、投资兴业的园区、观光休闲的景区，要让原住民、新农人、游客在乡村这个地理空间里实现共享、共生、共赢。这是乡村发展的新目标，因为乡村不再是单一的农业生产的空间和农民居住的空间了。

乡村的多功能性带来一个现实课题——乡村的房子怎么建？2013年12月中央城镇化工作会议上，习近平总书记提出"慎砍树、禁挖山、不填湖、少拆房"的方针，明确要求"尽可能在原有村庄形态上改善居民生活条件"。2017年12月，他在中央农村工作会议上又强调，"乡村振兴不要搞大拆大建，防止乡村景观城市化、西洋化，要多听农民呼声，多从农民角度思考。要突出村庄的生态涵养功能，保护好林草、溪流、山丘等生态细胞，打造各具特色的现代版'富春山居图'"。2019年9月16日，他在河南省新县田铺乡大塆考察当地打造创客小镇、发展特色旅游、推动乡村振兴的情况时指出，"搞乡村振兴，不是说都大拆大建，而是要把这些别具风格的传统村落改造好"。

三、对乡村休闲产业再认识

乡村休闲产业是一个融合的产业，因为它本身就是产业融合的产物。融合，是"创新、协调、绿色、开放、共享"五大新发展理念的内在要求。产业融合是实现产业振兴重要的途径。习总书记在十九大报告里面指出，"促进农村一二三产业融合发展，支持和鼓励农民就业创业，拓宽增收渠道"。《浙江省深化美丽乡村建设行动计划（2016—2020年）》提出的"产村人"融合、"居业游"共进，成为从"美丽乡村"走向"美丽经济"的实现路径。乡村休闲产业成为把"绿水青山"转化为"金山银山"的"金杠杆"。

如何融合发展？2018年中央1号文件提到了"大力开发农业多种功能，构建农村一二三产业融合发展体系"。说明融合发展需要发展农业的多种功能，要以"农"为核心，扩展农业与旅游的融合、农业与教育的融合、农业与文创的融合、农业与体育的融合、农业与康养的融合等。乡村的新业态就是融合所带来的结果。这些新业态让休闲农业内涵更加丰富、特色更加鲜明、产业支撑更加有力。教育的休闲、社交的休闲、体育的休闲、审美的休闲，都要和乡村的多功能结合起来。北京郊区就有很好的例子。延庆柳沟村以火盆锅豆腐宴闻名京郊十几年，但柳沟村依旧在创新其他的休闲内容。他们在两年前创立了"柳沟马拉松"，逐步建立自己的体育休闲品牌。如今，"柳马"已经小有名气，和"豆腐宴"共同成为柳沟乡村休闲产业的支撑。平谷区镇罗营镇，依托山野、长城的资源，他们与专业机构合作，创建了"环长城100"国际越野挑战赛，扩充了当地的休闲活动内涵。此外，越来越多的休闲农业园区利用农业生产、生态环境、农村生活文化等资源设计体验活动，以休闲的形式和轻松娱乐的方式来实现农业科学技术和知识的普及。再进一步，根据本身的资源，结合教学大纲的要求，开发出符合中小学校不同年级要求的课程，逐步发展成为中小学社会大课堂。这些都是未来休闲农业融合发展的空间。

乡村休闲产业是一个关系到文化自信的产业。农耕文化是中华文化之根，也是中华民族优秀传统文化的重要组成部分。中小学生可以通过农业接触到民族文化最根本的东西。休闲农业要通过农旅、农文、农教、农体的融合发展，让更多的人亲近乡村、尊重农业、了解我们民族农耕文化之本，培育国民的文化自信。日本农业和教育的融合值得我们学习借鉴。他们最重要的一点就是对稻米文化的教育。日本是一个稻作民族，认为稻米是他们民族的根、民族的魂。日本虽然有超过80%的食品需要进口，但稻米作为民族文化的本源，自给率高达 97%，这和他们传统农业文化的教育和国民的民族认同感的教育是分不开的。中国文明根植于农耕，我们的文化、政治都是农耕文明的产物，乡村休闲产业是现代人了解传统农耕文明的窗口，与建立文化自信密不可分。

乡村休闲产业是一个开放的产业。从事这个产业的人需要有产品设计力、资源的把控力、服务的执行力、网络运营能力。原来从事农业的人们可能在这些能力上有欠缺，所以农家乐发展了这么多年，大都是低水平重复建设。要弥补人才的短板，除了加快培养现有的农民队伍外，乡村也需要引入城市的人才资源。近年来，大量的新农人来到乡村，他们不仅带来了自身的能力，也带来了城市人脉资源，包括资金资源、消费资源、设计资源、管理资源等。乡村休闲产业为人才下乡、资本下乡提供了一个天然的通道，也是乡村人才振兴的大平台。

四、乡村休闲产业未来发展之路

（一）协同参与，实现可持续发展

乡村休闲产业发展，政府、企业、农民，这三个角色缺一不可，要协同参与，同时发挥作用。政府要做好"放管服"，企业要发挥经营上的长项，农民要积极参与到规划制订和产业链条中来。三者不缺位，也要三者不任性。首先权力不任性：村庄的发展不是领导说了算，而是由村民商量着办，让农民而不是局外人和看客做村子的主人；第二资本不任性：资本下乡来，要与乡村规划开发的要求合拍，不可逾越规矩，老板也不能对专业的规划指手画脚，任性为之，更不能仗着信息不对称欺骗老乡；第三农民不任性：农民的建房经营活动，也要有规矩和约束，这样村庄建设就可控了，以便于形成好的规模、风格和特色，农民在和工商资本打交道的过程中也要遵守契约精神。

在政府、企业、农民三方参与的前提下，才能更好地把握正确的前进方向。发展新时代乡村休闲产业，必须要走深入开发农业多功能、提升农产品附加值、带动乡村社区发展、农民增收，既提供有形的生态农产品，又提供无形的休闲体验产品，引导健康生活方式，创造美好生活的正路；绝不能走"村村点火、户户冒烟"低水平重复建设的老路；更不能走跑马圈地、污染环境、变相搞房地产开发的邪路。

（二）调整思路，完善利益联结机制

大棚房整治是休闲农业园区经营者开门办园的好时机。休闲农业园区经营者要与农村社区融合发展，不能关起门在自己的一亩三分地上搞庄园，只顾圆自己的"田园梦"。为什么会有那么多农用地违规建设？大多源于解决吃住问题的需要。很多休闲农业园区经营者谈到，因为没有建设用地，无法解决吃住问题，所以在农用地上违规冒险，打擦边球。但村里有集体经营性建设用地、有农民的宅基地，可以发展农家乐、民宿等。如果企业与附近的村庄合作发展，引导游客到村里的农家乐吃饭、住宿，就解决了游客吃住的问题。休闲农业未来的发展思路应当是走田园综合体的发展模式，这与旅游部门提的"全域旅游"理念是相通的。但是我们不能忘了，中央文件里关于田园综合体是这么定义的：以农民合作社为主要载体、让农民充分参与和受益，集循环农业、创意农业、农事体验于一体

的田园综合体。"以农民合作社为主要载体、让农民充分参与和受益"这是田园综合体的第一个定语。利益联结机制，才是要领。

构成利益联结机制的关键一环是农民专业合作组织。2016 年的中央 1 号文件就提出，要积极扶持农民发展休闲旅游业合作社。当前我国大部分的集体经济还很薄弱，很多农民专业合作组织发育不全，但是它们一定是未来发展的希望。从实践看，休闲农业和乡村旅游中那些好的经营模式和经验都离不开集体经济和合作社。如，"村集体合作社＋运营商""村集体合作社＋扶贫机构＋运营商""村集体合作社＋政府＋运营商""村集体合作社＋银行＋运营商""村集体合作社＋投资商＋运营商"，这些模式都是以村集体、合作社为基础的。很多乡村民宿的开发都是由村集体成立农宅合作社，农民以自己的闲置农宅的使用权入股，合作社再与城市的运营商、投资商对接。农民从产业的发展中既能获取工资性收入、经营性收入，还能获取财产性收入。这样的乡村休闲产业，才能为农民就业增收打开新的空间，为农村创新创业开辟新的天地，才能成为繁荣农村、富裕农民的新兴支柱产业。

（供稿：北京市农村经济研究中心资源区划处）

北京市农业生产资源调查与产业布局研究报告（节选）

北京市共有 16 个行政区，包括 143 个街道办事处，144 个建制镇，38 个建制乡，划分为首都功能核心区、城市功能拓展区、城市发展新区和生态涵养区共 4 个主体功能区。本项研究的区域为除首都功能核心区外的 3 个功能区，包括 14 个近远郊区：朝阳、丰台、石景山、海淀、门头沟、房山、通州、顺义、昌平、大兴、怀柔、平谷、密云和延庆。

一、研究内容与方法

本研究采用"3S"技术，即遥感（RS）、地理信息系统（GIS）、全球定位系统（GPS）技术，以遥感影像为主要数据源，通过遥感信息提取技术和 GIS 空间分析和表达方法，结合 GPS 进行野外实地调查，开展 2018 年北京市农业生产资源调查，其中调查内容具体为耕地、设施农业（大棚）用地及养殖水面的现状调查。在此基础上结合相关部门调查资料，开展休闲农业分布规律研究，为北京市产业布局研究提供参考依据。

（一）分类标准

本研究地类的划分综合考虑了土地利用地类划分标准和遥感可监测性，在遵循科学性、实用性和连续性原则的基础上，参考全国农业区划委员会 1984 年 9 月颁发的《土地利用现状调查技术规程》，并针对北京市近郊农业生产资源利用的分布状况，对耕地、设施农业用地（大棚）和养殖水面进行提取（表1）。

表1　遥感土地利用分类表

代　码	土地类型
1	耕地
2	设施农业（大棚）
3	养殖水面

（二）技术流程

土地利用现状调查的技术路线如图1所示。第一，遥感影像预处理，主要包括辐射校正、大气校正、几何校正、重采样、数据剪裁等。第二，进行监督分类。首先进行训练样本采集：目视并结合专家知识，对2018年的遥感影像进行训练样本的选取。然后采用最大似然分类器，对变化区影像进行监督分类。参与监督分类的波段除了影像的光谱波段外，还包括5个常用纹理波段：协同性（Homogeneity）、对比度（Contrast）、相异性（Dissimilarity）、信息熵（Entropy）和二阶矩（Second Moment）。第三，进行分类后处理，得到最终的分类结果。第四，结合实地调查，进行分类精度评价。

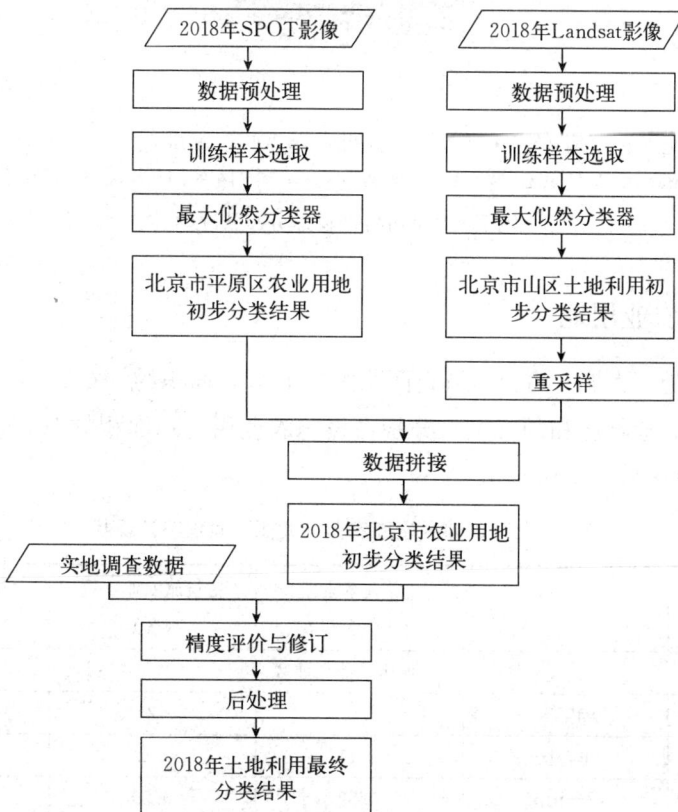

图1　土地利用现状调查流程图

二、2018 年农业用地分类结果分析

（一）耕地

耕地类型主要包括粮田、经济作物用地等，占全市调查面积的 4.36%，面积约 539.21 平方公里，主要分布在京郊东南部的延庆盆地、顺义区、通州区、大兴区、房山区等区域。其中，延庆、顺义、平谷、通州和昌平的耕地面积居前五位，是北京市粮食、蔬菜和经济作物等生产的重点区域。另外有极少量的耕地分布在怀柔和门头沟区，具体结果如图 2 所示。

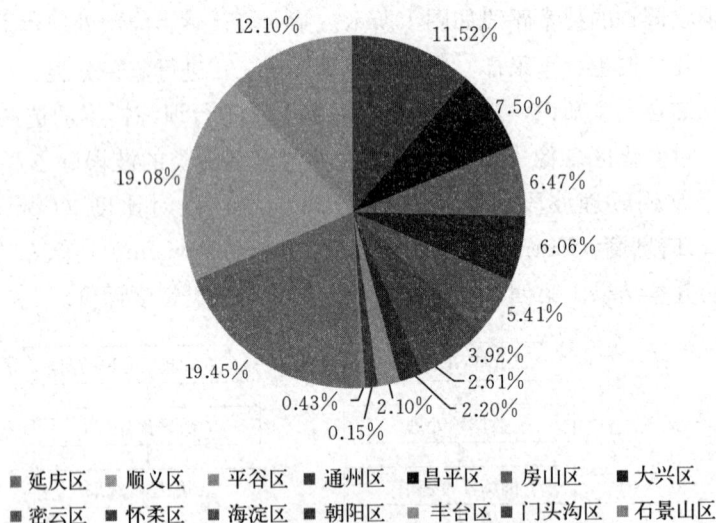

图 2　北京市各区耕地分布状况图

（二）设施农业用地

设施农业用地（大棚）占全市调查面积的 1.10%，面积约 180.73 平方公里，主要分布在京郊大兴区、通州区和顺义区，分别占设施农业用地总面积的 32.05%、21.02% 和 13.78%，具体结果见表 2 和图 3。

表 2　北京市郊区设施农业（大棚）面积统计现状

区划代码	郊区	设施农业（平方公里）	占设施农业比重（%）	占该区面积百分比（%）
城市功能拓展区				
110105	朝阳区	3.61	2	0.77
110106	丰台区	2.17	1.2	0.71
110107	石景山区	0.52	0.29	0.61
110108	海淀区	3.54	1.96	0.82

（续）

区划代码	郊区	设施农业 （平方公里）	占设施农业比重 （％）	占该区面积百分比 （％）
城市发展新区				
110111	房山区	22.78	12.61	1.15
110112	通州区	37.99	21.02	4.19
110113	顺义区	24.91	13.78	2.44
110114	昌平区	5.78	3.2	0.43
110115	大兴区	57.93	32.05	5.62
生态涵养发展区				
110109	门头沟区	0.83	0.46	0.06
110116	怀柔区	3.08	1.71	0.14
110117	平谷区	10.54	5.83	0.98
110118	密云区	5.17	2.86	0.23
110119	延庆区	1.89	1.04	0.09
合计		180.73	100.00	/

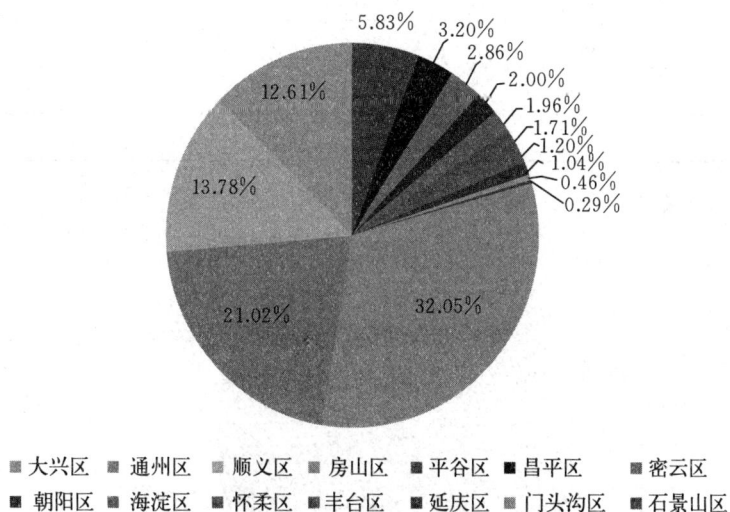

图 3　北京市各区设施农业（大棚）分布状况图

（三）渔业水面

渔业水面占全市调查面积的 0.19％，面积约 31.38 平方公里。主要分布在京郊通州区、房山区、顺义区和大兴区，分别占渔业水面的 17.1％、15.6％、12.05％ 和 10.8％，具体结果见表 3 和图 4。

表 3　北京市郊区渔业水面面积统计现状

区划代码	郊区	渔业水面 （平方公里）	占渔业水面比重 （%）	占该区面积百分比 （%）
城市功能拓展区				
110105	朝阳区	2.51	7.98	0.53
110106	丰台区	1.04	3.31	0.34
110107	石景山区	0.38	1.21	0.44
110108	海淀区	2.39	7.63	0.55
城市发展新区				
110111	房山区	4.9	15.6	0.25
110112	通州区	5.37	17.1	0.59
110113	顺义区	3.78	12.05	0.37
110114	昌平区	2.91	9.26	0.22
110115	大兴区	3.39	10.8	0.32
生态涵养发展区				
110109	门头沟区	0.48	1.52	0.03
110116	怀柔区	1.08	3.44	0.05
110117	平谷区	1.93	6.15	0.18
110118	密云区	0.36	1.15	0.02
110119	延庆区	0.88	2.8	0.04
合计		31.38	100.00	/

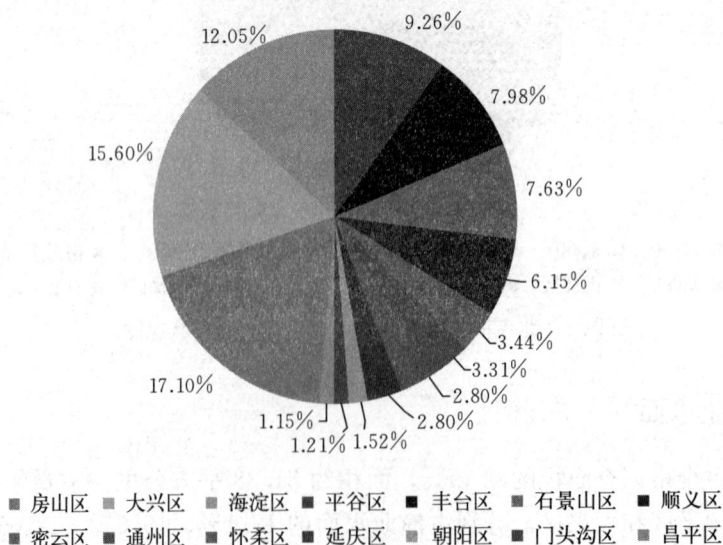

图 4　北京市各区渔业水面分布状况图

三、北京市多尺度休闲农业空间分布分析

研究收集了北京市休闲农业的 POI 数据，用于北京市多尺度休闲农业空间分布分析，详细信息见表 4。

表 4　休闲农业 POI 点位信息

POI 类别	类别代码	大类	中类	小类	个数	合计
农家乐	80401	体育休闲服务	度假疗养场所	度假村	621	
	80500	体育休闲服务	休闲场所	休闲场所（筛选）	4 393	
采摘园	80503	体育休闲服务	休闲场所	采摘园	1 931	9 392
垂钓园	80502	体育休闲服务	休闲场所	垂钓园	415	
农林牧渔基地	170400	公司企业	农林牧渔基地	其他农林牧渔基地	2 032	

休闲农业聚集区在类型上是多样化的。城市的交通线路分布、旅游景点分布、发展历史、发展规划、人群的聚居形态、城市区块功能差异、城市的自然条件布局等各方面因素使得不同类型休闲农业聚集区在空间布局上存在差异。

各类型休闲农业中心的 POI 数据分布特征各有不同：如表 5 所示，从 POI 的构成比重看，农家乐类型的 POI 数据比重最高，占全部数据的 53.39%，远高于其他类型；其次是农林牧渔基地类型和采摘园类型，分别为 21.64% 和 20.56%；垂钓园类型 POI 数据所占比重最小，仅占 4.41%。从聚集程度看，农林牧渔基地类型休闲农业和垂钓园类型休闲农业聚集程度最高，NN 比率分别为 0.663 7 和 0.645 6；其次为采摘园类型休闲农业；农家乐类型休闲农业最低。

表 5　不同类型休闲农业空间最邻近指数值

类型	点位个数	比例（%）	密度（个/平方公里）	NN 比率	P 值	聚集程度
休闲农业	9 392	100	0.57	0.480 6	0	强烈聚集
农家乐	5 014	53.39	0.31	0.345 1	0	强烈聚集
采摘园	1 931	20.56	0.12	0.535 9	0	强烈聚集
垂钓园	415	4.41	0.03	0.645 6	0	强烈聚集
农林牧渔基地	2 032	21.64	0.12	0.663 7	0	强烈聚集

在此基础上，利用核密度分析方法，对北京市休闲农业聚集区空间分布模式进行评价，流程见图 5，最终休闲农业的分布模式如表 6 所示。

北京市休闲农业已经形成了多中心结构，为单核结构分布格局，呈现出"点—轴"发展模式。休闲农业核心分布区与附近的聚集区连绵成"M"形的廊道，为休闲农业的主要发展轴。密云区东北部、房山区西南部和通州区中部的聚集区还处于点状发展阶段，分别为古北水镇风景区、十渡风景区的吸引和以西瓜种植和采摘为主政策导向型聚集区。休闲

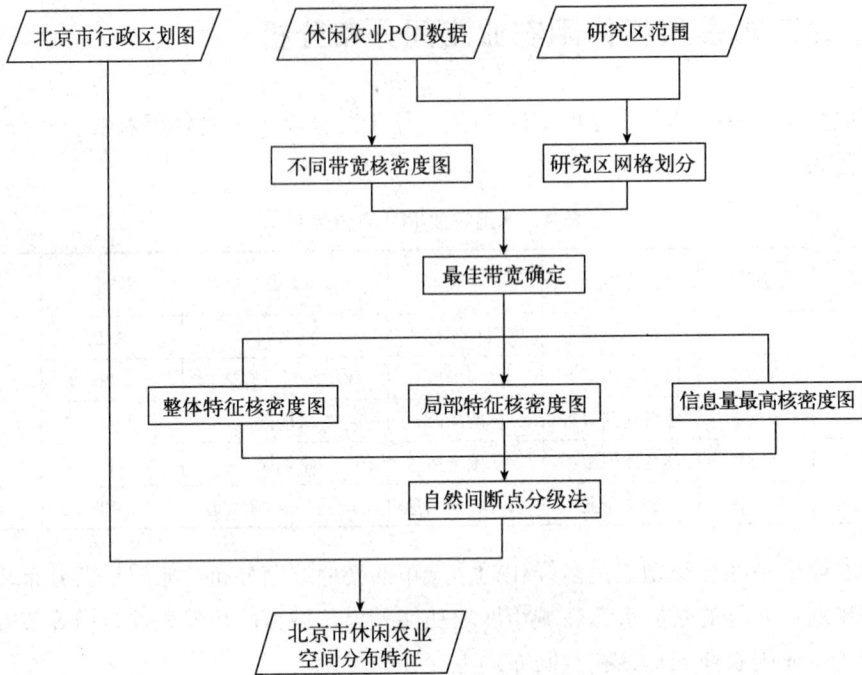

图 5　核密度分析流程图

表 6　不同休闲农业 POI 聚集区数量

休闲农业类型	一级聚集区（个）	二级聚集区（个）
休闲农业	1	14
农家乐	1	6
采摘园	1	4
垂钓园	1	6
农林牧渔基地	6	22

农业的主要发展轴主要位于 1 日游圈层区域，地价相对城区较低，旅行时间相对合适，为休闲农业的发展提供了良好的土壤，是北京市休闲农业的核心区域，主要为采摘园和农林牧渔基地类休闲农业。其他聚集区主要分布在 2 日游或多日游圈层区域，主要伴生于著名的旅游景点周围，游客们在体验风景名胜带来的休闲服务后，顺便体验了农家生活，是北京市休闲农业的重要区域，主要为农家乐类型休闲农业。垂钓园类型休闲农业数量较少，主要分布在北京市水资源较为丰富的河流中下游平原地区。北京市休闲农业聚集区可分为 2 个等级，即一级聚集区、二级聚集区，数量分别为 1 个、14 个。取每个聚集区内休闲农业 POI 点数据。其核心聚集区分布在怀柔区东南部山地与平原的交界处，怀柔水库西岸及北岸、北台上水库南岸，且分别沿道路向山区延伸。二级聚集区中在密云水库南岸和西岸，怀柔区东部，怀柔、延庆、昌平区交界处，昌平区中北部山前平原地区，海淀区西北部山前平原地区，平谷区东部山前平原地区 6 处主要依托附近的自然风景区并沿道路

向山区延伸；昌平区与顺义区交界处的山前平原地区，通州区中部偏东地区2处形成了主要以樱桃、草莓等为主的采摘园聚集区，主要以政策导向作为驱动；密云区东北部和房山区西南部分别形成了依托古北水镇风景区和十渡风景区，以农家院为主的政策导向型聚集区。

农家乐类型休闲农业是北京市休闲农业最重要的组成部分，其每一个聚集区都与休闲农业的总体聚集区重合，主要分布于1日游圈层外部和2日游圈层，呈现出"点—轴"结构模式。农家乐类型休闲农业可以为游客提供餐饮、住宿等基本的服务，对时间成本的要求较低，一般伴生于各大风景区或旅游景点周围，受自然条件影响较小，经营方式和内容一般由经营者自主决定，因此形成了这种空间分布格局。农家乐类型休闲农业一级聚集区1个、二级聚集区6个。农家乐类型POI点位一级聚集区分布在怀柔区东南部，以及密云区密云水库西部和南部沿岸沿道路连绵成片。此处主要由于诸多自然风景区及密云水库的吸引力所致。二级聚集区分别为：平谷区东部沿河流和道路形成了一条长约27公里"U"形农家乐廊道，主要以桃文化为特色；延庆区与怀柔区交界处依托自然风景区，形成了一条长约11公里、宽约3公里的农家乐聚集区；昌平区北部依托十三陵风景区形成了以春饼宴为特色的农家乐聚集区；怀柔区与密云区交界处核心聚集区北侧，沿道路形成了农家乐聚集区；密云区东北部沿河流和道路形成了一条长约33公里的农家乐廊道；房山区西南部沿涞宝路和拒马河，形成了以十渡风景区为依托的，长约17公里、宽约4公里的农家乐廊道。农家乐类型休闲农业可以为游客提供餐饮、住宿等基本的服务，因此其对时间成本的要求较低，一般伴生于各大风景区或旅游景点周围。

采摘园类型休闲农业是北京市休闲农业的重要组成部分，其每一个聚集区都与休闲农业聚集区重合，主要分布于1日游圈层，同样呈现出"点—轴"结构模式。采摘园类休闲农业不能为游客提供餐饮住宿服务，对时间成本的要求较高，分布在交通要道两侧，一般依托于各大旅游景点，经营方式和内容一般由经营者自主决定，因此形成了这种空间分布格局。采摘园类型休闲农业一级聚集区1个、二级聚集区4个。采摘园类型休闲农业一级聚集区位于昌平区中东部以麦辛路为主轴形成了一条长约34公里、宽约11公里的采摘园廊道。二级聚集区分别为：海淀区西北部的山地和平原的过渡地区沿北安河路—温泉路形成了以樱桃和草莓为主的采摘园聚集区；怀柔区东南部山前平原地区形成了以樱桃、葡萄、大枣为主的栗花沟采摘带，以葡萄、桃为主的四季果香采摘带，以及雁栖湖北侧以梨为主的采摘园聚集区；平谷区中部山前平原地区沿道路形成了一条长约21公里的侧"U"形的以桃为主要类型的采摘园廊道；通州区中东部依托大运河文化带，形成了一条长约20公里、宽约4公里的以樱桃、葡萄、草莓为主的采摘园聚集区。采摘园类休闲农业不能为游客提供餐饮住宿服务，因此对时间成本的要求较高，分布在交通要道两侧。

垂钓园类型休闲农业是北京市休闲农业的重要补充，只有核心聚集区和一个二级聚集区与休闲农业聚集区重合，主要分布于1日游圈层，形成了多轴线结构。垂钓园类型休闲农业主要受水资源条件限制，集中分布于北京市东南部河网相对密布的平原上，因此形成了这种空间分布格局。垂钓园类型休闲农业一级聚集区1个、二级聚集区6个。具有三条发展轴：主轴线沿注入怀柔水库的怀九河、怀沙河及支流及注入雁栖湖的栖河及其支流，此处主要为虹鳟鱼养殖区；次级轴线分别为沿流经城区的温榆河及其支流和通州区与朝阳区交界处，沿萧太后河发展的轴线。

农林牧渔基地类型休闲农业是北京市休闲农业的基础，少数聚集区与休闲农业聚集区重合，主要分布于1日游圈层，形成了多轴线结构。农林牧渔基地类型休闲农业主要受土壤条件和水资源条件限制，集中分布于北京市东南部土壤相对肥沃、河网相对密布的平原上，因此形成了这种空间分布格局。农林牧渔基地类型休闲农业一级聚集区6个、二级聚集区22个。主要发展轴位于昌平区中部绵延至顺义区内山地与平原的过渡地区。南部大兴区和通州区内形成了次级发展轴。

（供稿：北京市农村经济研究中心资源区划处）

2019年北京市郊区土地利用消长变化报告（节选）

从2005年开始，北京市实行区县功能定位分类指导区域发展。《北京城市总体规划（2004—2020年）》将全市国土空间划分为首都功能核心区、城市功能拓展区、城市发展新区和生态涵养发展区4个主体功能区。《北京城市总体规划（2016—2035年）》未做全市主体功能区划分，直接提出了"一核一主一副、两轴多点一区"的城市空间结构，即首都功能核心区、中心城区、城市副中心、5个平原新城和生态涵养区。

本项研究的区域为除首都功能核心区以外的区域，包括14个近远郊区，即朝阳、丰台、石景山、海淀、门头沟、房山、通州、顺义、昌平、大兴、怀柔、平谷、密云和延庆。

一、研究内容与方法

本研究在北京市多年农业资源与区划工作的基础上，采用3S技术，即遥感（RS）、地理信息系统（GIS）、全球定位系统（GPS）技术，以遥感影像为主要数据源，通过遥感信息提取技术和GIS空间分析和表达方法，结合GPS进行野外实地调查，开展2019年土地利用现状调查，编绘了土地利用现状图，以及全市和各区土地利用结构；结合项目前期成果，通过GIS空间分析方法，对比分析北京郊区2009—2019年的土地利用消长变化。

本研究包括两部分工作：一是2019年北京市郊区土地利用现状调查：采用影像分类的方法获得土地利用现状图。二是进行土地利用消长变化分析研究：采用变化检测方法，与2009年和2018年分类图比较，通过转移矩阵、叠置分析、栅格计算来定量描述土地利用类型的数量和空间格局变化，及典型地类变化分析。

本研究的总技术流程如图 1 所示。

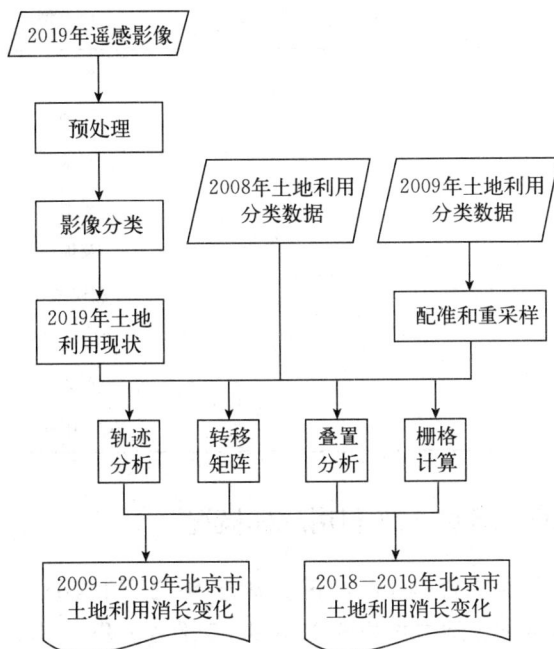

图 1　研究总技术流程图

二、2019 年北京市郊区土地利用现状

（一）土地利用类型分类标准

本研究地类的划分综合考虑了土地利用地类划分标准和遥感可监测性。在遵循科学性、实用性和连续性原则的基础上，参考全国农业资源区划委员会 1984 年 9 月颁布的《土地利用现状调查技术规程》中制定的《土地利用现状分类及含义》中的一级分类的老八类，即耕地、园地、林地、草地、居民地和工矿用地、交通用地、水域和未利用地。以此分类为基础，进行了如下调整：

为了更好地研究近郊土地利用变化规律，以及考虑到菜地大棚光谱的特殊性，本研究将耕地的二级分类"菜地"作为单独一类提取。"居民地"及"建设用地"包括城镇和农村居民地、独立工矿用地、盐田和特殊用地 5 种二级分类。"独立工矿用地"指居民地以外的各种工矿企业、采石场、仓库及企事业单位的工矿用地；"特殊用地"指居民地以外的名胜、公墓、陵园等范围以内的工矿用地。根据北京市的用地特点，本研究将城镇和农村居民地合为"居民地"，将独立工矿用地和特殊用地合为"建设用地"，并将这两种用地类型分开提取。由于交通用地在 SPOT 影像中与居民地和建设用地光谱特征相似，不作为本研究的提取地类，将其归并到居民地或工矿用地之中。

综上，本研究的分类系统最终确定为林地、草地、园地、耕地、菜地、居民地、建设用地、水体和未利用地（表 1）。

表1　遥感土地利用分类表

代　　码	土地类型
1	林地
2	草地
3	园地
4	耕地
5	菜地
6	居民地
7	建设用地
8	水体
9	未利用地

（二）2019年北京市郊区土地利用总体概况

通过监测结果进行量测统计与分析，获得2019年北京市郊区土地利用类型的监测数据。主要结果为：研究区的土地总面积约16 318.05平方公里。其中，林地、居民地和园地为最主要土地利用类型，占总面积比重的前三位，分别为57.53％、20.49％和9.98％；草地、耕地、建设用地和水体所占的比例分别为3.40％、3.01％、1.80％和1.63％；菜地和未利用地所占的比例最少，分别为1.14％和1.02％（图2）。

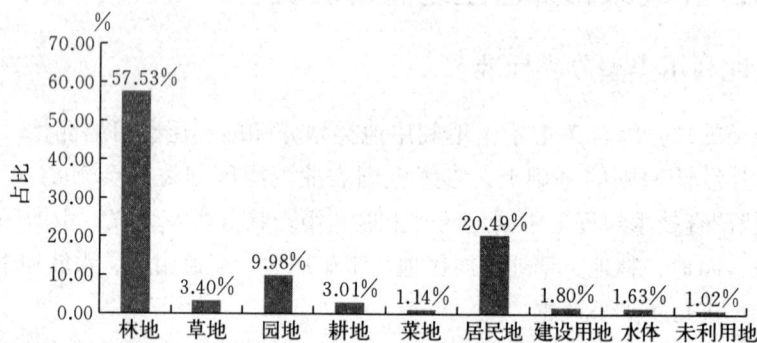

图2　北京市土地利用结构图

（三）农用地与非农用地结构

农用地包括耕地、园地、菜地、林地、草地和水体；非农用地包括：居民地、建设用地（工矿用地、交通用地）和未利用地。

据2019年监测结果，在北京郊区土地利用类型中，农用地仍处于绝对的主导地位，占76.69％；非农用地中，居民地占20.49％；未利用地仅占1.02％。在农用地结构中，林地所占比重最大，面积占农用地总面积的75.02％；园地面积次之，占农用地总面积的13.01％。农用地各个地类的监测数据如图3所示。

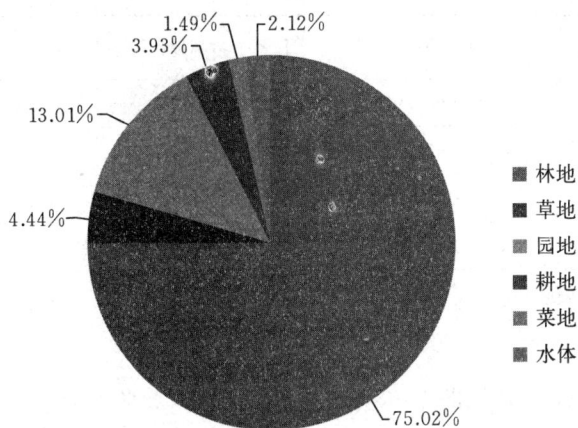

图 3　2019 年北京市郊区农用地类型结构图

（四）主要地类的土地利用现状

1. 林地

林地占北京市郊区总面积的 57.53%，面积约 9 387.77 平方公里。主要分布在北部、西部和西南部的山区。其中怀柔、密云、延庆、门头沟、房山 5 个区的林地之和占全市林地总面积的 73.21%，是北京市山区生态建设的重点区域。

林地分布统计数据如表 2 所示。

表 2　2019 年北京市郊区林地面积汇总表

林　　　地	面积（平方公里）	占林地比重（%）	占本区面积比（%）
郊区	9 387.77	100	57.53
城市功能拓展区			
朝阳区	84.49	0.90	18.54
丰台区	59.14	0.63	19.96
石景山区	26.29	0.28	30.70
海淀区	153.96	1.64	35.43
城市发展新区			
房山区	1 161.27	12.37	57.49
通州区	247.84	2.64	27.49
顺义区	307.92	3.28	30.12
昌平区	795.14	8.47	58.49
大兴区	244.08	2.60	23.43
生态涵养发展区			
门头沟区	1 213.84	12.93	85.24

（续）

林　地	面积（平方公里）	占林地比重（%）	占本区面积比（%）
怀柔区	1 687.92	17.98	79.27
密云区	1 481.39	15.78	66.59
平谷区	557.63	5.94	59.36
延庆区	1 366.86	14.56	68.99

注：主体功能区依《北京城市总体规划（2004—2020 年）》划分，以下同。

2. 园地

园地占北京市郊区总面积的 9.98%，共有 1 628.54 平方公里。其中，延庆、密云、房山、大兴、平谷、昌平、顺义、通州为全市园地的主要分布区，占总面积的 80% 以上，分别为 18.74%、16.44%、11.81%、11.48%、8.54%、7.96%、7.75% 和 7.16%。其次是怀柔、门头沟、朝阳等区。

北京市果品产业发展已成为各区划农村经济发展的优势产业，且具有很强的地域特点，已形成以下 7 个主要特色产区：①以怀柔、密云为中心的百里燕山板栗产业区；②以平谷区为中心的平原、丘陵大桃产业区；③以房山、昌平、平谷等区为中心的丘陵黄土区柿子产业区；④以门头沟、延庆、昌平、密云、平谷等区为中心的京西北山前暖区苹果产业区；⑤以延庆等区为中心的葡萄产业区；⑥以大兴、顺义、房山、通州等区为中心的"三河"（永定、潮白、温榆河）沙地梨产业区；⑦以门头沟、房山、平谷等区为中心的浅山沟谷核桃产业区。

园地分布统计数据如表 3 所示。

表 3　2019 年北京市郊区园地面积汇总表

园　地	面积（平方公里）	占园地比重（%）	占本区面积比（%）
郊区	1 628.54	100	9.98
城市功能拓展区			
朝阳区	21.82	1.34	4.78
丰台区	21.17	1.30	7.11
石景山区	3.42	0.21	4.04
海淀区	20.68	1.27	4.75
城市发展新区			
房山区	192.33	11.81	9.52
通州区	116.60	7.16	12.94
顺义区	126.21	7.75	12.36
昌平区	129.63	7.96	9.53
大兴区	186.96	11.48	17.93

（续）

园 地	面积（平方公里）	占园地比重（%）	占本区面积比（%）
生态涵养发展区			
门头沟区	25.57	1.57	1.80
怀柔区	72.14	4.43	3.39
密云区	267.73	16.44	12.03
平谷区	139.08	8.54	14.30
延庆区	305.19	18.74	15.39

3. 耕地和菜地

由于耕地和菜地都是保障农产品供应的重要土地利用类型，具有一定相似性，本部分将这两种地类合并进行分析。

耕地占北京市郊区总面积的 3.01%，面积约为 491.17 平方公里，主要分布在顺义区、通州区、平谷区、大兴区、延庆区、房山区等区域。菜地占北京市郊区总面积的 1.14%，面积约为 186.03 平方公里，主要分布在大兴区、通州区和房山区。

顺义区、通州区、平谷区、大兴区、延庆区和房山区的耕地和菜地面积居前六位，是北京市粮食、蔬菜和经济作物等生产的重点区域。昌平区、密云区、海淀区、怀柔区、朝阳区、丰台区也有部分耕地和菜地分布。另外有极少量的耕地和菜地分布在石景山区和门头沟区。

4. 居民与建设用地

居民与建设用地占北京市郊区总面积的 22.29%，面积约 3 637.29 平方公里，是北京市郊区除林地以外最主要的土地利用类型之一。此类用地包括城镇和农村居民地、独立工矿用地、盐田和特殊用地 5 种二级分类。"独立工矿用地"指居民地以外的各种工矿企业、采石场、仓库及企事业单位的工矿用地；"特殊用地"指居民地以外的名胜、公墓、陵园等范围以内的工矿用地。根据北京市的用地特点，本研究将城镇和农村居民地合为"居民地"，将独立工矿用地和特殊用地合为"建设用地"，并将这两种用地类型分开提取。由于交通用地在 SPOT 影像中与居民地和建设用地光谱特征相似，不作为本研究的提取地类，将其归并到居民地或工矿用地之中。

绝大部分的居民与建设用地分布在城市功能拓展区和城市发展新区，占这类用地总面积的 81.56%。其中，城市发展新区的 5 个区（房山、通州、顺义、昌平、大兴）成为北京市新增建设用地分布的主体区域。在通州、大兴和顺义，居民与建设用地已经成为该区最主要的土地利用类型。

三、2019 年北京市郊区新总规各规划区土地利用空间格局

《北京城市总体规划（2016—2035 年）》（简称"新总规"）通篇贯穿了疏解非首都功能这个关键环节和重中之重，科学统筹不同地区的主导功能和发展重点，提出了"一核一主一副，两轴多点一区"的城市空间结构，规划区行政边界与原有区划边界既有重合也有差异。

本报告结合新总规中的空间结构规划，将北京市郊区划分为中心城区、新城地区和生态涵养区三个区域：①中心城区指新总规中的"一主"（不包含东西城区）；②新城地区指中心城区和生态涵养区之间的平原地区新城（包括新总规中的"一副"和"多点"）；③生态涵养区包括北京市山区地区（5个全区＋2个半区）。

以下分别从这三个规划分区来分析北京市郊区土地利用的空间分布格局。

（一）中心城区

该区包括朝阳、丰台、石景山和海淀4个区的全部区域。据监测数据显示，本区土地面积为1 275.19平方公里，占全市郊区面积的7.81%。其中，居民和建设用地所占的比重最大，为63.84%；林地和园地面积次之，分别为25.46%和5.26%，各用地类型的结构如图4所示。

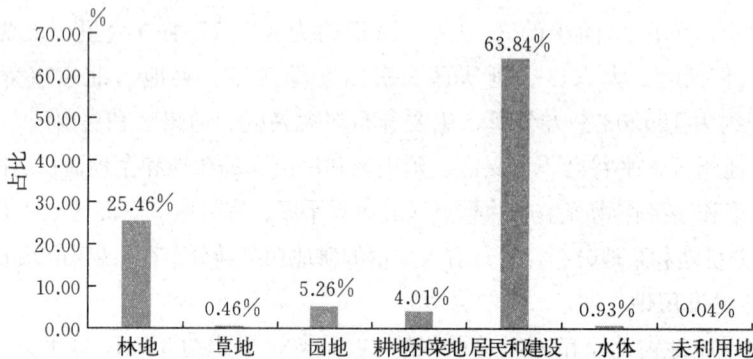

图4　2019年北京市中心城区土地利用类型结构图

（二）新城地区

该区包括顺义、通州、大兴3个区的全部区域和昌平、房山的平原部分。据监测数据显示，本区土地面积为3 918.24平方公里，占全市郊区面积的24.01%。其中，居民和建设用地所占的比重最大，为46.58%；林地和园地面积次之，分别为27.47%和12.76%，各用地类型的结构如图5所示。

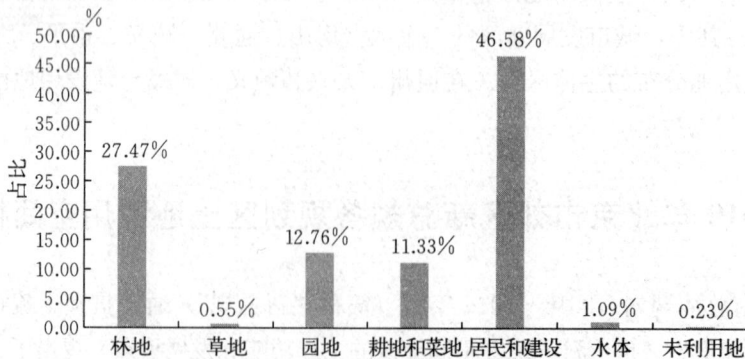

图5　2019年北京市新城地区土地利用类型结构图

（三）生态涵养区

该区包括延庆、怀柔、密云、平谷、门头沟 5 个区的全部区域和昌平、房山的山区部分。据监测数据显示，本区土地面积为 11 124.62 平方公里，占全市郊区面积的 68.17%。其中，林地所占的比重最大，为 72.10%；居民和建设用地及园地面积次之，分别为 9.02% 和 8.90%，各用地类型的结构如图 6 所示。

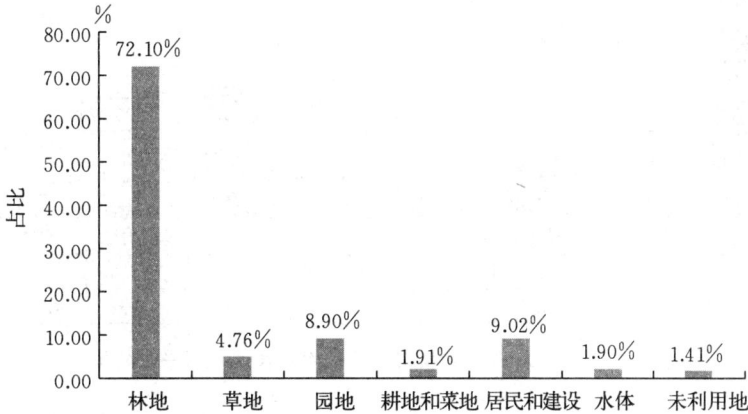

图 6　2019 年北京市生态涵养区土地利用类型结构图

四、2019 年北京市郊区土地利用消长变化分析

随着经济和社会的发展，自然环境变化，土地利用的空间格局也逐渐发生变化。区域的土地利用类型和结构存在着时间动态性和空间差异性，并具有一定阶段性变化的特点。这与城市外延、区域功能定位和城市化进程等因素密切相关，总体表现为：在城市功能向郊区扩散和郊区城镇化建设的推动下，农用地向非农用地转变；在农业功能定位和产业结构调整的推动下，耕地向林地转变。

（一）2018—2019 年土地利用消长变化

从遥感监测结果上对比分析 2018—2019 年间的土地利用现状，土地利用差异相差甚微。如图 7 所示，北京市土地利用消长变化总体上趋势为"三增三减"。其中，水体、园地和菜地所占比重增加；水体面积增加了 34.49 平方公里，增长率为 14.90%；园地面积增加了 123.43 平方公里，增长率为 8.20%；菜地面积增加了 6.78 平方公里，增长率为 3.78%。草地、耕地和居民地所占比重减少：草地面积减少了 222.87 平方公里，减少率为 28.66%；耕地面积减少了 36.63 平方公里，减少率为 6.94%；居民地面积减少了 135.61 平方公里，减少率为 3.90%。

通过统计，得到各土地利用类型变化前三名的区域，其中各地类增长变化前三名的区域情况见表 4，各地类面积减少变化前三名的区域情况见表 5。

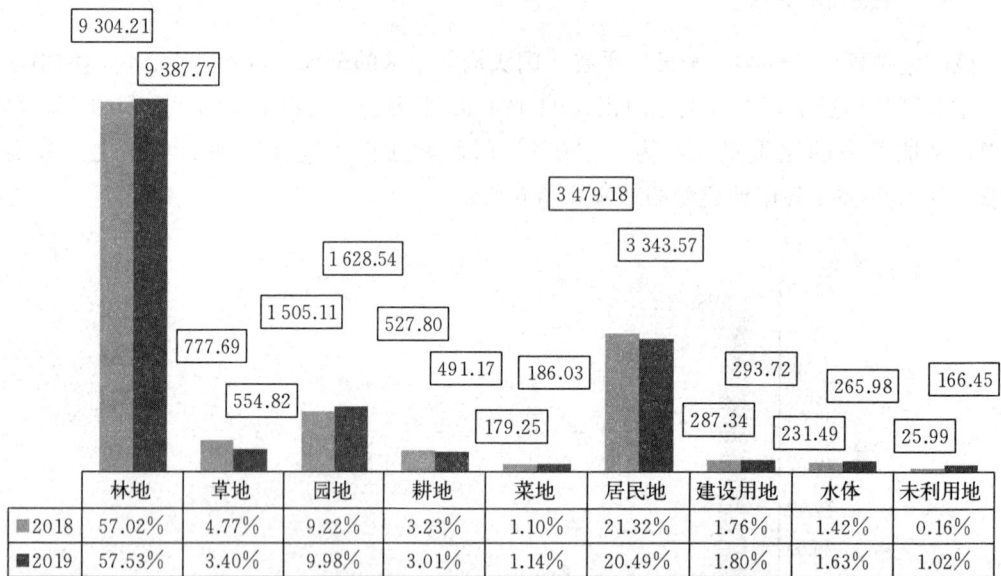

	林地	草地	园地	耕地	菜地	居民地	建设用地	水体	未利用地
■2018	57.02%	4.77%	9.22%	3.23%	1.10%	21.32%	1.76%	1.42%	0.16%
■2019	57.53%	3.40%	9.98%	3.01%	1.14%	20.49%	1.80%	1.63%	1.02%

图 7　2018—2019 年北京市土地利用消长变化（平方公里）

表 4　2018—2019 年北京市郊区各土地利用类型面积增长的主要区划

单位：平方公里

土地利用类型	林地	草地	园地	耕地	菜地	居民地	建设用地	水体	未利用地
第一	延庆	怀柔	延庆	大兴	大兴	通州	延庆	延庆	密云
增长面积	104.55	15.37	171.72	15.67	13.38	44.60	15.04	20.85	70.06
第二	平谷	密云	密云	顺义	朝阳	顺义	大兴	密云	门头沟
增长面积	66.50	3.95	99.05	12.01	2.80	43.26	6.50	20.66	40.42
第三	门头沟	/	门头沟	房山	房山	昌平	密云	门头沟	房山
增长面积	62.48	/	14.20	4.86	2.79	34.64	4.23	2.48	11.82

表 5　2018—2019 年北京市郊区各土地利用类型面积减少的主要区划

单位：平方公里

土地利用类型	林地	草地	园地	耕地	菜地	居民地	建设用地	水体	未利用地
第一	密云	门头沟	平谷	延庆	通州	延庆	通州	通州	顺义
减少面积	87.09	105.94	46.41	59.51	10.57	165.16	10.11	2.52	1.13
第二	昌平	延庆	大兴	昌平	平谷	密云	昌平	房山	通州
减少面积	34.71	91.67	41.37	3.22	2.50	108.52	4.36	2.50	1.04
第三	房山	房山	顺义	门头沟	延庆	怀柔	朝阳	平谷	平谷
减少面积	20.65	16.40	36.82	2.51	1.87	23.59	2.90	2.40	0.57

（二）2009—2019 年土地利用消长变化

从遥感监测结果上对比分析 2009—2019 年 10 年间的土地利用现状，如图 8 所示，北京市土地利用消长变化总体趋势为"四增五减"。

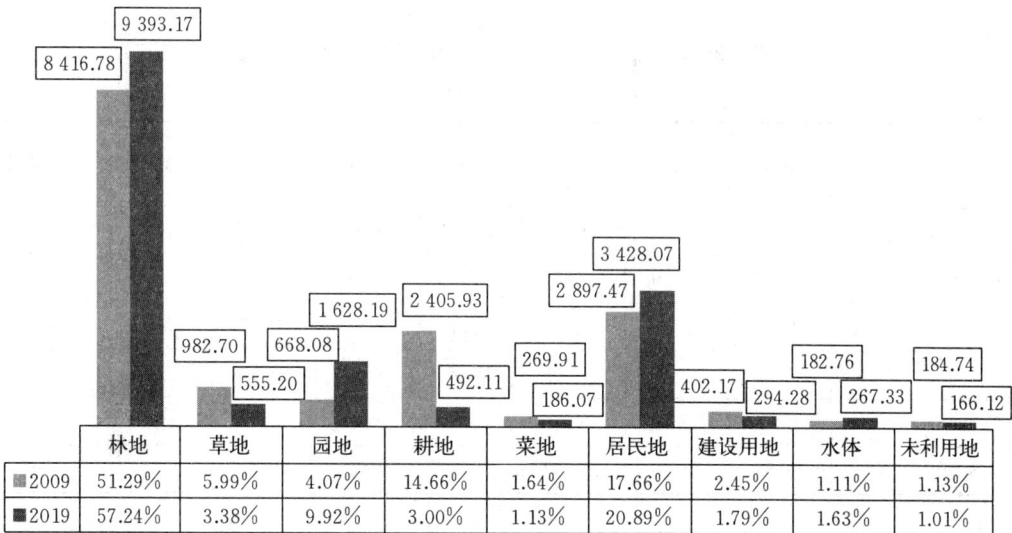

图 8 2009—2019 年北京市土地利用消长变化（平方公里）

林地、园地、居民地和水体所占比重增加：林地面积增加了 977.26 平方公里，增长率为 11.62%；园地面积增加了 960.46 平方公里，增长率为 143.76%；居民地面积增加了 528.53 平方公里，增长率为 18.78%；水体面积增加了 85.37 平方公里，增长率为 47.27%。

草地、耕地、菜地、建设用地和未利用地所占比重减少：草地面积减少了 427.24 平方公里，减少率为 43.50%；耕地面积减少了 1 914.74 平方公里，减少率为 79.58%；菜地面积减少了 83.87 平方公里，减少率为 31.07%；建设用地面积减少了 107.48 平方公里，减少率为 26.79%；未利用地面积减少了 18.29 平方公里，减少率为 9.90%。

通过统计，得到了 10 年间各土地利用类型变化前三名的区域，见表 6，各地类面积减少变化前三名的区划情况见表 7。

表 6 2009—2019 年北京市郊区各土地利用类型面积增长的主要区域

单位：平方公里

土地利用类型	林地	草地	园地	耕地	菜地	居民地	建设用地	水体	未利用地
第一	怀柔	昌平	延庆	石景山	平谷	房山	延庆	密云	门头沟
增长面积	230.13	1.68	280.55	1.15	4.49	201.85	11.55	60.02	38.63
第二	通州	/	密云	/	密云	大兴	顺义	延庆	昌平
增长面积	161.44	/	223.59	/	3.14	130.56	7.32	20.73	10.71

（续）

土地利用类型	林地	草地	园地	耕地	菜地	居民地	建设用地	水体	未利用地
第三	大兴	/	大兴	/	怀柔	通州	海淀	房山	平谷
增长面积	134.24	/	165.90	/	2.48	103.91	3.63	4.19	1.31

表7　2009—2019年北京市郊区各土地利用类型面积减少的主要区域

单位：平方公里

土地利用类型	林地	草地	园地	耕地	菜地	居民地	建设用地	水体	未利用地
第一	海淀	密云	怀柔	大兴	大兴	密云	房山	朝阳	顺义
减少面积	10.62	97.92	82.79	360.01	42.71	52.70	44.95	3.32	15.56
第二	石景山	门头沟	平谷	通州	房山	丰台	通州	平谷	延庆
减少面积	4.52	81.14	31.35	297.02	21.45	3.69	22.76	2.76	10.36
第三	/	延庆	门头沟	房山	通州	平谷	大兴	通州	房山
减少面积	/	73.14	13.19	280.52	14.62	2.77	19.70	1.44	10.16

2009年至今，北京市的林地面积大幅增加，是全市绿化美化建设取得的成效。北京市先后开展了"五河十路"绿色通道建设、山区生态林建设和退耕还林、废弃矿山植被恢复、宜林荒山造林、平原造林等一系列工程建设，特别是生态涵养发展区建设成效突出。

对2009年和2019年的两期影像分类结果叠加，得到北京市2009—2019年的土地利用各类型间的转移矩阵和转移率矩阵（表8和表9）。

表8　2009—2019年北京市土地利用各类型间转移矩阵

单位：平方公里

2009年	2019年 林地	草地	园地	耕地	菜地	居民地	建设用地	水体	未利用地
林地	6 491.76	390.91	508.18	101.09	28.80	684.41	50.14	66.62	94.87
草地	742.44	65.11	58.45	9.32	2.05	73.06	7.86	5.84	18.55
园地	366.90	28.77	105.78	31.33	6.06	112.07	5.78	5.38	6.00
耕地	708.77	29.05	511.67	175.64	68.95	804.95	68.13	23.79	14.99
菜地	67.68	1.69	49.04	16.78	16.76	107.51	7.33	2.37	0.76
居民地	731.02	26.06	330.09	135.86	54.99	1 447.53	127.91	29.01	15.00
建设用地	135.14	8.71	37.10	14.25	7.20	164.22	24.92	7.15	3.49
水体	43.43	0.94	11.02	3.43	1.48	38.63	2.78	76.94	4.12
未利用地	45.71	1.24	34.92	8.62	2.05	33.95	2.58	49.35	6.31

表9 2009—2019 年北京市土地利用各类型间转移率矩阵

单位:%

2009 年	2019 年								
	林地	草地	园地	耕地	菜地	居民地	建设用地	水体	未利用地
林地	77.13	4.64	6.04	1.20	0.34	8.13	0.60	0.79	1.13
草地	75.55	6.63	5.95	0.95	0.21	7.43	0.80	0.59	1.89
园地	54.92	4.31	15.83	4.69	0.91	16.77	0.87	0.81	0.90
耕地	29.46	1.21	21.27	7.30	2.87	33.46	2.83	0.99	0.62
菜地	25.07	0.63	18.17	6.22	6.21	39.83	2.71	0.88	0.28
居民地	25.23	0.90	11.39	4.69	1.90	49.96	4.41	1.00	0.52
建设用地	33.60	2.16	9.22	3.54	1.79	40.83	6.20	1.78	0.87
水体	23.76	0.52	6.03	1.87	0.81	21.14	1.52	42.10	2.25
未利用地	24.74	0.67	18.90	4.66	1.11	18.38	1.40	26.72	3.42

从转移矩阵可以看出,2009—2019 年,原有林地保持较好,仅有少量林地转化为其他类型用地;新增林地主要来源于草地、居民地和耕地,转移面积分别为 742.44 平方公里、731.02 平方公里和 708.77 平方公里。草地分布变化剧烈,其中大部分草地转化为林地,新增草地也主要来源于林地(390.91 平方公里)。园地总体呈增加趋势,尽管有部分园地转化为林地(366.90 平方公里),但耕地、林地和居民地都有部分变为园地(511.67 平方公里、508.18 平方公里、330.09 平方公里)。耕地减少非常明显,2009 年的耕地中只有 7.30% 在 2019 年仍为耕地,且没有明显的其他地类向耕地的转化;减少的耕地主要转化为居民地、林地和园地,面积分别为 804.95 平方公里、708.77 平方公里、511.67 平方公里。菜地的变化趋势与耕地相似,减少的菜地分别有 107.51 平方公里、67.68 平方公里和 49.04 平方公里转化为居民地、林地和园地。49.96% 的居民地维持不变,25.23%居民地转化为林地,新增居民地主要来源于耕地和林地(804.95 平方公里和 684.41 平方公里)。建设用地和居民地部分相互转化,总量变化相对较小。水体变化较小,变化的部分多转化于林地和居民地(43.43 平方公里和 38.63 平方公里)。26.72% 的未利用地转化为水体,24.74% 的未利用地转化为林地,在其他方向上未利用地的变化未超过 40 平方公里。

(三) 北京市郊区各区划土地利用消长变化

1. 朝阳区

从遥感监测数据看,2009—2019 年,北京市朝阳区的土地利用消长变化,总体上呈现出林地和园地增长,草地、耕地和水体下降的趋势。其中,2009 年到 2019 年,居民地比重从 62.93% 上升到 63.12%,面积增加 0.78 平方公里。草地的所占比例从 2.85% 下降到 0.65%,面积减少 9.99 平方公里。耕地从 6.18% 下降到 2.52%,面积减少 16.70 平方公里。林地总体上呈现上升的趋势,从 13.91% 上升到 18.54%,面积增加 21.1 平方公里。园地比重从 1.25％上升到了 4.78％，面积增加 16.07 平方公里。菜地比重有所下降，从 1.63％下降到 1.38％，下降了 0.25％，面积减少 1.15 平方公里。水体比重从 1.38％下降到 0.66％，面积减少 3.32 平方公里。建设用地从 9.86％下降到了 8.35％，面积减少 6.91 平方公里。

2. 丰台区

从遥感监测数据看，2009—2019 年，北京市丰台区的土地利用消长变化，总体上呈现出林地、建设用地和园地增长，耕地、草地和居民地下降，菜地和水体趋于稳定的趋势。其中，2009 年到 2019 年，耕地比重从 13.62％下降到 3.41％，面积减少 30.64 平方公里。林地的所占比例从 12.53％上升到 19.96％，面积增加 22.13 平方公里。建设用地从 6.23％上升到 7.32％，面积增加 3.24 平方公里。草地从 2009 年到 2019 年从 1.01％下降到 0.48％，下降了 0.53％，面积减少 1.59 平方公里。未利用地从 3.38％下降到 0.05％，面积减少 9.95 平方公里。园地从 0.12％上升到 7.11％，面积增加 20.86 平方公里。

3. 石景山区

从遥感监测数据看，2009—2019 年，北京市石景山区的土地利用消长变化，总体上呈现出建设用地、园地和居民地增长，草地和林地下降的趋势。其中，2009 年到 2019 年，居民地比重从 52.89％上升到 54.80％，面积增加 1.61 平方公里。耕地比重从 0.56％上升到 1.91％，面积增加 1.15 平方公里。园地比重从 3.50％上升到 4.04％，面积增加 0.46 平方公里。建设用地从 2.25％上升到 6.49％，面积增加 3.62 平方公里。草地从 0.33％下降到 0.17％，面积减少 0.14 平方公里。

4. 海淀区

从遥感监测数据看，2009—2019 年，北京市海淀区的土地利用消长变化，总体上呈现出居民地、园地、未利用地和建设用地增长，其他用地下降的趋势。其中，2009 年到 2019 年，居民地比重从 46.41％上升到 51.15％，面积增加 20.64 平方公里。耕地从 6.45％下降到 3.09％，面积减少 14.66 平方公里。菜地比重趋于稳定。林地的所占比例从 37.85％下降到 35.43％，面积减少 10.01 平方公里。草地从 1.24％下降到 0.29％，面积减少 4.2 平方公里。园地从 3.24％上升到 4.75％，面积增加 6.57 平方公里。建设用地从 2.37％上升到 3.20％，面积增加 3.64 平方公里。未利用地和水体变化不大。

5. 门头沟区

从遥感监测数据看，2009—2019 年，北京市门头沟区的土地利用消长变化，总体上呈现出林地、居民地、未利用地增加，草地、园地和耕地下降的趋势。其中，2009 年到 2019 年，草地比重从 9.75％降低到 4.06％，面积减少 81.13 平方公里。林地从 80.87％上升到 85.24％，面积增加 62.15 平方公里。园地从 2.72％下降到 1.80％，面积减少 13.19 平方公里。耕地从 0.99％下降到 0.25％，面积减少 10.51 平方公里。菜地、建设用地、水体变化都不大。

6. 房山区

从遥感监测数据看，2009—2019 年，北京市房山区的土地利用消长变化，总体上呈现出林地、居民地和园地增长，耕地下降的趋势。其中，2009 年到 2019 年，居民地比重从 12.51％上升到 22.50％，面积增加 201.85 平方公里。草地的所占比例从 4.98％下降到 4.75％，面积减少 4.75 平方公里。园地从 2.47％上升到 9.52％，面积增加 142.3 平方公里。耕地从 15.88％下降到 1.99％，面积减少 280.52 平方公里。菜地从 2.34％下降到 1.28％，面积减少 21.45 平方公里。建设用地从 3.19％下降到 0.97％，面积减少 44.95 平方公里。林地、未利用地和水体变化不大。

7. 通州区

从遥感监测数据看，2009—2019 年，北京市通州区的土地利用消长变化，总体上呈现出林地、园地和居民地增长，菜地、草地、耕地和建设用地下降的趋势。其中，2009 年到 2019 年，园地比重从 3.85％上升到 12.94％，面积增加 81.85 平方公里。林地从 9.58％上升到 27.49％，面积增加 161.44 平方公里。菜地从 4.64％下降到 3.01％，面积减少 14.62 平方公里。草地从 1.69％下降到 0.55％，面积减少 10.29 平方公里。耕地从 39.72％下降到 6.74％，面积减少 297.02 平方公里。建设用地从 6.35％下降到 3.82％，面积减少 22.76 平方公里。居民地和未利用地变化不大。

8. 顺义区

从遥感监测数据看，2009—2019 年，北京市顺义区的土地利用消长变化，总体上呈现出林地、居民地和园地增长，草地、未利用地和耕地下降的趋势。其中，2009 年到 2019 年，居民地比重从 31.58％上升到 37.54％，面积增加 60.83 平方公里。建设用地从 3.68％上升到 4.40％，面积增加 7.32 平方公里。园地从 4.72％上升到 12.36％，面积增加 78.01 平方公里。草地从 2.67％下降到 0.49％，面积减少 22.36 平方公里。耕地从 30.57％下降到 11.26％，面积减少 197.25 平方公里。林地从 21.52％上升到 30.12％，面积增加 87.76 平方公里。未利用地和水体变化都不大。

9. 昌平区

从遥感监测数据看，2009—2019 年，北京市昌平区的土地利用消长变化，总体上呈现出林地、草地、建设用地和园地增长，其他用地下降的趋势。其中，2009 年到 2019 年，林地比重从 53.44％增加到 58.49％，面积增加 68.46 平方公里。建设用地所占比例从 2.49％上升到 2.59％，面积增加 1.32 平方公里。耕地从 13.46％下降到 2.75％，面积减少 145.73 平方公里。园地从 4.30％上升到 9.53％，面积增加 71.09 平方公里。菜地、草地、未利用地和水体趋于稳定。

10. 大兴区

从遥感监测数据看，2009—2019 年，北京市大兴区的土地利用消长变化，总体上呈现出林地、居民地和园地增长，草地、耕地、菜地和建设用地下降的趋势。其中，2009 年到 2019 年，居民地比重从 29.60％上升到 42.13％，面积增加 130.56 平方公里。林地所占比例从 10.56％上升到 24.43％，面积增加 134.23 平方公里。耕地从 39.20％下降到 4.68％，面积减少 360.01 平方公里。草地从 0.87％下降到 0.50％，面积减少 3.83 平方公里。园地从 2.02％上升到了 17.93％，面积增加 165.89 平方公里。菜地从 11.00％下降到 6.90％，面积减少 42.71 平方公里。建设用地从 5.83％下降到 3.94％，面积减少 19.7 平方公里。水体和未利用地面积比重趋于稳定。

11. 怀柔区

从遥感监测数据看，2009—2019 年，北京市怀柔区的土地利用消长变化，总体上呈现出林地和居民地增长，草地、园地和耕地下降的趋势。其中，2009 年到 2019 年，林地从 68.46% 上升到 79.27%，面积增加 230.13 平方公里。草地从 11.64% 下降到 8.66%，面积减少 63.46 平方公里。耕地从 5.53% 下降到 0.90%，面积减少 98.52 平方公里。园地从 7.28% 下降到 3.39%，面积减少 82.8 平方公里。建设用地、菜地、水体和未利用地变化都不大。

12. 平谷区

从遥感监测数据看，2009—2019 年，北京市平谷区的土地利用消长变化，总体上呈现出林地增长，园地、耕地、草地下降的趋势。其中，2009 年到 2019 年，居民地比重从 16.62% 下降到 16.32%，面积减少 2.77 平方公里。园地从 18.14% 下降到 14.80%，面积减少 31.34 平方公里。耕地从 9.38% 下降到 6.07%，面积减少 31.12 平方公里。草地从 6.97% 下降到 1.03%，面积减少 55.82 平方公里。菜地从 0.24% 上升到 0.71%，面积增加 4.49 平方公里。建设用地趋于稳定。未利用地和水体变化都不大。

13. 密云区

从遥感监测数据看，2009—2019 年，北京市密云区的土地利用消长变化，总体上呈现出园地、林地和水体增长，草地、耕地和居民地下降的趋势。其中，2009 年到 2019 年，居民地比重从 8.88% 下降到 6.51%，面积减少 52.7 平方公里。林地从 64.60% 上升到 66.59%，面积增加 45.4 平方公里。耕地从 8.37% 下降到 1.27%，面积减少 157.55 平方公里。草地从 7.58% 下降到 3.17%，面积减少 97.92 平方公里。未利用地从 3.70% 下降到 3.33%，面积减少 8.22 平方公里。园地从 1.97% 上升到 12.03%，面积增加 223.59 平方公里。水体从 3.93% 上升到 6.63%，面积增加 60.02 平方公里。建设用地和菜地变化都不大。

14. 延庆区

从遥感监测数据看，2009—2019 年，北京市延庆区的土地利用消长变化，总体上呈现出园地、林地、居民地增长，耕地和草地下降的趋势。其中，2009 年到 2019 年，居民地比重从 5.14% 上升到 6.24%，面积增加 21.71 平方公里。林地从 67.45% 上升到 68.99%，面积增加 30.32 平方公里。耕地从 16.14% 下降到 2.26%，面积减少 275.15 平方公里。园地从 1.23% 上升到 15.39%，面积增加 280.56 平方公里。草地从 8.12% 下降到 4.43%，面积减少 73.14 平方公里。建设用地、菜地、水体和未利用地变化都不大。

（供稿：北京市农村经济研究中心资源区划处）

北京市生态涵养区绿色发展监测评价指标体系研究报告（节选）

生态涵养区作为首都重要的生态屏障和水源保护地、城市的"大氧吧"和"后花园"，在北京城市空间布局中处于"压轴"的位置。北京市委、市政府《关于推动生态涵养区生态保护和绿色发展的实施意见》（以下简称《意见》）中明确将保障首都生态安全作为生态涵养区的主要任务，提出要走出一条特色化、品牌化、差异化的高质量发展之路，着力将生态涵养区建设成为展现北京美丽自然山水和历史文化的典范区、生态文明建设的引领区、宜居宜业宜游的绿色发展示范区。2017 年 7 月 19 日，蔡奇同志在延庆就"两贯彻一落实"、迎接党的十九大进行专题调研时强调，生态涵养区不是不要发展，而是要更好、更高水平、更可持续发展。

一、生态涵养区绿色发展监测评价方法构建

（一）理论依据：生态涵养区绿色发展的核心要义

生态涵养区绿色发展，是以效率、和谐、持续为目标，为应对复杂经济形势和资源环境的挑战，以绿色创新为桥梁，以绿色经济为核心，以绿色惠民为价值取向，依靠科技进步，倡导绿色生活，融合经济学、社会学与生态学三个方向，开展生态文明建设的一种经济增长和社会发展的状态。从生态涵养区绿色发展的内涵出发，可以汲取出生态涵养区绿色发展具有四大特征，即经济性、低碳性、安全性与可持续性。四大特征的落脚点都在"发展"，因此，监测评价指标体系的构建也应突出发展、突出动态。

本研究基于生态涵养区绿色发展的四大特征以及《意见》总要求，从五个维度构建生态涵养区绿色发展监测评价指标体系，即经济增长、资源利用、生态涵养、绿色活力、绿色生活。

（二）指标选择的基本原则

生态涵养区绿色发展监测评价指标体系的构建主要考虑其目标导向性、全面系统性与可操作性。

一是目标导向性。绿色发展监测评价指标体系构建，对于北京市生态涵养区的发展具有"指挥棒"的作用，以目标导向为基础，有利于北京市生态文明建设和绿色转型发展。

二是全面系统性。指标能够对生态涵养区绿色发展的环境保护、生态建设、减量发展、就业增收、城市服务、创新开放等多个领域进行评价，从而能够较好地反映生态涵养区绿色发展的水平。

三是可操作性。指标的设计要求概念明确、定义清楚，能方便采集数据和收集情况。同时，指标评价的结果不仅反映生态涵养区绿色发展的总体水平，还可以显示其短板，能够进一步改善生态涵养区绿色发展方式。

（三）监测评价指标体系构建

依循 2016 年国家发展改革委、国家统计局、环境部、中央组织部制定的《绿色发展指标体系》和 2019 年北京市印发的《关于推动生态涵养区生态保护和绿色发展的实施意见》要求，本文从五个维度构建生态涵养区绿色发展监测评价指标体系，对生态涵养区绿色发展水平进行评价。

五个维度包括：经济增长、资源利用、生态涵养、绿色活力、绿色生活（表1）。

表1 生态涵养区绿色发展监测评价指标体系

二级指标	序号	三级指标	指标解释	数据可获得性
经济增长	1	地区生产总值增长率	（当年地区生产总值/上年地区生产总值）－1	有
	2	居民人均可支配收入增长率	（当年人均可支配收入/上年人均可支配收入）－1	有
	3	高新技术产业增加值占 GDP 比重	高新技术产业增加值/GDP	有
	4	生态旅游产业增加值占 GDP 比重	生态旅游业增加值/GDP	无
资源利用	5	单位 GDP 能源消耗总量下降率	1－［（当年能源消费总量/GDP）/（上年能源消费总量/GDP）］	有
	6	单位 GDP 二氧化碳排放总量	二氧化碳排放总量/GDP	无
	7	单位 GDP 二氧化硫排放总量	二氧化硫排放总量/GDP	无
	8	单位 GDP 氮氧化物排放总量	氮氧化物排放总量/GDP	无
	9	单位 GDP 氨氮排放总量	氨氮排放总量/GDP	无
	10	化肥使用减量化率	1－［（当年化肥施用量/农作物播种面积）/（上年化肥施用量/农作物播种面积）］	有
	11	万元地区生产总值水耗下降率	1－（当年万元地区生产总值水耗/上年万元地区生产总值水耗）	无
	12	再生水利用增长率	（当年再生水利用量/上年再生水利用量）－1	有
生态涵养	13	森林蓄积量	指一定森林面积上存在着的林木树干部分的总材积	无
	14	森林覆盖率	森林覆盖率	有
	15	废弃矿山恢复治理面积	废弃矿山恢复治理面积	无
	16	林木绿化率	林木绿化率	有
	17	生态控制区面积占市域面积的比例	以生态保护红线、永久基本农田保护红线为基础，将具有重要生态价值的山地、森林、河流湖泊等现状生态用地和水源保护区、自然保护区、风景名胜区等法定保护空间划入生态控制线	无
	18	生物多样性指数	应用数理统计方法求得表示生物群落的种类和个数量的数值，用以评价环境质量	无
	19	农村污水处理率增长率	［（当年污水处理量/污水排放量）/（上年污水处理量/污水排放量）］－1	无
	20	化学需氧量排放总量	化学需氧量指用化学氧化剂氧化水中有机污染物时所需的氧量。COD 值越高，表示水中有机污染物污染越重	无

（续）

二级指标	序号	三级指标	指标解释	数据可获得性
生态涵养	21	地表水达到或好于Ⅲ类水体比例增长率	［（当年地表水达到或好于Ⅲ类水体面积/水体总面积）/（上年地表水达到或好于Ⅲ类水体面积/水体总面积）］－1	无
	22	细颗粒物（PM2.5）年均浓度下降率	1－［当年细颗粒物（PM 2.5）年均浓度/上年细颗粒物（PM 2.5）年均浓度］	有
	23	空气质量优良天数比率	空气质量优良天数分别占总天数的比重	无
绿色活力	24	研究与试验发展经费支出占地区生产总值的比重增长率	［（当年规模以上工业与信息传输、软件和信息技术服务业研究与试验发展经费支出/GDP）/（上年规模以上工业与信息传输、软件和信息技术服务业研究与试验发展经费支出/GDP）］－1	有
	25	本区引进海外高层次人才创新创业人数	本区引进海外高层次人才创新创业人数	无
	26	大型国际会议及展览个数	国际会议是指在中国境内举办的，与会者来自3个或3个以上中国大陆以外国家和地区（含港、澳、台地区）的会议、论坛、研讨会、报告会、交流会等；国际展览指中国大陆以外国家和地区（含港、澳、台地区）的参展商参展面积达到该次展出面积20%以上的展览个数	无
	27	旅游人数增长率	（当年旅游人数/上年旅游人数）－1	有
	28	生态旅游产业从业人数	生态旅游产业从业人数	无
	29	生态环保投入占GDP比重增长率	［（当年生态环保投入/GDP）/（上年生态环保投入/GDP）］－1	无
	30	公众对生态环境质量满意程度	通过调查问卷数据获得	无
绿色生活	31	绿色食品产量增长率	（当年绿色食品产量/上年绿色食品产量）－1	有
	32	有机食品产量增长率	（当年有机食品产量/上年有机食品产量）－1	有
	33	食品安全监测抽检合格率	是指大米、小麦粉、蔬菜、食用油、豆制品和猪肉6类食品安全监测抽查样品合格组数占抽样样品总组数的比例。6类食品抽检样品合格组数/抽检样品总组数	无
	34	绿色食品原料标准化生产基地面积增长率	（当年绿色食品原料标准化生产基地面积/上年绿色食品原料标准化生产基地面积）－1	无

（续）

二级指标	序号	三级指标	指标解释	数据可获得性
绿色生活	35	居民人均消费支出增长率	（当年人均消费支出/上年人均消费支出）－1	有
	36	生活垃圾无害化处理率增长率	（当年生活垃圾无害化处理率/上年生活垃圾无害化处理率）－1	有
	37	人均公园绿地面积增长率	（当年人均公园绿地面积/上年人均公园绿地面积）－1	有
	38	人口平均预期寿命	是指假若当前的分年龄死亡率保持不变，同一时期出生的人预期能继续生存的平均年数	无
	39	绿色出行增长率	绿色出行主要指居民选择步行、自行车、公共汽车以及地铁等公共交通工具出行	无

（四）监测评价指标说明

生态涵养区绿色发展的监测评价维度分为经济增长、资源利用、生态涵养、绿色活力、绿色生活5个方面。

其一，经济增长维度。经济增长维度主要包含生态涵养区经济增长带动辖区居民增加收入的效果与新兴产业发展等指标。其中，居民人均可支配收入增长率表征经济产值的增加为辖区居民带来的直接经济收益；由于生态涵养区各区县立足生态承载能力和资源禀赋，高新技术产业及生态旅游产业增加值占GDP比重表征产业结构升级情况。

其二，资源利用维度。资源利用维度的评价主要包含能源消耗、主要污染物排放、化肥施用量、水资源利用的监测评价。单位GDP能源消耗总量下降率表征能源结构升级的情况；单位GDP二氧化碳排放总量、单位GDP二氧化硫排放总量、单位GDP氨氮排放总量和单位GDP氮氧化物排放总量等表征主要污染物排放情况；化肥使用减量化率表征农业产品污染防治提升情况；万元地区生产总值水耗下降率和再生水利用增长率表征水资源消耗总量下降及利用效率提升状况。

其三，生态涵养维度。生态涵养维度主要包含森林、矿山、水资源、大气质量以及生物多样性的评价。用森林蓄积量、森林覆盖率监测评价森林生态系统的质量提升情况；用废弃矿山恢复治理面积监测评价废弃矿山的恢复情况；用林木绿化率来表征绿化程度；用生物多样性指数监测生态涵养区的物种多样性情况；用农村污水处理率增长率、化学需氧量排放总量和地表水达到或好于Ⅲ类水体比例增长率分别表征农村污水利用情况与水质提升情况；用细颗粒物（PM2.5）年均浓度、空气质量优良天数比率表征大气质量的改善。

其四，绿色活力维度。绿色活力维度主要评价支持生态涵养区可持续发展的内趋动力发展状况。其中，全社会研究与试验发展经费支出占地区生产总值的比重增长率与生态环保投入占 GDP 比重增长率表征政府对绿色发展的支持程度；用本区引进海外高层次人才创新创业人数、大型国际会议个数与国际展览个数表征生态涵养区绿色发展带来的城市知名度与城市活力；用旅游人数增长率与生态旅游产业从业人数表征绿色发展激发旅游产业活力情况；用公众对生态环境质量满意程度表征绿色活力主体的主观感受。

其五，绿色生活维度。绿色生活维度主要以人民为主体进行监测评价。用居民人均消费支出增长率表征居民总体消费水平情况；用绿色食品产量增长率、有机食品产量增长率、食品安全监测抽检合格率、绿色食品原料标准化生产基地面积增长率表征食品安全情况；用生活垃圾无害化处理率增长率表征居民生活环境的清洁情况；用人均公园绿地面积增长率表征居民生活环境提升情况；人均预期寿命表征绿色发展对人民健康的提升情况。绿色出行主要指居民选择步行、自行车、公共汽车以及地铁等公共交通工具出行，居民越倾向于绿色出行，越有利于减少能源的消耗和污染气体的排放，因此该指标反映居民出行方式环境友好的上升程度。

二、生态涵养区绿色发展监测评价规程

（一）监测评价的时间要求

按照监测评价方法设计，评价时间段能够做到对年度经济发展成果进行评价。为了检验评价方法的科学系和合理性，本文选择官方公布的数据进行实证研究。根据官方公开数据的时间，本报告选择评价 2007—2017 年生态涵养区各区绿色发展情况，并进行排序。

（二）监测评价的数据标准

数据的可靠性直接关系到评价结果的公信力。为此，本报告选择由官方发布的统计数据，数据来源为北京市统计局和国家统计局北京调查总队共同编写的《北京区域统计年鉴（2008—2018）》。

（三）监测评价的主要步骤

1. 指标数据处理

指标体系内各指标的绝对数物理意义不同，导致数据的量纲不同。统计学中，不同量纲的数据不能直接进行比较。由于本文指标均通过采用增长率或下降率的形式进行了相对化处理，即进行了无量纲化处理，可以直接进行比较。三级指标数据为基础数据，由公式计算得到。

2. 指标权数确定

在生态涵养区绿色发展监测评价计算过程中，各指标要素权重的确定是事关绿色发展评价的关键。本报告评价指标体系的权重确定采用综合集成赋权法，即采用主观赋权法中的层次分析法（AHP）确定权重 W'，采用客观赋权法中的熵权法确定评价指标权重 W''；最后对 W' 和 W'' 进行综合赋权，得到最终评价权重 W。

3. 指数计算模型

生态涵养区绿色发展监测评价指标的计算，在确定各评价因子权重的基础上，采用线性加权求和法。计算公式为：

$$I_n = \sum \omega_i x_i$$

其中，I_n 为第 n 年生态涵养区绿色发展监测评价指标；x_i 为一致化后的第 i 个无量纲指标；ω_i 为第 i 个无量纲指标的权重。

三、监测评价的结果应用

需要指出的是，由于指标体系中部分指标官方数据尚未能获得，将不作为方法检验的指标，意味着实证检验中纳入指标体系并进行计算的指标仅为 15 个。如果官方采用指标体系，需要进一步要求统计相关指标数据。

健全完善生态涵养区绿色发展监测指标体系，增加相关数据的获取渠道，可利用该考评结果作为生态涵养区党政领导干部奖惩任免、市级财政转移支付额度分配、市级重大活动和重大项目落地选择的重要依据。

（供稿：北京市农村经济研究中心资源区划处）

农村人居环境整治与休闲农业发展
有机结合体制机制研究

改善农村人居环境，建设美丽宜居乡村是实施乡村振兴战略的一项重要任务，是党中央从战略和全局高度做出的重大决策，事关全面建成小康社会，事关广大农民福祉，事关农村社会文明和谐。

2019 年中央 1 号文件中明确提出，抓好农村人居环境整治三年行动，鼓励社会力量积极参与，将农村人居环境整治与发展乡村休闲旅游等有机结合。《北京市乡村振兴战略规划（2018—2022 年）》中提出要像抓城市工作一样抓好"三农"工作，要像抓城市背街小巷一样抓好农村人居环境，要像抓城市治理一样抓好乡村治理。"背街小巷"和"农村人居环境"是习近平总书记在北京调研时提到的两块短板，前者主要是针对城，后者是针对乡，都是城乡发展过程中亟待解决的问题和难点。

在发展中遇到的问题，要以发展的方式解决。因此，为了响应中央的号召和要求，需要寻求北京市在农村人居环境整治与休闲农业发展这两个领域的突破和创新，希望通过本研究，能为应对首都面临的农村人居环境短板和休闲农业消费滞涨的双重压力和挑战献计献策。

一、农村人居环境整治与休闲农业发展有机结合的重要意义

本课题研究内容集中在探讨北京地区二者有机结合的体制机制，促进北京市农村人居环境的改善和休闲农业的提档升级，助力美丽乡村建设和乡村振兴战略。

如果把农村人居环境整治和休闲农业乡村旅游放进乡村振兴战略的伟大背景中，农村人居环境对标乡村振兴战略二十字总要求的"生态宜居"，休闲农业产业发展对标"产业兴旺"，二者都是首都乡村振兴战略稳步推进的有力抓手。用习近平总书记提出的"绿水青山就是金山银山"来衡量两者之间的关系，农村人居环境整治就是建设好、守护好绿水青山，而休闲农业和乡村旅游就是撬动绿水青山变为金山银山的金杠杆。二者的有机结合对于美丽乡村和美丽中国的建设有着重要意义。

（一）农村人居环境整治为发展休闲农业打好基础，休闲农业发展为农村人居环境整治注入动力

《北京城市总体规划（2016—2035年）》中提出"发展城市功能导向型产业和都市型现代农业"的要求。新时代的农业不仅仅是提供蔬菜瓜果这些农产品，更重要的是为新时代的新消费需求提供更多的生态产品、文化产品、康养产品、休闲产品。新时代呼唤新需求，新需求的前提一定是要求良好的农村生态环境，这就需要将农村地区目前存在的环境污染治理好，生产生活中产生的"三废"得到科学处理，脏乱差的地区整理好，实现"人能进来"。

只谈人居环境整治，不谈产业发展的美丽乡村是不可持续的。乡村的村容整洁和生态宜居不仅要为本地村民所享用，也要为城市居民来享用。城市居民享用美丽乡村资源，是来乡村休闲、旅游、养生的，是付费的市场行为。在这种情况下，乡村环境效益就会产生经济效益，当地的村民就可以转变为第三产业从业者，进而产生改善和维护乡村环境的内在激励和动力，实现推进美丽乡村建设和推动乡村经济发展的有机统一、良性互动。有了繁荣的产业，乡村就成为一个有机体，可以实现自我更新和可持续发展。

（二）二者的有机结合是首都"三农"高质量高水平发展的必然要求

休闲农业的发展一定是以一产为基础和重要支撑，首都的农业发展要从增产导向转向提质导向，必然会带动农业的转型升级。在这个过程中，农村的环境保护是本底，农业的科技创新是关键。我们一方面要保护好农村的生产生活环境，更为重要的是借助科技的力量，将国际国内各项先进的农业提质增效技术、绿色防控技术等推广和应用起来，用先进科学技术与现代化的管理手段改造传统农业，实现农业、农村经济和生态的良性循环和可持续发展，把农产品品质升起来，把化肥农药使用量降下来，把优质农产品的价格提起来，农民的腰包鼓起来，进而唱响质量兴农、绿色兴农、品牌强农的主旋律。

（三）二者的有机结合是实现城乡融合和"三农"转型的重要举措

农村人居环境整治最基本的目标是"宜居"，而农村人居环境整治与休闲农业发展有

机结合的目标是"宜居宜业宜游",既秉承和发展了农村人居环境和美丽乡村建设的宗旨思路,又拓宽了其意义和价值。首先要宜居,让身在乡村的老百姓能享受到和城里人一样的舒适便捷;其次要宜业,在家门口实现就业,这样可以吸引农民回乡,增加人气;还要宜游,让城里人进得来,有的看,留得住。更为重要的是通过深入挖掘生态乡村文化,将核心价值观深层次融入乡村文化中,从而实现传统农业向生态农业转型、传统乡村向生态村镇转型、传统农民向生态居民转型。

二、北京市农村人居环境整治与休闲农业发展现状

(一)北京市农村人居环境整治工作进展

北京市明确了农村人居环境整治和美丽乡村建设的三步走:2018 年,重点推进主要道路沿线、旅游区及重点场所周边村庄的环境整治和美丽乡村创建工作,启动实施 1 107 个村庄的美丽乡村建设工作;2019 年,继续加强农村基础设施和公共服务设施建设,完成其余村庄规划编制和一批美丽乡村建设工作;2020 年基本完成全市农村环境整治任务。

从北京市农业农村局得到的数据,截至 2018 年 8 月,北京市累计实施街坊路硬化总量 1 亿平方米、建设污水处理站 1 054 座,建设达标公厕 6 522 座、户厕 78 万座,郊区农村生活垃圾无害化处理率达 99.5%,实施村内绿化 4 475 立方米,安装路灯 35 万盏(其中太阳能路灯 17 万盏),"煤改清洁能源"完成村庄 2 513 个、95 万户。毋庸置疑,这些年北京农村人居环境下了很大的功夫,做了不少的工作。但是,平均到北京市的 3 930 个村,我们会发现,平均每 4 个村有 1 个污水处理厂,每个村有 2 座公厕、90 盏路灯,其中太阳能路灯 43 盏。2014 年以来,市、区两级投入约 250 亿元,而且随着人居环境整治三年行动的落实,政府投入呈现出逐年增加的趋势。

2018 年 9 月,中央对北京市农村人居环境整治工作进行第一轮督导,主要调研了村庄规划、村容村貌整治提升、农村生活垃圾治理、农村生活污水治理、厕所粪污治理、农村生产废弃物资源化利用等重点工作推进情况。督导组提出三条建议:一是山区污水处理任务艰巨,要因地制宜、分类施策,按照既定计划推进;二是对农村的基础设施要坚持建、管、养、运并重,注重充分发挥村民主体作用和积极性,避免等、靠、要和过度依赖政府的情况;三是充分发挥首都在全国的引领示范作用。

2019 年初,北京市成立了由市委书记蔡奇任组长,市委副书记、市长陈吉宁为副组长的市委农村工作领导小组统筹推进农村人居环境整治。同时,将农村人居环境整治工作纳入市委书记点评会内容。延庆、房山、通州等区已经建立环境整治"周检查、周通报、月考评、月排名"制度。区级上心调度、镇级用心落实、基层群众配合,使得农村人居环境发生了由表及里、由量到质的变化。

(二)北京市休闲农业发展现状

北京休闲农业与乡村旅游正在进入由快速发展期向成熟期转变的转型期。2018 年,全市农业观光园 1 172 个,实现总收入 27.3 亿元。民俗旅游实际经营户 7 783 户,实现总

收入 13 亿元。2018 年全市休闲农业和乡村旅游的收入共计 40.3 亿元。

2019 年 11 月 5 日，市委副书记、市长陈吉宁就《昨日市情》中"本市休闲农业和乡村旅游发展瓶颈亟须突破"做了批示。文中写道："自 2017 年 2 季度起，全市观光园和乡村旅游接待人次出现下降，2019 年 1—3 季度，观光园和乡村旅游接待人次、收入同比分别下降 10.4%、7.3%，一方面，在'大棚房'专项清理整治活动中，部分休闲设施因不合规被拆除，产业发展和用地需求矛盾凸显；另一方面，2015—2018 年全市观光园和乡村旅游人均消费分别为 96.9 元、93.1 元、101.7 元和 102.3 元，与 2018 年全市旅游人均消费 1 880.1 元相比，整体消费水平偏低，且增长幅度较小。"

这已经不是首次，在 2018 年，根据北京市统计局、国家统计局北京调查总队发布数据，2018 年第 1—3 季度，全市观光园总收入 198 240.5 万元，同比下降 4.2%，接待人次 1 385.2 万人次，同比减少 6.5%；全市民俗旅游总收入 100 920.3 万元，同比下降 7.8%，接待人次 1 572.6 万人次，同比减少 8.7%。这样的情况，再一次证明了，乡村旅游接待人次增速下降，人均消费水平滞涨已成为北京休闲农业和乡村旅游发展必须要破解的难题。

从 2019 年开始，北京市实施"休闲农业十百千万工程"，着力打造十余条精品线路、创建百余个美丽休闲乡村、提升千余个休闲农业园区、改造近万家民俗乡居。京郊农村，在疏解了低端制造业，革除"瓦片经济"之后，必将为休闲农业与乡村旅游腾出大量的发展空间。所以，新时代北京休闲农业的发展方向，既不能走"村村点火、户户冒烟"低水平重复建设的老路，也不能走跑马圈地、变相搞房地产的邪路，而应积极运用城市要素，对农业资源进行深开发、巧开发，以生态宜居的乡村环境为基础，既提供有形的生态农产品，又提供无形的休闲体验产品，走引导健康生活方式、创造美好生活的正路。

随着人民对美好生活的向往，"忆苦思甜"型的乡村游产品已经失去吸引力。对现阶段的首都居民而言，"乡村"与"农业"代表的是美好的自然生态空间、慢节奏的休闲生活，是美好的田园梦，是"寻找乡愁"的地方，并非等同于"贫穷""落后"的刻板形象。但是，在京郊农村，"新而不美""富而不美""古而不美""千村一面""同质化、低端化"等问题表现突出，资金投入与项目产出不平衡。因此，要围绕首都特色农业资源，充分利用城市创意设计资源，提高农业领域的创意和设计水平，在休闲农业园、民俗旅游村、田园综合体营造乡村生活美学，提高美学品位，让休闲农业更"美"；还要拓展"休闲"的积极内涵，促进农业与教育、文化、体育、健康、养老等产业深度融合，通过乡村休闲产业，引导积极、健康、绿色的生活方式，满足乡村闲住、农事体验、亲子教育、购买生态农产品、社交等新兴需求，让休闲农业更"好"。

（三）2019—2020 年关于农村人居环境和休闲农业发展的工作重点

北京市以实施乡村振兴战略为总抓手，准确把握"大城市小农业""大京郊小城区"的市情农情，明确了今后两年的工作思路。

围绕"三项重要任务"抓工作，在高标准上下功夫，其中农村人居环境是最紧要的第一项重要任务。围绕首都"三农"特点抓工作，在高质量上下功夫，把绿色优质农产品供应、优美生态环境保障、农民转移就业和持续增收等文章做好做优。围绕具体目标抓工作，在高水平上下功夫；围绕调动农民积极性抓工作，在广泛动员上下功夫，要最大限度地引导、支持农民自主组织实施或参与村庄基础设施建设、农村人居环境整治和绿色生态建设，让农民从劳动中获得收益。

2019年5月25日，中共北京市委、北京市人民政府印发《关于落实农业农村优先发展扎实推进乡村振兴战略实施的工作方案》中提出要加快补齐人居环境短板，营造乡村新面貌，具体包括七项举措：一是实施"百村示范、千村整治"工程专项行动，按照"清脏、治乱、增绿、控污"要求，每年集中推进1 000个左右村庄人居环境整治和美丽乡村建设。到2020年底，美丽乡村建设取得重要进展，初步创建100个左右示范引领村，高水平完成农村人居环境整治任务；二是开展村庄清洁专项行动，着力解决垃圾乱丢乱扔、柴草乱堆乱积、污水乱泼乱倒、墙壁乱涂乱画、畜禽乱撒乱跑等环境"脏乱差"现象和不文明行为；三是推进农村厕所革命专项行动；四是推进农村生活垃圾治理专项行动；五是推进农村生活污水治理专项行动；六是推进乡村绿化美化专项行动；七是推进"四好农村路"建设专项行动。

对标全面建成小康社会"三农"工作必须完成的硬任务中，第三项硬任务是聚力精准施策，持续激发乡村发展活力。其中措施三是加快提升休闲旅游发展质量。重点打造好"两类精品"：一是打造一批休闲农业和乡村旅游精品线路；二是抓紧制定出台乡村民俗健康发展指导意见，带动传统农家乐提档升级。从2019年开始，北京市计划实施"休闲农业十百千万工程"，着力打造十余条精品线路、创建百余个美丽休闲乡村、提升千余个休闲农业园区、改造近万家民俗乡居。

（四）存在问题

一是政策、资金、人才、资源等集成度不高。"百村示范、千村整治"的工作重点在农村的厕所、垃圾、污水、基础设施等领域；美丽乡村建设要坚持规划先行，截至2019年11月，累计完成村庄规划编制成果2 028个，村庄规划的投入一般在30万至上百万；2018年安排市级美丽乡村建设引导资金41.1亿元；2019年农村人居环境美丽乡村建设引导资金52亿元；低收入村（户）增收方面的资金配备，2016年，以家庭年人均可支配收入低于11 160元为基本标准，234村（超过一半人口）7.26万户，约15.6万人，三年安排市级财政资金9.6亿元用于专项帮扶。这还仅仅是农口的财政资金，再加上文旅局、科委、园林局等其他部门的资金投入，数额很庞大。但是效果依然不尽如人意，表现在"三重、三轻"，即"重规划、轻落实""重环境、轻产业""重资金安排、轻带农模式探索"。二是政策的不稳定性。2018年"大棚房"整治，影响社会资本的投资信心，影响有农业情怀的新农人的创业信心，影响政府公信力。比如，北京某郊区文旅局为了配合马拉松比赛，用财政的资金修建了十余座休息亭，而规划国土部门又用财政的资金把这些设施拆除了。这种由于部门行政分割、沟通不顺畅、各管一块、缺乏统筹的工作作风既浪费了资金，又严重损害了政府公信力。三是体制机制的不完善。热衷于一窝蜂地运动，运动过后或领导关注点转移后，再无人关注。人居环境整治、硬件环境等都可在短时间内见效，但是长期维护机制、人文精神提炼挖掘、核心价值的沉淀凝聚等需要更加持续的投入和关注。

三、思考及建议

在研究过程中我们发现，目前在全国人居环境比较好的地区，休闲农业发展也很好，如浙江安吉、陕西留坝、海南琼海。这也再一次印证了，农村人居环境整治一定是休闲农业发展的先决条件；休闲农业发展好的地区，农村人居环境整治一定好。通过吸收经验，结合北京实际，深入思考如何实现二者的有机结合？如何在体制机制上有所突破？我们想重点回答三个问题：谁来干？干什么？怎么干好？

（一）谁来干

谁来干，也就是要回答农村人居环境整治与休闲农业发展有机结合的参与主体有哪几方？如图 1 所示，参与主体包括政府、社会和农民。

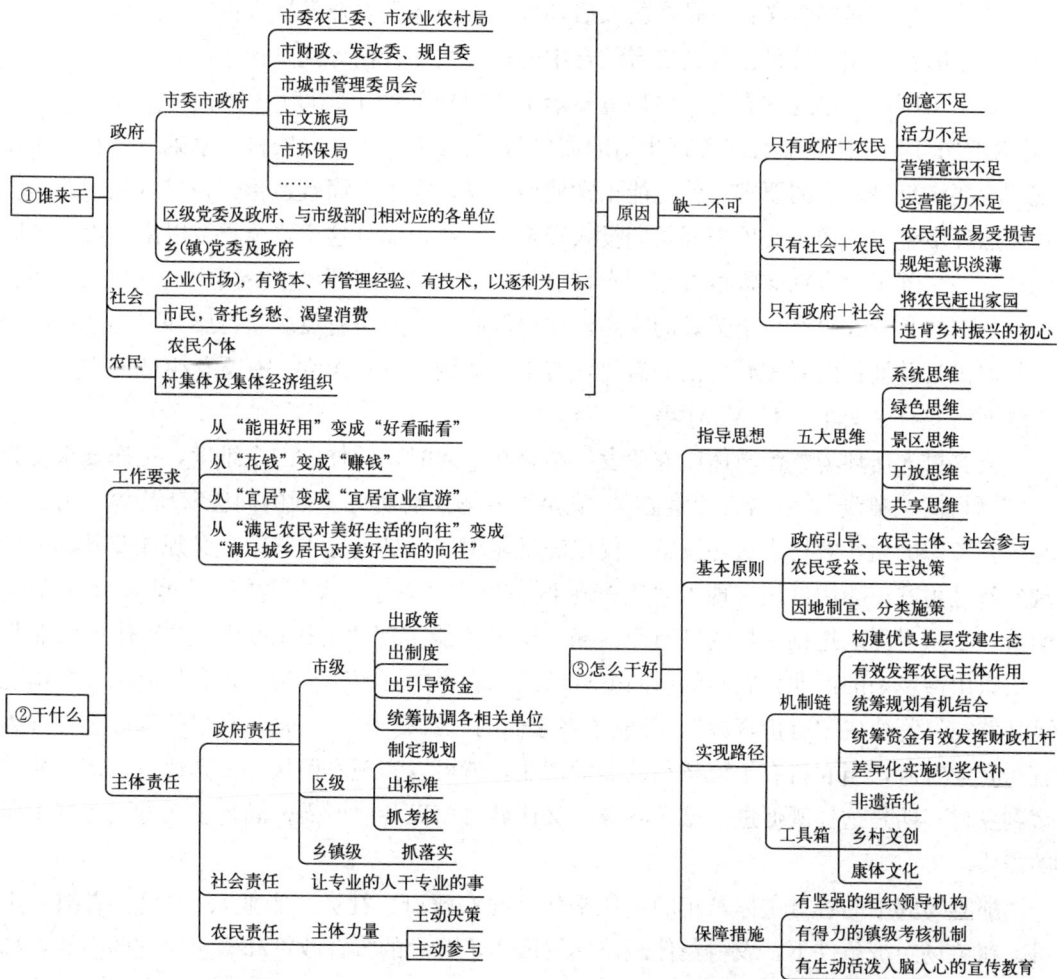

图 1　农村人居环境整治与休闲农业发展有机结合的体制机制研究

政府指的是市、区、乡（镇）三级党委及政府。农村人居环境整治和休闲农业乡村旅游所涉及的政府部门包括：市委农工委、市农业农村局、市财政局、市发改委、市规自委、市城市管理委、市园林绿化局、市水务局、市文旅局、市环保局等部门、各相关区级政府部门和各乡镇政府。

社会包括企业和市民，也代表了市场。企业可以是带着资本投资的公司，也可以是轻资本运营的公司，还可以是专业的规划公司、负责垃圾处理、污水处理的公司。但是不管是哪一类公司，一定是要有专业化的分工和逐利的目标。市民是一个很广阔的团体，从城里来，到广袤的农村去，寻觅乡愁寄托乡愁，渴望消费，渴望绿色安全的农副产品、清新的空气、怡人的风景，渴望身体和心灵的双重放松。

农民既代表一个群体，也代表村集体及村集体经济组织，是农村人居环境整治的具体承担者，也是休闲农业产业发展的参与者和见证者。

（二）干什么

干什么包含两层含义：一是农村人居环境整治与休闲农业发展有机结合之后，工作要求发生了哪些变化？二是参与到二者结合中的各方主体责任分别是什么？

如图1所示，单纯的农村人居环境整治工作要求从四个维度可以归纳为"能用好用""花钱""宜居""满足农民对美好生活的需要"，其含义为：一是农村的基础设施和共用设施一定要满足最基本的要求，就是能正常使用，操作简单，而且运营管护成本低；二是农村人居环境整治工作是一项需要长期投入资金的工作，而且这个资金长久以来一直是政府包办，在京郊很少有社会资本参与到农村的基础设施和人居环境整治当中；三是人居环境整治的初心是让农民有一个美好的家园，住得舒心，让农民有更多获得感和幸福感；四是满足农民日益增长的对美好生活的需要，有干净的厕所、有澡堂、有文化生活的空间、有无线网络、有公交车、有ATM等。

当农村人居环境整治与休闲农业发展结合在一起时，同样的四个维度，工作要求变为"好看耐看""赚钱""宜居宜业宜游""满足城乡居民对美好生活的向往"。其含义为：一是统筹考虑的话，农村人居环境整治仅仅满足能用好用是远远不够的，必须在此基础上实现好看且耐看，能用好用实现了"让人进来"，好看实现了"美好的第一印象"，而要做到耐看，必须得深入挖掘农村的气质和内涵，这样才能实现"留得住人"；二是休闲农业是金山银山富乡亲的产业，农村的田园变成景区，农村的资源变成资本，农村的绿水青山甚至新鲜空气都变成"有价资源"，都成了乡亲们的"钱袋子"；三是在宜居的基础上提升为宜居宜业宜游，当农村有了可持续发展的产业，就可以实现农民从进城到返村，市民从城市到乡村；四是这样既促进了城乡融合，又让城乡居民各取所需，满足了双方对美好生活的需要。

那参与其中的各方主体承担的责任是什么呢？政府、社会（企业）、农民三者缺一不可。在市场经济条件下，农村集体经济的发展离不开党的方针政策和国家法规的引导，离不开各级党委和政府的支持，集体经济需要有适合自己的上层建筑和意识形态。对集体经济采取放任不管的态度，绝不是共产党的初心。

如果只有政府和农民，企业缺席的，那人居环境整治和休闲农业发展，创意不足，活力不足，营销意识和运营能力不足；只有企业和农民，政府缺席，则规矩意识淡薄，容易跑偏，而且农民利益容易受到损害；只有政府和企业，农民缺席，会出现将农民赶出自己的家园，违背了乡村振兴的初心。

从政府层面来看，市级政府出政策、出制度、出引导资金、起方向性引领作用，并协调各相关部门，保证参与各方的利益平衡；区级政府负有属地责任，要结合管辖区域内各乡镇特点，制定适宜的乡村产业发展规划，深入挖掘内涵，避免同质化竞争，出标准、抓考核，并协调本区各相关部门；乡镇级政府重点抓落实，按规划要求，发挥农民积极性和主动性，完成好各项任务。

从企业层面看，企业就是发挥各自的优势，让专业的人干专业的事。企业的责任一般有三种情况，一是带着资本来投资，二是带着技术来实施，三是带着专业人员来运营，也可能是其中两者或三者兼有。

从农民层面看，广大的农民是农村的主人，也是农村人居环境整治和休闲农业产业发展的主体力量。农村环境整治成什么样？休闲农业产业的发展都离不开农民的主动决策和积极参与。农民习惯于躺在政府的怀抱里，各项工作多为自上而下的推动工作，农民群众自身的创造力和聪明才智未被充分挖掘和发挥，农民群众的主动性和积极性未被充分调动。

（三）怎么干好

怎么干好包含四层含义：一是指导思想；二是基本原则；三是实现路径；四是保障措施。

1. 解放思想，具备五种思维

从"党是领导一切"的角度出发，要全面贯彻党的十九大和十九届三中、四中全会精神，深入贯彻习近平总书记中国特色社会主义思想，认真落实党中央、国务院决策部署，牢固树立和贯彻落实创新、协调、绿色、开放、共享的发展理念，以绿水青山就是金山银山理念为指引，以北京城市总体规划和分区规划为依托，以补齐农村人居环境短板、突破休闲农业发展瓶颈、推进城乡融合发展为目标，增进民生福祉，实现以生态文明为导向的美丽乡村和经济社会的可持续发展。

从执行层面出发，要具备五种思维：系统思维、绿色思维、景区思维、开放思维、共享思维。系统思维即要将农村人居环境整治和休闲农业有机结合贯穿在方方面面，以发展产业为人居环境整治的目标，要立足当下，谋划长远，比如污水的处理能力要对游客的数量有初步预判，公共设施的设置要与当地的景观和文化相协调，并且将二者所涉及的资金统筹、资源统筹、部门统筹、人员统筹，整体谋划要清晰，细节谋划要到位。绿色思维即以生态农业、有机农业为依托，以循环经济理念为指引，以可持续发展为目标，加强对农村生态环境的保护和治理，实现绿色发展。景区思维即要把村庄按照景区来打造，实现田园变景区；要把村庄按照景区来管理，实现农民变职工；要用创意把农产品开发成衍生品，实现从土变洋；要把农民的生活开发成农事体验活动和城市人向往的生活，从而延长产业链和游客停留时间。开放思维即要目光长远，打破思维定式，欢迎能人回乡、新农人下乡，本着把蛋糕做大的原则，学着多视角、全方位地看问题，坚持高标准规划、高起点实施，具有世界眼光、中国特色、首善要求。共享思维即把乡村当作城乡融合的基地和城里人寻找乡愁的地方，引导全民参与，让乡村成为城乡共享的美好家园。

2. 坚持三项基本原则

政府引导、农民主体、社会参与。明确政府的方向引导、农民的主体地位和社会的参与作用，推进村庄环境和产业发展统筹规划，破除体制机制障碍，引导和鼓励新技术、新材料用于农村人居环境整治和休闲农业产业发展，提高市场化、专业化程度。

农民受益、民主决策。发挥农民作为农村人居环境整治直接受益主体的作用，引导农民和农村集体经济组织积极参与项目建设和管理，推动决策民主化，保障农民知情权、参与权和监督权。

因地制宜、分类施策。结合北京市各地区的发展目标和自然条件，探索适合不同地区、不同特点的农村人居环境和休闲农业发展有机结合的体制机制。

3. 建设五项制度，形成"机制链"

（1）构建优良基层党建生态。王宏甲同志在《塘约道路》中说："从中国共产党诞生到中华人民共和国成立，有两个支部发挥了巨大作用，一是党支部建在连上，二是党支部建在村里。"基层党组织与村民距离最近、联系最广、接触最多，也是最容易调动农民积极性的根据地。要牢固树立"一名书记就是一个榜样、一名党员就是一面旗帜、一个支部就是一座堡垒"，加强农村基层党组织建设，构建优良基层党建生态。

（2）有效发挥农民主体作用。在坚持党建引领的前提下，构建村民参与、村民决策、村民建设、村民受益、村民管理的全过程机制。建议一方面鼓励农民和村集体经济组织全程参与到农村人居环境整治的规划、建设、运营和管理当中；一方面注重激励和宣传引导，让农民知道为什么做，怎么做；加强约束，强化村规民约对村民的责任义务要求。同时建立一个收集村民诉求并及时反馈的机制，避免村民缺乏参与途径和参与能力而影响整治效果，从而出现"政府在干、村民在看"的尴尬局面。

（3）统筹规划有机结合。规划是行动纲领，是建设目标。《北京城市总体规划（2016—2035年）》中提出，要将休闲农业和乡村旅游培养成北京郊区的支柱产业和惠及全市人民的现代服务业。如何落实规划要求？就要将乡村村容村貌的规划与产业规划有机结合，将农村人居环境的规划与建设，与休闲农业和乡村旅游的特点与要求紧密结合，既有生态环保、美化绿化的功能，更有文化创意、陶冶情操、体验休闲等功能。从顶层设计统筹谋划，可以达到事半功倍的效果。

（4）统筹资金有效发挥财政杠杆作用。财政资金要起到"四两拨千斤"的作用，按照现有资金投入规模持续长期投入，对于"疏整促"的北京财政而言，一定压力越来越大。以财政资金作为杠杆，撬动各类社会资本投向农村，着力改善农村人居环境，提高农村基础设施和公共服务有效供给水平。加大资金投入与资源整合力度，充分发挥财政资金的引导作用。可借鉴扶贫资金管理模式，有效整合农村环境整治资金、重点生态保护修复治理专项资金、水污染防治专项资金、高标准基本农田建设补助资金、产业融合资金等相关涉农财政资金，集中资源、统筹整合，增强资金合力，服务于农村人居环境整治和休闲农业发展中。

（5）差异化实施以奖代补。中央一直在鼓励农业产业化、农业三产融合发展，相继出台文件来保障非农建设用地，但落实情况并不理想，特别是北京作为首都，在用地政策上更为谨慎，因此，农业产业融合发展长期处于"一脚踩油门、一脚踩刹车"的状态。但京郊的休闲产业发展已经到了愈进愈难、愈进愈险，而又非进不可、不进则退的地步。因此，建议结合不同地区不同定位，构建有区别的奖励机制（表1）。

表1　不同区域奖励政策和组织机构

区　域	涉农区	功能定位	奖励政策	组织机构
生态涵养发展区	平谷、怀柔、密云、延庆、门头沟、房山和昌平的山区	首都重要的生态屏障和水源保护地，主要任务是保障首都生态安全，建设宜居宜业宜游的生态发展示范区	人居环境整治效果为优秀，奖励"最高等级"产业发展资金＋3%建设用地；人居环境整治效果良好，奖励"中等级别"产业发展资金＋2%建设用地	建议成立由区委书记、区长为负责人，各相关单位一把手为成员的工作小组
城市发展新区	大兴、通州、顺义、房山和昌平的新城地区	北京发展高新技术产业、现代制造业和现代农业的主要载体，是北京疏散城市中心区产业与人口的重要区域，也是未来北京城市发展的重心所在	人居环境整治效果为优秀，奖励"中等级别"＋2%建设用地；人居环境整治效果良好，奖励"较低级别"＋1%建设用地	建议成立区长为负责人，各相关单位主管领导为成员的工作小组
城市功能拓展区	朝阳、海淀、丰台	国家高新技术产业基地，国内外知名的高等教育和科研机构聚集区，著名的旅游、文化、体育活动区，也是中国与世界联系的重要节点	人居环境整治效果为优秀，奖励"较低级别"产业发展资金；人居环境整治效果良好，奖励"最低级别"产业发展资金	建议成立由区主管领导为负责人，各相关单位分管领导为成员的工作小组。重点乡（镇）可由乡（镇）党委书记和镇长牵头

生态涵养区几乎都是山区和浅山区，是首都重要的生态屏障和水源保护地，必须坚持在保护中开发的原则。休闲农业和乡村旅游是其支柱产业，且区财政实力有限，因此可以给予最为优厚的奖励政策。对于人居环境整治考核为优秀的村庄，且明确将休闲农业和乡村旅游作为主导产业，纳入村庄规划的，建议采取以奖代补的方式，奖励"最高级别"奖金用于产业发展，没有建设用地指标或者现有指标不能满足发展需要的，可调整不超过3%的建设用地指标；人居环境整治效果为良好，且明确将休闲农业和乡村旅游作为主导

产业，纳入村庄规划的，奖励"中等级别"产业发展资金，同时允许调整不超过2%的建设用地指标。

城市发展新区以近郊为主，主要承接中心城区适宜功能，是未来北京城市发展的重心所在，也是高新技术产业、现代制造业和现代农业的主要载体。在城市发展新区，人居环境整治效果为优秀，且明确将休闲农业和乡村旅游作为主导产业，纳入村庄规划的，奖励"中等级别"的产业发展资金，允许没有建设用地指标或者现有指标不能满足发展需要的，可调整不超过2%的建设用地指标；人居环境整治效果为良好，且明确将休闲农业和乡村旅游作为主导产业，纳入村庄规划的，奖励"较低级别"的产业发展资金，同时允许调整不超过1%的建设用地指标。

城市功能拓展区属于北京的核心城区，人口密度大，产业类型丰富，农业占比非常少。在这个区域，人居环境整治效果为优秀，且明确将休闲农业和乡村旅游作为主导产业，纳入村庄规划的，奖励"较低级别"的产业发展资金；人居环境整治效果为良好，且明确将休闲农业和乡村旅游作为主导产业，纳入村庄规划的，奖励"最低级别"产业发展资金。由于这三个区属于中心城区，建设用地指标最为敏感，暂不放开建设用地的奖励机制。

建设用地指标必须要在符合土地管理法律法规和土地利用总体规划的前提下，在坚持节约集约用地的前提下依法办理。同时，支持各类新技术在农村人居环境治理中的应用，采取污染治理与资源利用相结合，积极推广低成本、低能耗、易维护、高效率的处理技术，提升治理工作的经济适用性。

4. 从三个方面开发"工具箱"

结合首都"四个中心"定位，充分发挥首都优势，以非遗活化、乡村文创、康体文化为三大工具，打造具有艺术范儿、健康范儿、国际范儿的首都郊区。

（1）非遗活化。非物质文化遗产是21世纪以来我国复兴传统文化的重要内容。北京市目前拥有国家级非遗代表性项目103个、市级代表性项目273个、区级代表性项目909个。当前乡村非遗的传承主要还是通过工艺品、体验活动、博物馆陈列等方式，还局限于对传统元素中视觉符号的简单提取和打散重构。非遗产业处于以旅游产品的简单加工制造为主，距离"活态传承"以及传承发展双赢的局面还有很大的进步空间。京郊非遗活化，要尽可能使用乡土材料，保障手工艺品的生态属性和品质把控，同时实现本地手艺人的劳动就业，带动更多农人成为非遗创客或新型产业化农民，让京郊特色文化走出乡村，迎来世界各地的游客。

（2）乡村文创。文化是乡村的根脉，活在传统文化中的乡愁才生生不息。文化是血液里的事情，必须摸准乡村文化的脉搏，追溯乡村源远流长的文化，找准特色乡土文化记忆，唤醒京郊乡村中的文化基因。文创是一种新的文化生产方式，通过文创赋能，让乡土不土，乡愁不愁，进而提升乡村软实力。在乡村文创的开发过程中，以系统的文创思维来构建完整的消费闭环，以运营思维来打造强势IP内容，找到消费痛点来提供最好的产品和体验，通过艺术生活化贩卖乡愁，通过创意无限化制造爆品，打造出京郊味道的艺术范儿。

（3）康体文化。现在跨入了"小康+健康"的双康时代，随着人均GDP的提升，居民的消费力显著增强，居民对健康安全的农副产品、身心放松的自然环境、追求深呼吸、休闲享受慢生活的需求有大幅提升。一方面可以从挖掘资源环境出发，从生产、流通、消费、终端处置的环节减少施用农药化肥，实行清洁生产，源头减量和绿色消费，加强乡村人居环境整治，培养农民养成健康环保的生产方式，引导城乡居民养成低碳绿色的生活方式；另一方面从养生养老、体育健康的角度出发，将森林旅游、运动健身、幸福养老与京郊的人居环境、乡村休闲旅游相结合，与个人的身心健康发展相结合，既发挥了资源的多功能性，又实现了可持续经营。

5. 实施三项保障措施

（1）组织架构。生态涵养区建议成立由区委书记、区长为负责人，各相关单位一把手为成员的工作小组。城市发展新区建议成立由区长为负责人，各相关单位主管领导为成员的工作小组。城市功能拓展区建议成立由区主管领导为负责人，各相关单位分管领导为成员的工作小组，但是重点乡（镇）可以成立由乡（镇）党委书记和镇长来牵头总负责总协调。农村人居环境整治工作第一阶段将于 2020 年收官，这一阶段以"清脏、治乱、控污、增绿"为主，人居环境整治不可能一蹴而就，要有耐心，久久为功，因此，建议将产业要求明确纳入下一轮农村人居环境整治行动当中。

（2）考核机制。建议采取镇级考核，对各镇域内美丽乡村建设、农村人居环境整治、休闲农业和乡村旅游进行综合考量和评分，同时将考核结果纳入生态涵养区镇级领导的政绩考核范围内，实现从下至上全民动员的氛围。

（3）宣传引导。借助生动活泼、入脑入心的宣传发动和评比竞赛，让人们深刻理解农村人居环境整治和休闲农业有机结合的重要性、紧迫性和深远意义，让农民真正激动起来，振奋起来，从心底里实现变"要我干"为"我要干"，主动参与到美丽乡村建设和乡村振兴中来。

（供稿：北京市农村经济研究中心资源区划处）

2019 年度北京休闲农业行业客流行为分析报告

本研究以北京市延庆、密云、怀柔、昌平、顺义、大兴、房山、门头沟等休闲农业具有明显特色、发展较好的 8 个区，包含八达岭镇、四海镇、千家店镇等 13 个乡镇作为试点区域，开展客流行为分析。

2019 年 1—12 月，北京市乡村旅游各项指标稳定增长，接待游客总人数 2 144.43 万人次，同比增长 4.52%，总收入 13.69 亿元，同比增长 5.01%。出行方式上，1—12 月，民航进京人数 156.53 万人，占比 7.30%；铁路进京人数 1 103.92 万人，占比 51.48%；自驾进京人数 800.71 万人，占比 37.34%；其他进京人数 83.27 万人，占比 3.88%。（数据来源：北京市文化和旅游局、北京市统计局）。

一、延庆等八区游客监测数据情况

（一）景区客流数据

1. 人流量

2019 年 1—12 月，春节、五一、端午节、十一等小长假期间，北京各主要旅游景区景点开展了多彩的文化活动，拉动了旅游消费的增长。生态类旅游产品备受推崇，游客出游热情高，为北京市各区县乡村游带来了超高人气。

房山区共接待游客 303.85 万人次，实现旅游综合收入 2.03 亿元，实际分别增长 5.85％和 4.31％。其中，五一、十一期间，同比分别增长 5.91％和 4.36％。人均消费 242.37 元，实际增长 5.24％。

顺义区共接待游客 148.45 万人次，旅游综合收入 9 170 万元；文化接待场所假期共接待 50.88 万人次，文化综合收入 4 253.6 万元；中粮祥云小镇作为特色旅游休闲小镇和北京市国际人才示范区样板区域之一，共接待 80.79 万人，收入为 4 087.53 万元。

昌平区共接待游客 399.00 万人次，同比下降 1.52％。其中，观光园收入 3.47 亿元，同比下降 5.93％；接待人次 141.94 万人次，下降 6.53％。乡村旅游收入 1.14 亿元，同比增长 5.85％；接待人次 257.06 万人，增长 4.52％。

大兴区根据城区居民周末度假需求的特点，开展了具有本地特色的观光、休闲、度假的田园旅游业，集休闲、购物、参观、体育、教育、娱乐于一体，端午期间吸引大量亲子游，共接待游客 153.34 万人。

门头沟区的灵山风景区、双龙峡景区、京西十八潭、戒台寺景区、妙峰山、爨底下景区、灵水村、潭柘寺、戒台寺景区、京西古道等景区备受关注，共接待人数 87.71 万人。

怀柔区共接待游客 428.26 万人次，实现旅游营业收入 3.82 亿元。其中，五一、端午节、十一期间全区共接待游客 295.34 万人次，实现旅游营业收入 2.99 亿元，同比分别增长 4.81％、5.26％。市假日办数据显示，怀柔民俗旅游累计接待游客数量位居全市郊区之首，共计接待游客 298.23 万人。

密云区各景区景点，游客如潮，人气爆棚，共接待游客 799.47 万人次，其中端午、十一期间，休闲游共接待游客 520.23 万人次。

延庆区拥有以生态涵养为核心、生态旅游业为主导、循环农业为特色的新型农村经济主体结构的"百里山水画廊""四季花海"，能够满足游客修养身心的需求，极大吸引着游客前往观光游览。2019 年 1—12 月，延庆区共接待游客 572.81 万人次，同比增长 5.42％（表1）。

表1 2019 年 1—12 月各区接待游客数

单位：万人次

区　　域	接待游客人数
房山区	303.85
顺义区	148.45

（续）

区　　域	接待游客人数
昌平区	399.00
大兴区	153.34
门头沟区	87.71
怀柔	428.26
密云	799.47
延庆	572.81

数据来源：北京市统计局。

2. 评价高频词

采用爬虫技术，抓取马蜂窝、同城游、大众点评等网站对北京休闲农业评价，发现各景区评价的高频词为：打卡，亲子活动，开心农场，分享收获农场，文化宣传，采摘，美景，体验，朋友，交通，民宿，风景如画，太美，观光休闲，生态，项目多，可带宠物，了解历史，门票，世园会，公园，环境，地铁，停车场，孩子，小朋友，水干净，项目多，场地赞，地方赞，水凉，高大上，方便，开车，空气，环境优雅，郊野，景美，广告，联动，观光，老人，家人，全家，休闲园区，接近自然，农田生活，家庭亲子，低调奢华，价格高，清新淡雅，古香古色等。

3. 游客分布规律

2019年1—12月旅游大数据显示，游客在北京延庆等区逗留时间多为2～6小时。具体来看，游客在房山区、顺义区、昌平区、大兴区、门头沟区、怀柔区、密云区、延庆区逗留2～6小时分别占比为56.09%、56.36%、57.20%、58.00%、57.77%、58.38%、54.87%、55.04%，逗留2小时以内分别为26.33%、23.72%、19.37%、22.96%、21.45%、18.31%、19.39%、18.16%。各区游客逗留时间为6～12小时的占比在10%左右，12～18小时、超过18小时的游客人数占比在5%左右。

游客一般在早上7点半至8点出发往景区，离开景区时间多为下午4～5点，大多数游客在各地区逗留时段为上午9点至下午4点。游客游览时间长，全天游倾向高。

表2　不同逗留时间游客数

单位：万人

区域	驻留2小时以下人数	驻留2～6小时人数	驻留6～12小时人数	驻留12～18小时人数	驻留大于18小时人数
房山区	80	170.43	35.12	8.2	10.1
顺义区	35.21	83.67	16.34	8.64	4.59
昌平区	77.29	228.23	44.59	30.45	18.44

（续）

区域	驻留 2 小时以下人数	驻留 2~6 小时人数	驻留 6~12 小时人数	驻留 12~18 小时人数	驻留大于 18 小时人数
大兴区	35.2	88.94	15.42	7.81	5.97
门头沟区	18.81	50.67	6.98	5.21	6.04
怀柔区	78.42	250.02	35.43	30.45	33.94
密云区	155	438.65	74.64	77.45	53.73
延庆区	104.02	315.28	99.41	28.03	26.07

（二）游客行为数据

1. 逗留时间

据监测，在出游逗留时间方面，北京地区游客整体逗留时间平均为 2~3 天。延庆区、密云区、怀柔区、昌平区、顺义区、房山区、门头沟区、大兴区游客逗留时间多为 2~3 天，游客兴致高，相较于其他城市的游客，北京各地区游客逗留时间长。

2. 行动轨迹

游客在一天内多选择在一个主要地区游玩，并以该地区一个景点为中心，就近选择游玩线路。2019 年，由于世园会举办，延庆区成为游客京郊游的首选地，按照延庆区→怀柔区→密云区→顺义区行动轨迹的游客居多，占 62.73%；按照延庆区→昌平区→顺义区轨迹的游客次之，占 33.26%；其他游客则选择避开高峰客流区，按照门头沟区→房山区→大兴区的路线进行游玩，也有部分游客选择一个地区，开展"深度游"。

（三）游客画像数据

1. 游客性别分布

据监测，1—12 月期间，延庆区、密云区、怀柔区、昌平区、顺义区、房山区、门头沟区、大兴区等地区民俗游女性游客数与男性游客数分别占比 51.58%、48.42%，女性略高于男性。据相关调研可知，节假日期间，女性对外出游玩的倾向远高于男性，尤其是五一、端午、十一等长假，女性多选择外出游玩。据监测，端午节郊区民俗游累计接待游客 206.8 万人次，同比增长 15.73%，女性占比 54.65%，高于五一时期乡村游；而男性多以宅在家里为主，尤其是未婚男性，假期出游意愿低。

2. 游客年龄分布

在北京延庆区、密云区、怀柔区、昌平区、顺义区、房山区、门头沟区、大兴区等地区的出游人群的结构上，爱玩一族"90 后"扛起大旗。从相关数据来看，"90 后"成为五一出游的中坚力量，"80 后"紧随其后，以"80 后""90 后"为主的年轻一辈占据了五一旅游市场的近半壁江山，在出行总人数中两个年龄层合并占比 47.81%，"95 后""00 后"

新生代旅游消费群体增长速度较快。同时，相关数据显示，上述地区的游客在 55 岁以上的人数有明显增长，占比达 16.68%，成为延庆区、密云区、怀柔区、昌平区、顺义区、房山区、门头沟区、大兴区等地区游客的重要组成部分（图 1）。

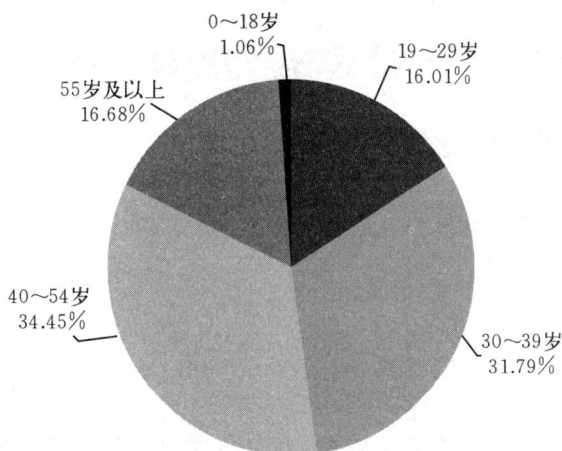

图 1　各年龄段游客占比

3. 游客学历水平分布

据统计，2019 年 1—12 月，延庆区、密云区、怀柔区、昌平区、顺义区、房山区、门头沟区、大兴区等地区游客人群的学历水平，以本科及以上学历的人群为主。具体看，高中以下学历人群占比 19.74%，高中学历人群占比 25.78%，本科学历占比高达39.62%，研究生及以上占比 14.86%（图 2）。

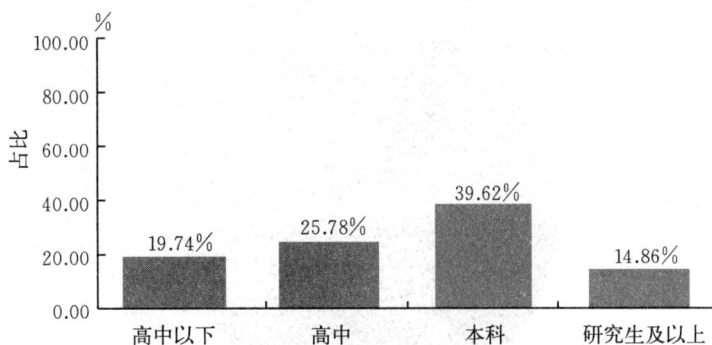

图 2　不同学历游客占比

4. 游客职业分布

延庆区、密云区、怀柔区、昌平区、顺义区、房山区、门头沟区、大兴区作为自然景观远近闻名地区，吸引大量游客前往休闲度假，享受美好生活。自由职业者作为追求自然之美，享受生活的主要人群，成为上述地区的重要客流组成部分。具体游客职业分布情况占比如图 3。

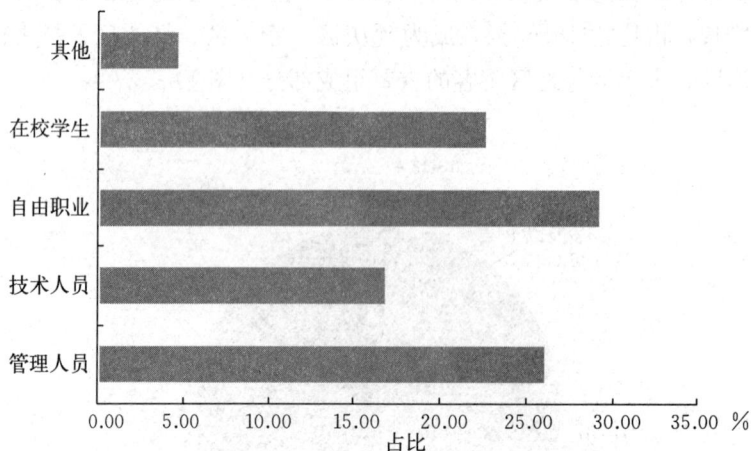

图 3 各种职业游客占比

5. 游客来源地分布

2019 年 1—12 月，在北京延庆区、密云区、怀柔区、昌平区、顺义区、房山区、门头沟区、大兴区等地区游客中，本埠游客占比 73.17%，外埠游客占比 26.83%，呈现短途游、周边游状态。游客游览时间多为一天，住宿比例也较低，呈现一天往返。相关报告数据显示，河北、山东等外地来京旅游增长。外埠游客主要来自河北、河南、山东、安徽、黑龙江、山西、宁夏、湖北等地，中短途距离城市的游客也不断升高，占到景区游客总数的 50% 以上（图 4）。

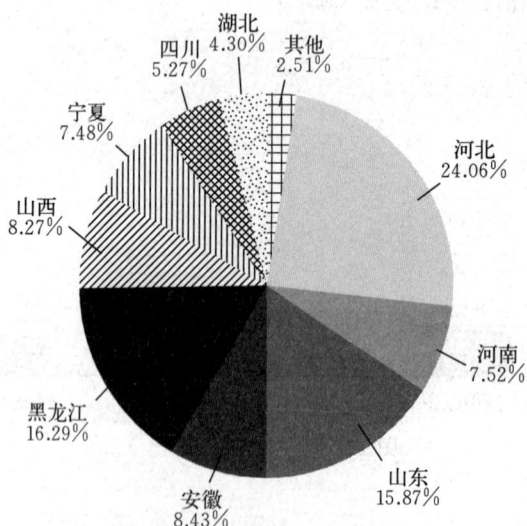

图 4 北京地区 2019 年 1—12 月游客来源地占比

6. 游客人均购买力

据监测数据显示，2019 年 1—12 月，游客总体消费额处于较低水平，消费额在 0～50 元水平占比达 66.47%、50～100 元占比 26.71%、100～200 元占比 4.29%、200 元以上占比 2.53%（图 5）。

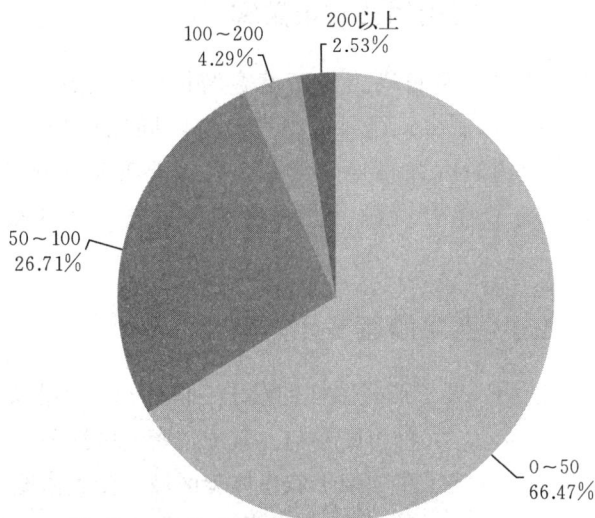

图 5　游客购买花费占比情况

二、成果结论

2019 年 1—12 月，北京地区游客总体呈现增长趋势，热门景点景区游客参观游览兴致高，游客对延庆区、密云区、顺义区部分景点忠诚度不断增强，对新增的世园会等景区热度高。总体上，各大景区景点游览量保持较高热度。

出游行为方面，游客偏好延庆区、密云区、怀柔区、昌平区、顺义区、房山区、门头沟区、大兴区等地区自然景观及人文景观趋势明显增强，尤其是对延庆沟域的百里画廊，不论本埠游客还是外埠游客偏好都比较明显；消费方面，夜间消费、品牌消费、休闲消费成市场热点，女性消费明显高于男性。

出游人群方面，游客多选择本埠短途游，且游客中高学历、"80 后"、"90 后"人数占总游客数较大，尤其是"80 后""90 后"已婚有子女人群，爱好假期游，在主题上更倾向选择郊区设立的阖家游、亲子游等能够陪伴家人，享受假期时光的旅游方式。调查数据显示，已婚已育人群有近八成在周末及节假日选择与伴侣、孩子及父母一起出游，各景区伴侣游、亲子游、爸妈游等细分市场需求保持旺盛发展态势。

三、后续发展对策建议

（一）提升服务质量，增加复游率

根据 2019 年期间各区复游概率发现，延庆区游客复游率高于其他区。通过分析网络爬虫游记数据，游客对延庆区的服务质量满意度较高，认为休闲游过程中的服务比较规范、服务时效性较强、旅游配套服务设施较完善，体验感好。为休闲农业可持续发展，各区需要从旅游产业服务人员的服务水平以及基础设施着手，提高郊区的服务实力。

（二）开展区域联合，吸引周边省市游客

2019年期间，北京市各区来自周边省市游客增长明显，其中河北的游客同比增长54.36％，河南的游客同比增长36.75％，山东的游客同比增长10.22％，同比增长幅度较大。为保障北京市周边游客数量稳定增长，各区要加强区域联合，掌握游客出行目标、偏好，采取多种方式整合资源，发挥优势和特长，弥补缺陷，吸引周边省市游客。

（三）转变经营理念，满足游客多元体验

2019年，北京市各区均开展了形式多样的娱乐、体验活动，很多活动延续时间较长，尤其是丰收节、世园会等活动，大量市民参与。其中，密云区溪翁庄镇金叵罗村金樱谷民俗旅游合作社的丰收节活动开辟了多项亲子农事体验区域，受到家庭游客的喜爱，仅十一假期前5天即收入30余万元。各区休闲农业发展要转变经营理念，从特色、本色等角度出发举办活动，满足游客的多元活动体验需求。

（四）开展模式创新，吸引年轻游客

北京市各区游客以"80后""90后"为主，占比高达47.81％。延庆区是北京市唯一的首批全国生态文明建设示范区，也是乡村民宿"农户＋合作社＋企业"开发模式的热土，拥有中国北方第一个真正意义上的民宿集群"合宿·姚官岭"。山楂小院、原乡里、左邻右舍、百里乡居、大隐于世等精品民宿品牌已经成为北京精品民宿的代表，满足了年轻游客返璞归真、亲近大自然的需求。各区要针对年轻游客群，转变传统经营模式，开展旅游模式、旅游服务等创新。

（五）发展特色项目，树立品牌形象

目前，很多农业观光园与农业旅游接待户在58同城、美团网、大众点评等电子商务平台发布信息，吸引消费者。生产者经营内容通过文字、图片等多种形式展现出来，同时发布优惠折扣信息吸引消费者。据统计，目前这几家网站上有关北京采摘、农家乐的信息超过3 700条，1—7月成交额突破1 200万元。顺义区首条夜间特色餐饮街区中粮祥云小镇的"深夜食街"正式落成，23家国际品牌餐厅每晚营业至24时，满足小镇及附近消费者的夜间消费需求。根据不同年龄、性别、客源地、教育背景、游玩的目的不同，进行市场细分和定位，有针对性地设计游玩项目，打造特色化的区域产品，并形成各自的特色品牌，各有侧重，优势互补，避免雷同和重复建设。

（六）建立大数据体系，提供行业服务

利用现有研究方法、成果构建监测平台，发布北京市休闲农业行业指数，树立国内研究领域的样本项目，定期平台数据＋研究方法的成果可以输出为资讯服务，辅助从业者了

解行业动态及调整生产经营模式。

（七）组建产业联盟，形成生态体系

休闲农业与乡村旅游的发展离不开政府政策支持和市场化运营，需要多方力量参与，借助资本力量筑巢引凤，实现设计、建设、宣传、运营、研究的循环型生态。让作为经营主体的企业和当地农民实现增加收入、改善人居环境的目标。发挥联盟企业优势和影响力，集各家优势多点发挥打造生态体系。

（供稿：北京市农村经济研究中心资源区划处）